Tom Pouce

IL A APPELÉ. Il se souvient d'être venu me voir ; pendant longtemps. Est-ce qu'il peut me rendre une petite visite ? Un peu amusée, et plus émue que je ne veux me l'avouer, je l'attends et, pendant cette attente, il me revient des images du petit garçon qu'il a été. Je revois, en particulier, ces moments où, du haut de ses trois à quatre ans, il se glissait sous les pieds de mon fauteuil, se pelotonnait en une petite boule et, me désignant une chaise basse, me dictait notre saynète habituelle :

– Je serais dans ma couveuse, et tu me regarderais dormir, et je me réveillerais, et tu me dirais : « Bonjour Tom Pouce ! »

Tom Pouce est né au septième mois de la grossesse de sa Maman. Je l'ai rencontré, quelques heures plus tard, pelotonné dans cette exacte même petite boule, enroulé autour de son doudou, un ourson de peluche bleu. Quel âge a Tom Pouce, aujourd'hui ? Quinze ans ? Seize ans ? Je ne me souviens pas exactement. Psychologue, venue du service de psychologie de l'enfant, j'avais donc accompagné son séjour dans le service de néonatologie, pendant les quelque quarante jours qui lui avaient manqué.

Deux ans et demi plus tard, ses parents avaient téléphoné dans le service. Ils étaient à bout, ne savaient plus que faire de ce petit garçon incontrôlable ; ils n'osaient plus accepter les invitations à l'extérieur tant ils étaient sûrs que la soirée se terminerait par quelque drame. Tom Pouce leur faisait honte, leur faisait peur. Et, c'est sa marraine, sœur du Papa, qui, se souvenant de nos rencontres au chevet de sa couveuse, avait conseillé aux jeunes parents de m'appeler. J'avais accepté de les recevoir, seuls, pour que nous puissions parler, entre adultes, de leur enfant. Mais il ne leur avait pas été possible de confier Tom Pouce, personne ne voulant se charger d'une telle responsabilité. Ils étaient donc venus, accompagnés d'un petit garçon, véritable feu d'artifice à lui seul.

Tom Pouce était ici. Il n'y était plus. Il était là, et ici de nouveau. Il bondissait, explosait dans le bureau, grimpait sur une chaise, se faufilait entre nos jambes, se pendait à la cordelette du store. Ah, pour le coup, je n'avais pas eu de peine à entendre le désarroi et la demande de ses parents :

– Nous ne savons plus que faire pour qu'il cesse d'être cet enfant insupportable !

En vérité, ce qui me surprenait le plus, c'était l'écart dont j'étais le témoin, entre le bébé paisible et sans histoire de mon souvenir, et le petit garçon d'aujourd'hui, véritablement habité par une pile électrique. J'avais donc accepté de m'engager dans une thérapie avec Tom Pouce, et lui, était venu poser sa petite main sur mon genou : Top là ! Affaire conclue !

On sonne à ma porte. Je vais ouvrir. Un grand jeune homme, plus grand que moi, des yeux bleus ; et là, je le reconnais, ou plutôt je me retrouve face à ces yeux bleus qui répondaient à mon regard depuis la couveuse. Il sourit, un peu, intimidé. Me revient le sourire de son père :

ANNICK SIMON

La psy qui murmurait à l'oreille des bébés

DUNOD

À ceux, et Aude la première,
qui m'ont « taraudée » jusqu'à ce que j'écrive,

À la petite danseuse qui m'a montré le chemin,

À Tom Pouce, Fatih, Jules et les autres,
À eux et à leurs parents,

À Léo,
À Claire et Germain,
dont j'aurais tant voulu
qu'ils n'aient pas à vivre le temps
de la prématurité.

11 rue Paul Bert, 92240 Malakoff
www.dunod.com

ISBN 978-2-10-076330-6

– Je suis le papa de Tom Pouce, je peux venir le voir ?

Il tient un bouquet de roses à la main :

– C'est un peu bête, mais j'ai eu envie.

Ce sont ses premiers mots. Qu'est-ce qui est un peu bête ? D'avoir eu envie de venir me rencontrer ? De m'offrir ces fleurs ? Dans le tourbillon de mon émotion, je remercie, dispose les fleurs dans un vase. Tom Pouce, qui n'est plus Tom Pouce, s'est assis sur le canapé ; je choisis un fauteuil. Et, le plus naturellement du monde, il me parle et nous nous retrouvons, tout comme nous nous étions retrouvés lorsqu'il avait deux ans et demi, mais aussi comme nous nous étions découverts quelques heures après sa naissance.

Sa thérapie avait commencé alors qu'il avait deux ans et huit mois ; elle avait pris fin vers ses huit ou neuf ans. En fait, aujourd'hui, Tom Pouce, qui n'est plus Tom Pouce, est venu retrouver une dame (au début, il disait « a'Dame ») qu'il avait gardée en lui ; mais il a peu de souvenirs de nos années passées ensemble, de notre travail. Il est là, et il parle, comme si nous nous retrouvions pour une nouvelle séance. Il me raconte ce qu'il fait, ses études, ce qui l'intéresse. Ça coule tout simplement. Nous avons retrouvé notre rythme, un temps émaillé de nos rires, de ses sourires, de son regard qui se fronce lorsqu'il réfléchit et je le retrouve alors, tel que je le connais depuis sa couveuse, quand il fronçait déjà les sourcils dans un effort presque douloureux pour venir prêter attention à ma voix. À un moment, il dit :

– C'est une question d'intelligence !

Comme dans nos séances, comme dans une partie de pêche, je lance mon hameçon et ferre le mot important :

– C'est quoi l'intelligence ?

Il bredouille un peu, cherche ses mots :

– C'est... c'est faire attention, quand on parle, que les autres comprennent ce qu'on veut dire. C'est faire attention aux personnes quand on fait quelque chose.

Un coup de poing dans mon cœur, une explosion d'une infinie douceur. Ça m'envahit. Tout ce temps passé auprès des bébés dans leurs couveuses, toute cette tendre attention distribuée par un service compétent sans doute, mais avant tout, tellement généreux, et puis surtout, surtout, chaque jour de ces quarante jours, la présence de ses parents : larmes ou sourires, ou les deux ; tristesse ou espoir ou les deux encore. Tout ça, et quinze ans plus tard, cette réponse qui dit l'attention qu'il porte tout naturellement à l'autre, en retour à tant d'attentions reçues !

– Je te reconnais, Tom ! Tu es aujourd'hui comme tu as toujours été, avec cette si grande capacité à être reconnaissant. Tu as toujours été comme ça et c'est ce qui me bouleversait dans notre travail.

Les grands yeux bleus de Tom Pouce, qui n'est plus Tom Pouce, qui éclaboussent d'une joyeuse surprise. Son sourire qui mêle à présent celui de son père, celui de sa mère et autre chose encore qui n'appartient qu'à lui. C'est comme s'il découvrait que « 'a Dame », la psychologue du petit garçon qu'il a été, pouvait avoir eu, pouvait avoir aujourd'hui encore, des émotions. Je ne lui raconterai pas notre long voyage de quarante jours, ni celui des sept années qui sont venues ensuite. Juste quelques bribes. Là n'est pas l'important. Je pense qu'au premier regard, nous nous sommes retrouvés, et le présent a repris le devant de la scène ; pas besoin d'égrener les souvenirs. Le petit garçon me tutoyait ; le jeune homme est passé au vouvoiement. Il me demande :

– J'ai changé ? Vous ne me reconnaissez quand même pas ?

Je m'entends lui répondre :

– Si, parce que tu avais continué de grandir en moi, dans mes pensées. Tu es exactement tel que je pouvais t'imaginer.

Et c'est vrai. Et, ce qui me surprend le plus, c'est que, justement, « ça » ne me surprend pas. Tom Pouce, grandi en ce Tom qui se tient devant moi, je le connais, non pas « par cœur », mais « par le cœur ». Lorsque j'ai commencé le travail avec lui (il avait donc deux ans et huit mois), Tom Pouce ne parlait pas encore. Son agitation incessante prenait toute la place, lui servait, non pas de langage, mais disait son mal-être. Aucun jeu auquel il puisse se tenir ; aucune place à laquelle il puisse rester. C'était une espèce de nage du chien désespérée qui le maintenait à flot. Je le recevais dans un minuscule bureau, dans lequel se trouvait, en angle, un lave-mains, rond et creux. Très vite, Tom Pouce avait commencé à jouer avec l'eau du lavabo. Grimpé sur une chaise, il s'amusait à la faire couler, à plonger petites voitures ou personnages dans la vasque.

À la huitième séance, je me souviens – au bout de deux mois de notre travail, donc – il reprend son jeu auprès du lavabo qu'il remplit. Puis, il se saisit d'un tout petit personnage bébé, et le fait courir, marcher, sauter, sous l'eau qui le recouvre. Je me suis placée derrière lui, mes deux bras limitant un peu son espace. Comme à son habitude, Tom Pouce joue, et je sens monter en lui l'excitation alors qu'il fait faire des sauts au bébé, nous éclaboussant au passage. À un moment (et il m'a semblé que c'était fortuit), sa main accroche le bouton qui fait soulever la bonde. Le lavabo commence à se vider, entraînant le petit personnage dans son tourbillon. Tom Pouce pousse un cri, un cri qui vrille comme l'eau tourbillonne :

– Nooo ! Pas pa'ti !

Ce cri, c'est sa première phrase. Il tourne vers moi un visage décomposé. Doucement, je prends sa main dans la mienne et nous allons retenir le petit personnage.

– Tu as eu très peur. Nooon, le bébé ne va pas partir ! Pas cette fois, pas comme la première fois, quand tu es né. Tout à l'heure, nous demanderons à ta maman qu'elle nous raconte ta naissance.

D'où m'était venue cette interprétation ? Peu m'importe. Ce qui est sûr, c'est qu'à ce moment-là, j'avais été envahie, tout comme Tom Pouce, par un mouvement de panique et c'était tellement fort, tellement au-delà de ce qui peut se penser, juste une sensation, juste un ressenti poignant, c'était tellement tout cela, que je n'avais pas douté un instant de l'authenticité de ce que nous venions de vivre, lui et moi. Aussi, lorsqu'il a été l'heure de la fin de la séance et que nous sommes allés retrouver sa maman en salle d'attente, je lui ai demandé de venir dans le bureau et de nous raconter la naissance de Tom Pouce.

– Oh ! Ça a été si rapide, s'est-elle souvenue. J'avais été hospitalisée parce que j'avais des contractions, mais, la poche des eaux s'est rompue. On n'a pas pu le retenir. Il est arrivé en quelques minutes.

J'ai la gorge sèche, mon cœur bat. Oui, nous ne nous sommes pas trompés Tom Pouce et moi. C'est bien « ça », cet instant-là qu'il a mis en scène. Il a retrouvé, après le geste sans doute juste maladroit de sa main, l'émotion terrifiante qu'il a vécue en venant trop vite au monde :

– Nooo ! Pas pa'ti !

À la suite de ce jour-là, peu à peu, les mots lui sont venus ; tout naturellement, son langage s'est construit. Et Tom Pouce a commencé à se poser, à ne plus être ce tourbillon qui emporte tout sur son passage. C'était comme s'il n'avait plus besoin, nageur désespéré, de lutter contre le courant qui l'emportait. Lui, avançait. Mais moi, je continuais de douter de moi, de la vérité de ce que j'avais vécu avec mon petit patient.

J'ose ? Je n'ose pas ? J'ai osé. J'ai appelé Cléopâtre Athanassiou, grande dame de la psychanalyse. Je lui ai demandé si je pouvais venir lui parler du moment étrange que j'avais vécu avec ce petit garçon.

– Mais, bien sûr !

Je revois mon long voyage en train pour me rendre à Paris, le labyrinthe du métro, mes pas qui résonnent sur le trottoir de sa rue, et mes mots dans ma tête, le cœur qui me bat jusque dans les oreilles. Le trac. Et si je m'étais fait du cinéma ? Je sonne à l'interphone ; elle me répond. L'ascenseur. Un couloir sombre et dont le plafonnier oublie de s'allumer. Sa porte s'ouvre. Dans la lumière de son entrée, elle apparaît sur le pas de la porte. Son sourire, la chaleur de son accueil dans son sourire. Oui, ce sont et cette lumière-là, et cette chaleur-là que je suis venue chercher pour comprendre ce que nous avons vécu Tom Pouce et moi.

Je raconte cette huitième séance, la panique du petit garçon, mon émotion. Elle m'écoute. Questionne un peu. Je lui raconte les précédentes séances, celles qui ont suivi, depuis. Je reviens toujours à cette huitième séance.

– Je me dis que je n'ai pas rêvé, que c'est bien ce moment-là de sa naissance que nous avons vécu ensemble ?

– Mais oui, bien sûr ! conclut-elle avec ce même sourire, cette tranquille assurance qui font que je ne doute plus.

Dans un travail de supervision, Cléopâtre Athanassiou accompagnera notre voyage de sept années de thérapie. Aujourd'hui, regardant le jeune homme qui est assis en face de moi, je peux lui dire que nous avons eu, lui et moi, beaucoup de chance d'avoir cette personne-là à l'arrière de notre belle traversée.

– En fait, dit-il, elle serait un peu comme une grand-mère pour moi ?

– On pourrait dire comme ça.

Et me revient l'expression de sa mère qui m'appelait sa « Maman des pensées ».

À mon tour, je lui demande :

– Tu te souviens de ce jour où je t'ai invité à revenir en salle des couveuses ?

– Pas vraiment.

Pas vraiment, bien sûr, puisqu'il a fait la traversée.

Tout comme le reste de sa thérapie, ce moment-là, il en a été pétri, certes, mais il l'a transformé en « autre chose » qui est devenu « lui ». Dans ces conditions, pourquoi se serait-il encombré de ce souvenir-ci ? De ceux-là encore ? Tom Pouce n'est plus Tom Pouce, et le jeune Tom d'aujourd'hui allonge le pas vers ce « toute sa vie » qui s'offre à lui. Pourtant, à l'arrière, ce regard par-dessus son épaule, cette visite aujourd'hui.

En quelques mots, je lui raconte la scène :

– Oh, c'est à la naissance de ton petit frère. Tu avais sept ans ; il a été muté quelques jours en néonat. Alors, tes parents et moi, nous avons pensé que c'était peut-être l'occasion de te ramener là où avait commencé notre histoire à tous les quatre. Nous nous étions dit que ça pouvait t'aider à franchir un cap.

Tandis que je brosse en quelques phrases cette visite qu'il a oubliée, tout le film se déroule devant mes yeux, et je retrouve en moi ce moment-là, intact. Fabien est né trois mois avant le septième anniversaire de Tom Pouce. Difficile de faire une place à ce bébé nouveau venu et qui lui prenait son rang de « toujours le bébé prématuré de ses parents », bien qu'il ait eu une petite sœur, sa cadette de seulement quinze mois.

D'ailleurs, aux grands-parents qui demandaient aux petits aînés comment s'appelait le bébé, Tom Pouce et Augustine s'étaient regardés :

– Euh, on sait pas. Euh, Nain-de-Jardin !

Fabien devenu Nain-de-Jardin, la Maman en avait souri :

– Mon pauvre chéri, tu as un surnom avant d'avoir un prénom.

Mais, lorsque Fabien a eu quinze jours, il a dû être hospitalisé dans le service des nouveau-nés, pour une bronchiolite. Là, je retrouve les parents de Tom Pouce qui viennent de basculer dans ce qu'ils ont vécu il y a presque sept ans. Au lendemain de cette rencontre, lorsque j'arrive dans le service, Monsieur Papa m'attend avec un gros album photo.

– Vous vous souvenez ? demande-t-il en tournant les pages. Quand il est rentré à la maison, il était tout juste grand comme une bouteille de champagne, même taille ; regardez !

Je découvre la photo du bébé allongé à côté d'une bouteille de champagne, même taille, en effet. Je le laisse feuilleter pour moi un album, gros album de ces quarante jours d'hospitalisation. Je reconnais Tom Pouce d'aujourd'hui dans ce bébé d'il y a sept ans. Tom Pouce quand il réfléchit ou quand il boude. Mais ce n'est pas le bébé dont j'ai gardé le souvenir, et le décalage me surprend entre ce que j'ai vécu et ce qu'a fixé l'objectif de l'appareil photo.

« Mon » Tom Pouce était un bébé paisible. Je me souviens de ses efforts pour répondre à ma voix. Je me rappelle le bleu vif de ses yeux. Le bébé des photos est un enfant douloureux, soucieux, les sourcils froncés, le front plissé. Il dort d'un sommeil triste, enfermé, en retrait. À ce moment-là, petit Fabien au creux de ses bras, Madame Maman parle joyeusement, commente en riant les photos, mais moi, je ne parviens pas à l'entendre. Mes oreilles bourdonnent, laissant dehors le ronronnement des voix, tandis que je suis prise par l'insupportable du bébé qui se trouve devant mes yeux, un bébé qui a souffert, qui a été seul, et surtout un bébé qu'aujourd'hui j'ai le sentiment de ne pas avoir su voir « dans ce temps-là ».

De retour chez moi, je suis allée rechercher mes notes de ce printemps 1999. J'évoquais un bébé qui allait bien, que je trouvais le plus souvent dormant, c'est vrai, mais un bébé paisible et qui parvenait à me rejoindre par le regard, parfois même par un sourire, lorsque je m'adressais à lui. Une fois, une seule fois ma collègue qui intervenait en alternance avec moi dans le service de néonat, avait noté : « Il a l'air triste ! » Elle avait pu le voir ainsi. Moi, jamais. Me voilà hantée par le décalage entre le bébé des photos et celui, bien réel pour moi, dont j'avais accompagné le séjour en néonat.

La voix du papa me ramène dans le temps présent. Il dit qu'ils occupent justement, avec Fabien, le box où s'était trouvé Tom Pouce il y a six ans et neuf mois. Et puis les voilà, père et mère, penchés sur leur bébé vieux de deux semaines et qui évoquent la peur qu'ils ont eue de perdre Fabien lorsque la bronchiolite s'est déclarée ; ils associent avec des morts brutales dans la famille ou chez des proches : morts subites de nourrissons, morts de jeunes garçons en moto, en voiture.

À cette époque, Tom Pouce, qui commençait à ne plus être Tom Pouce, voulait arrêter la thérapie. C'était un entêtement chez lui, une obsession. Et pour moi, il était clair que ce n'était pas le moment. Ce jour-là, au chevet du bébé Fabien, je me suis demandé ce qui faisait si peur, dans cette famille, peur au point que les uns sont obsédés par des images de mort et que l'autre cherche à fuir notre cadre de « penser ensemble ». C'est alors que m'est venue l'idée de proposer que nous retournions, avec Tom Pouce, visiter la salle des couveuses où il a commencé sa vie.

Quelques jours plus tard, les parents, Tom Pouce et Augustine me retrouvent devant la porte du service. Lui-même bien gris de teint, le papa me glissera :

– Ça remue Tom Pouce. En voiture, il a vomi. Ici, il a demandé à aller aux toilettes.

Mettre les sarraus, se laver les mains, ce sera un peu un jeu. Un jeu « comme si » ; mais, lorsque j'ouvre la porte donnant accès à la salle des couveuses, Augustine s'élance joyeusement, comme s'il s'agissait d'une piste de danse. Les trois autres se sont figés sur le pas de la porte, larmes aux yeux.

Le papa finit par désigner du menton le premier bébé en couveuse :

– Vas-y, toi, Tom Pouce, va lui dire bonjour, toi qui connais.

Le petit garçon se décale de ses parents, s'avance jusqu'au hublot que j'ouvre pour lui.

– Bonjour bébé ! dit-il d'une voix mal assurée. Ça va ?

La maman fait quelques pas, un peu comme un somnambule ; sans l'ombre d'une hésitation, elle va se placer à un certain endroit, près d'un pilier :

– C'est celle-là, ta couveuse. Je la reconnais. Tu étais là.

(Les couveuses sont identiques, mais il me semble bien me souvenir que lui se trouvait, en effet, à cet endroit-là de la salle.)

La voix de la jeune femme dit sa gorge nouée ; la mienne est sèche. Augustine continue de sautiller. Elle met une main dans la couveuse vide :

– C'est chaud ! dit-elle de la petite voix de Boucle d'or chez les ours ; elle semble surprise et ravie.

Tom Pouce avance timidement la main :

– Il fait bon dedans ! dit-il, la voix suave.

Alors, son papa s'approche à son tour :

– Si tu es là, aujourd'hui, un homme solide, explique-t-il à son fils, haut comme trois pommes, si tu es là, c'est grâce à ces machines et aux visites de ta maman. Toutes les après-midi, elle restait assise à ton chevet, à te regarder, à te parler.

Un moment plus tard, Tom Pouce revient auprès du petit passager de la première couveuse :

– Au revoir bébé ! Ça va aller, tu sais !

Sa voix est solide, pleine de promesses. En quelques minutes seulement, tout ce chemin parcouru depuis le : « Bonjour bébé. Ça va ? » jusqu'à cet : « Au revoir bébé ! Ça va aller, tu sais ! »

Nous quittons le service.

– Et alors ? me demande Tom, m'arrachant à ma rêverie, à mes émotions retrouvées.

– Alors ? Ça a été un moment d'une grande intensité pour tous. Tu t'es approché d'un bébé dans sa couveuse, et timidement, d'une voix mal assurée, tu lui as demandé : « Ça va ? » Et puis, tu as visité le service, tes parents t'ont raconté ce temps-là. Au moment de partir, sûr de toi, tu es retourné auprès de la couveuse et tu as dit au bébé : « Ça va aller, tu sais ! » Ton papa, ta maman et moi n'avons jamais douté de combien cette visite avait compté pour nous tous.

Il sourit, imite ma voix imitant Tom Pouce âgé de sept ans et, tout attendri, il répète :

– Ça va ? Ça va aller, tu sais !

Tout naturellement, sa visite prend fin à ce moment-là. Il se lève, me remercie de l'avoir reçu, dit que ça lui a vraiment fait plaisir. Il marche devant moi. De grandes enjambées souples, sa nuque que je reconnais. Il se retourne :

– Merci beaucoup, vraiment.

– C'est moi aussi qui te remercie !

Il s'éloigne dans la rue. Je rentre à la maison. Ses roses sur la table basse. Ses roses, et le tiroir aux souvenirs ouvert, là, devant moi. Je ne peux pas faire comme si j'avais oublié, je ne peux plus faire comme si ça n'avait pas compté pour moi d'une façon « extra ordinaire ». Tom a fait resurgir ces vingt ans-là de ma vie. Psychologue dans un service de « néonat », la curieuse aventure d'un funambule marchant sur le fil de ses pensées, au-dessus des couveuses.

Je me souviens... Je me souviens... Je me souviens... Je me souviens... Je me...

1

Funambule au-dessus des couveuses

JE ME SOUVIENS

Je me souviens. C'était au siècle passé, au millénaire précédent. C'était, pour tout dire en 1990, et je débutais mon stage de fin d'études de psychologie clinique (dans ce temps-là, on parlait de DESS), dans le service de pédopsychiatrie de l'Hôpital. Mais ici, et dans toute la région, seul le papier à en-tête mentionnait l'« Inter-secteur de psychiatrie Infanto-Juvénile » ; en vérité, le service n'était connu de tous que par le nom de la jolie maison des années 1900 qui l'abritait : « La Villa des Iris ».

Un jour, en début d'après-midi, mon maître de stage m'annonce que nous allons « monter en néonat ». Nous voici parties pour l'hôpital, et, dans l'hôpital pour la pédiatrie, et dans la pédiatrie, pour la néonatologie. L'ascenseur (je déteste les ascenseurs !), tout grognant et cahotant nous dépose au quatrième et dernier étage. Je suis surprise par les odeurs d'hôpital, les bruits d'hôpital, les couleurs d'hôpital qui viennent nous encercler dès le palier. Prise dans cet étau, je me sens redevenir petite fille et me voici, trottinant derrière ma psychologue patentée, mon espèce de maman dans ce lieu étrange.

Nous entrons dans le service par une petite porte réservée au personnel ; et, de là, nous pénétrons dans un sas où nous allons troquer notre veste contre un grand, long, immense autant que moche, sarrau vert qui nous donne des allures d'extraterrestres, à moins que nous ne soyons devenues les nains de Blanche Neige. Je me sens « Simplet descendant à la mine » ; petit sourire accroché aux lèvres, je glisse mes pas derrière ceux de « Prof ».

Nous voici dans une nouvelle enclave, la salle des couveuses. Les couveuses, que je découvre alors, ce sont de grandes boîtes de plexiglas, rectangulaires ; sur les côtés, aux deux extrémités, il y a des petites portes par lesquelles on peut glisser les mains pour toucher, soigner les bébés. Ce jour-là, ils sont au nombre de quatre ; quatre petites filles. Mais ici, on ne parle pas de « bébés », ni même de « bébés nés prématurément ». Ici, on parle de « prémats », comme s'il s'agissait d'une sorte de mutation de l'espèce. Les quatre petites filles m'évoquent précisément Blanche Neige dans son cercueil de verre ; ou bien, ce serait des papillons épinglés à l'intérieur d'une boîte, appartenant à quelque collectionneur.

Les trois premières sont vêtues seulement d'une couche à laquelle on a accroché leurs poignets maintenus par des menottes de Velcro ; la quatrième, totalement nue, a les bras en croix, comme écartelée sur fond de couveuse. Toutes sont reliées à des fils, nourries par des tuyaux qui vont directement à la bouche ou dans le nez ; elles sont perfusées au niveau du pied, du crâne. Une pompe qu'on me désigne sous le nom de respirateur, fait un bruit d'enfer. Il alimente une des petites filles en oxygène. Celle qui est nue, offerte à nos regards, un bandeau de gaze scotché sur les yeux, est exposée, me dit-on (et j'entends « exhibée »), sous les rayons de ce qui m'apparaît être un « grilloir à bébés ». Tandis qu'une infirmière m'explique : « Elle a un ictère, la jaunisse des nouveau-nés », il me vient l'image de ces tubes de néon bleus, sur lesquels, au pays des vacanciers, viennent s'échouer et mourir mouches et moustiques.

J'ai l'impression, me coulant derrière mon maître de stage (pour prendre le moins de place possible), qu'elle m'a emmenée visiter quelque monstrueux salon de l'auto et que, dans cet imbroglio de fils et de conduits, ce sont des moteurs de voiture que l'on répare, bricole. Que reste-t-il d'humain chez ces petites personnes qui devraient être encore dans un ventre chaud, rond, sombre, à attendre qu'il soit vraiment l'heure de venir au monde ? Les puéricultrices (du latin « puer » : femmes-enfants ? Ou bien : infirmières qui prennent soin des enfants ?), les aides-soignantes, vont, viennent, rapides, efficaces : « Ça » soigne ; « ça » nourrit ; « ça » change les couches. Bref, on est bien dans un service de soins intensifs. Mais, dans le même temps, ces femmes sourient aux petits malades ; elles ont des gestes mesurés, tendres. Elles soignent les corps, mais ce n'est visiblement pas leur seule préoccupation ! Ces bébés ont de tous petits mouvements qui me surprennent : ce sont des tressaillements, des gestes ébauchés, stoppés par les attaches, mais repris encore, et encore.

Une des petites filles est maintenue assise dans sa couveuse par l'infirmière qui vient de lui donner son biberon et qui lui parle d'une voix aussi douce que l'est sa main caressant son estomac (pour le rot !). Églantine, délicate, transparente, ouvre les yeux, semble la regarder. Plus tard, la petite fille étant recouchée, la couveuse refermée, je resterai un moment auprès d'elle. Drôle de bébé aux cils immenses, aux épaules velues de camionneur. Elle tourne la tête du côté d'où sont venus les soins. Des yeux très noirs. Je me demanderai, ensuite, si nos regards ne se sont pas rencontrés ? Si elle a entendu ma voix ? Elle sourit. Aux anges ? À une présence ?

Plus loin, une dame extraterrestre se tient auprès d'une couveuse. Je la confonds d'abord avec une personne du service et c'est parce qu'elle a la même bouche que la petite Laura, que je réalise qu'elle est sa maman. Mon maître de stage s'approche d'elles deux et j'entends la jeune femme expliquer que sa petite fille est née en état de mort apparente. Son papa ne l'a pas vue encore ; les photos faites par le service, l'ont beaucoup impressionné : « À cause des tuyaux, des aiguilles » ; il préfère attendre pour venir. Mais aujourd'hui, elle, la maman, aimerait la prendre dans ses bras, pourtant, quand même, elle a un peu peur encore.

Ici, tout le monde semble équipé d'antennes de papillon. Une puéricultrice s'approche, avant même d'avoir été appelée ; elle propose de « débrancher » Laura, puis de l'habiller. Je ne comprends sans doute pas plus que la maman ce dont il est question, mais voilà que « le prémat du service » est enveloppé d'un molleton blanc, déposé sur les genoux de la jeune mère et tandis que dansent les mains de la « puer » autour du petit corps, voici que Laura prend figure humaine, et que, comme un bébé ordinaire, elle se trouve habillée d'un body, d'une brassière rose, de minuscules chaussons.

Pendant qu'elle agit avec précision, rapidité et douceur, l'infirmière dit à la maman (recommandation sans doute nécessaire : on quitte la couveuse, pas l'hôpital) :

– Il faudra faire attention à l'aiguille sur le crâne !

La jeune femme s'assoit ; on lui dépose dans les bras sa petite fille. C'est leur première rencontre. Laura est née il y a huit jours. Dans une autre partie de la salle des couveuses, nous croisons l'interne ; il nous dit que l'équipe souhaite que les parents d'Alexandra rencontrent « un psy » :

– C'est une famille, il faudra y aller doucement !

(Que de mises en garde dans ce service !) Et je me demande de qui, de quoi il a le plus peur, l'apprenti médecin : de la fragilité de la famille ? Ou bien des « psy » ?

Plus loin, le couloir dessert une série de boxes à deux lits (pour les « prémats » quand ils quittent leurs couveuses, ou pour ceux qui sont un peu plus âgés, les « nourrissons »). Si peu de place : un tabouret pour chaque maman et des vitres sur les quatre côtés sous prétexte de « surveiller » les bébés ; mais aussi pour les maintenir en cage ? À moins que ce ne soit pour les mettre en vitrine ? Certains ressemblent à de « vrais bébés » ; si ce n'est qu'ils sont encore des « modèles réduits ». D'autres, ont conservé, du temps de la couveuse, les ventouses, les fils qui les relient au « scope » ; et puis, il y a ceux que l'on gave et qui gardent une sonde dans une narine, un bout de sparadrap sur le nez, ce qui leur donne des allures de gros moustiques à lait.

Lorsque nous quittons le service, deux heures plus tard environ, je m'aperçois que j'ai les jambes molles, du coton chaud plein les oreilles. Je vois bouger les lèvres de mon maître de stage ; ses paroles ne viennent pas jusqu'à moi. Drôles de bébés qui nous chavirent si fort.

Je me souviens... Je me souviens des débuts de mon stage... Le trac avant de monter au quatrième... La fatigue après... Mais là-haut... Là-haut, c'était relativement simple, ou, du moins, ça me convenait tout simplement. En vérité, ce premier regard, je ne l'ai porté qu'une seule fois sur le service de néonat.

Dès le lendemain, lorsqu'a débuté mon stage, j'ai oublié les couveuses, pour ne voir que les bébés. Pour les infirmières, les médecins et même les parents, il m'a fallu juste un peu plus de temps pour que je parvienne à me dégager de représentations toutes faites et pour que je découvre les personnes une par une. Pourtant, cette première vision du service, j'ai su la garder en moi pendant ces vingt ans de ma carrière de « psy en néonat », et c'est elle qui m'a aidée à rejoindre, dans leurs premières visites, ces mamans qui s'évanouissaient à la vue de leurs bébés, à me reconnaître dans ces papas, les yeux rivés sur le matériel, sur les roues des couveuses en particulier. Ah ! Combien ces roues, combien les charnières des petites portes semblaient retenir leur attention ! Plus dociles, bien éduquées par le personnel, les mères devenaient rapidement spécialistes des écrans qu'elles savaient déchiffrer. Parfois, l'une d'elles me prenait à témoin :

– Le taux d'oxygène est un peu bas ! Le rythme cardiaque trop élevé !

Tournant résolument le dos à l'écran, je fixais la maman avec un petit sourire angélique (je sais faire !) :

– Oh vous savez, comme je veux regarder les bébés, moi, je laisse les écrans au personnel. Je n'y comprends rien !

Parfois, abandonnant le scope, les fils, les tuyaux, la maman me suivait dans ma tentative de rencontre avec son bébé. Alors, nous guettions un battement de paupière, l'ombre d'un sourire. Le plus souvent, j'arrivais à les piéger l'un et l'autre, maman-bébé.

– Ça y est ! Tu sais que c'est ta maman qui est venue te voir ! Attends, elle va te caresser la main, tu la reconnaîtras.

Timidement, la jeune mère ouvrait la petite fenêtre de plexiglas, glissait une main dans la couveuse, allongeait un doigt au creux de la paume du bébé. Lui, refermait son poing sur ce doigt. Petit rire ou larme chaude, et j'avais l'impression d'avoir réussi le plus délicat, le plus précieux des « branchements » : j'avais favorisé leur rencontre. Non pas leurs « retrouvailles », mais leur « première trouvaille ». Quel bonheur dans ces moments-là ! Drôle de lieu où bonheur et malheur se côtoyaient si régulièrement, où le temps était tissé de ces opposés.

Les images qui me reviennent le plus souvent sont celles des moments terribles. Un souffle qui se suspend, qui ne reprend pas. Un souffle perdu. Les yeux rougis d'une puéricultrice. La marche mécanique, façon fourmilière, de toute l'équipe. Mon cœur, pendu dans ma poitrine, comme une lampe éteinte au plafond, et qui semble oublier de battre, et mes pieds qui me portent ici ou là, à l'endroit de la souffrance. Et le regard de quelqu'un :

– Ah ! Tu es là !

Et, très vite je déchiffre derrière cette petite phrase :

– Je ne suis plus seule !

Ces moments où je ne suis plus « la Dame venue de l'extérieur », mais quelqu'un de l'équipe. Vraiment.

Ici, le temps n'est pas celui qui s'égrène dans mon service de pédopsy, où thérapies et réunions créent un rythme particulier. Non, ici, il est parfois comme un liquide, parfois comme une odeur, une musique, tantôt fluide, léger, tantôt épais, jusqu'à gluant. Il tient dans le creux d'une main, dans le battement d'un cil, ou bien, il s'étire à l'infini. L'Infini de longues soirées sombres.

Peut-être le temps, ici, ressemble-t-il au temps de la « réanimation » ? Et d'ailleurs, le psy, n'est-il pas, dans ce lieu, en place de « réanimateur psychique » ? Vivre ce temps, ces moments particuliers et, comme l'acrobate au cirque, comme le funambule sur son fil, ne pas laisser deviner que c'est difficile de tenir, ne pas se plaindre que c'est douloureux, même si, surtout si. Ici, nous sommes tous des funambules. Et nous nous tenons chacun au balancier qu'est notre spécialité. Pour moi, c'est, à l'arrière-plan, mon service de pédopsychiatrie et, dans ma tête, Freud, Mélanie Klein, Bion et les autres, ces autres plus proches que sont quelques psychanalystes, mes superviseurs. Mon chemin est tracé ; il me suffit d'avancer sur mon fil, petit sourire aux lèvres :

– Bonjour ! Comment vont les bébés, ce soir ? Et comment vont ceux qui prennent soin des bébés ?

Chaque jour est le premier jour... Chaque jour est différent d'hier... Que sera demain ? Demain, un autre jour. Je glisse sur le fil du temps. Ce qui me portera dans ce glissement particulier, c'est le précieux de mon premier métier : marionnettiste. Marionnettiste, chaque soir, j'installais mon castelet dans un lieu nouveau, pour un public inconnu. Et, chaque soir encore, après le spectacle, je rangeais mes poupées, défaisais mon castelet. Finie la soirée, il ne restait rien de ce temps, de cette comédie que le public et moi avions construite ensemble. Demain, j'emmènerai mon castelet ailleurs. Autre public, autre spectacle. En néonat, j'arrive chaque jour avec mon castelet, mon théâtre intérieur.

Chaque jour, lorsque je redescends à pied les quatre étages qui me reconduisent à la vie ordinaire, je sais que si je me retournais, ce serait comme lorsque, petite fille je regardais les vagues de l'océan effacer les traces de mes pas sur le sable. Et c'est ce qui me donne envie de revenir. Reprendre le drame, la comédie, là où nous avons quitté la scène au soir précédent. Chaque jour, comme au premier jour.

Ainsi, jour après jour, j'ai vécu vingt années d'un infiniment long et précieux premier jour. Chaque soir, je repartais presque légère, sûre que mon travail de la journée allait s'effacer au fil de la nuit. Et chaque jour nouveau, je revenais planter mon castelet ; je tissais, avec l'équipe, la trame de ce jour-là ; nous reprenions le spectacle qui ne durerait que quelques heures. Lundi, mercredi, vendredi de chaque semaine, de chaque mois, de chaque année, pendant ces vingt précieuses années. Pour moi, le temps ici ne ressemble à aucun autre. Et la météo de nos cœurs est une météo toute particulière... Drôle de météo...

DRÔLE DE MÉTÉO

Drôle de météo. Lorsqu'il pleut, les parents ne viennent pas, et encore moins s'il y a de l'orage. Ne viennent pas s'il neige, s'il fait très froid, et pas davantage par temps de canicule. Le nez collé à l'une des fenêtres du service, je regarde les arbres qui semblent balayer le ciel, ou la pluie qui s'écrase sur la vitre, frappant au carreau :

– Toc, toc. Y a quelqu'un ?

Mais non, il n'y a personne ; personne ne viendra ce soir. Je suis triste, triste comme les bébés du service qui pleurent leur mal-être à l'heure où le soleil va se coucher. Petit coup de déprime.

Les bébés n'aiment pas quand vient la nuit, et les « filles » du service me l'ont appris : c'est l'heure des coups de blues. Je me secoue et repars faire le tour des couveuses, le tour des boxes. Ce soir, je serai leur seule visiteuse, la seule à être venue de dehors. Qu'est-ce qui retient leurs parents ces jours de météo moche ? Je fais mine de chercher à comprendre ce qui les garde au loin, ces papas, ces mamans, mais, soyons honnêtes, je le sais, parce que, ces jours-là précisément, j'ai la même réticence à venir et parce que la météo m'est, à moi aussi, un bon alibi :

– Il pleut trop !

– Il fait trop chaud !

– J'attends que l'orage soit passé !

Le temps qu'il fait dehors, nous parle de celui qui nous habite en dedans. Il pleut sur la ville, comme il pleure dans nos cœurs[1]. Tant de tristesse de cette naissance-là, à ce moment-là, dans ce contexte-là. L'orage gronde dehors, mais tellement plus fort dedans ! Orage, ô rage ! Pourquoi ce bébé infirme, malade, immature ? Pourquoi « Lui » ? Pourquoi maintenant ? Froid de la neige, froid de la mort qui rôde ici. Vivra-t-il ? À quel prix ? Que souhaiter ? Qu'il meure ? Ah non ! Je ne l'ai pas dit ! Je ne l'ai pas pensé ! Ce serait monstrueux ! Je ne suis pas ce monstre que vous croyez ! Chaud, trop chaud, c'est l'enfer, l'enfer de ce lieu, de ce temps, de cette naissance. C'est l'impensable. Et c'est justement ce qui, ici, fonde ma place de psychologue : parce que c'est l'impensable, alors, oui, faire naître, renaître des pensées. Il faut toujours que je me fasse violence pour regarder à l'intérieur des couveuses. J'aimerais demander aux mamans :

– Vous permettez, Madame, que je regarde votre fille ?

Dehors, dans ces couveuses, et les couveuses dans ce service, espèce de ventre pour faire mûrir les bébés, dehors, ceux-là qui devraient se trouver dedans, qui devraient nous demeurer cachés, et vivre leur début de vie à l'abri,

1. Petit emprunt à Paul Verlaine : « Il pleure dans mon cœur, Comme il pleut sur la ville ».

dans le sein de leurs mères. Leur jeter un regard, juste un regard, le temps de l'échographie, mais leur redonner ensuite leur place de bébés portés par la rêverie de leurs parents, de leur mère en premier. En premier, moi, je suis gênée, confuse. Ensuite, je me dis que si lui, si elle se trouve là, c'est parce qu'il, c'est parce qu'elle, a terminé son voyage en mère. Le voilà devenu mon patient, celui qui souffre, qui est en souffrance, qui attend. Nés trop tôt, ces bébés vont attendre, attendre, expérimenter l'attente. Attendre d'être nourris, attendre d'être soignés, attendre la visite de qui voudra bien les visiter.

Alors, quand la météo de dehors se met à l'unisson de la météo intérieure, quand elle illustre comment c'est dedans, les plus écorchés des parents trouvent mille bonnes raisons pour ne pas venir. Et moi, je pousse un soupir, et j'y vais. Moi, je ne suis ni la mère, ni le père. Je n'ai pas cette excuse ! Et mon métier, je l'ai choisi.

Autre météo, plus difficile à déchiffrer, c'est celle qui est propre au service. Quel temps fera-il là-haut, lorsque j'arriverai ? Grand beau temps de leurs sourires, de leur accueil chaleureux :

– Tu ne viendrais pas prendre un petit café avec nous ?

Temps à l'orage quand « ça » gronde entre elles ou contre quelque médecin, ou encore contre l'Administration, bouc émissaire idéal et qui porte le poids de tous les torts, de toutes les injustices, de toutes les incompréhensions. Il en faut un, et c'est donc Elle. Temps lourd et plombé : « ça » marche, « ça » pique, « ça » nourrit et surtout, « ça » ne parle pas, « ça » ne sourit pas.

Certaines fois, à suivre la colonne des soignantes-fourmis, j'arrive auprès du berceau, auprès de la couveuse de tel enfant qui va mal, ou bien de tel autre qui vient juste d'être muté et pour lequel l'équipe ne sait pas encore « quoi faire ». Le poids de leur inquiétude, ici, bat comme un cœur douloureux. Ne pas questionner... Ne pas prendre de place... Regarder... Écouter... Brancher mon attention sur la leur... Sur l'enfant qui les rassemble dans un même souci.

Parfois, il n'en faudra pas davantage pour les défaire de leur raideur ; les fourmis redeviendront femmes, les nuages s'écarteront, je croiserai à nouveau des regards. On répondra à mon « Bonjour ! ». Oui, le temps de là-haut, est chaque jour imprévisible. C'est peut-être ce qui participe à me donner le trac, lorsqu'il est l'heure, pour moi, de monter au quatrième.

Mais, on sait bien que le trac a son corollaire : l'envie d'entrer en scène ! Quelle place prendre ou ne pas prendre dans ce service où je suis « payée à ne rien faire » ? Ne rien faire, oui, mais si je suis là, c'est pour continuer de penser quand tout devient douleur, peur, fuite dans le mouvement. Être là, juste pour dire. Être là, juste pour esquisser, suggérer une pensée qui prendra vie chez l'autre. Là encore, je me souviens.

Ce tout premier jour de présentation, lorsque je marchais collée à mon maître de stage. À un moment, le trop d'émotions et de sensations a fait que je me suis retrouvée seule, en pleine tempête au milieu de ces couveuses qui sonnaient, qui bipaient, qui donnaient l'alarme. Et là, devant moi, immobile comme un rocher, une infirmière, yeux bleu-glacier, sarrau vert, tenant à bout de bras, un de ces plateaux métalliques sur lesquels brinquebalent du matériel tout aussi métallique et médical. Elle a surgi comme un iceberg. Aussitôt, je vois bien que je gêne, que je ne suis pas à ma place. Elle ne bouge pas. Que faire de mon corps pour disparaître ? Je cherche un trou de souris, mais trop aseptisé le lieu pour un trou de souris. Je suis énorme, encombrante, embarrassante. Je gêne. Je ne vois que ça : je gêne !

Merci à celle-là qui, dans ce mouvement d'agacement, m'a appris que, pour avoir une place dans le service, il faut n'en revendiquer aucune, et même accepter librement de n'en occuper aucune. Merci à ces locaux vétustes dans lesquels il n'était prévu aucun bureau, pas même un vestiaire pour les personnes venues de pédopsychiatrie.

Là-haut, dans ce drôle de quatrième, j'ai découvert le bonheur de ne revendiquer aucune place et il m'en a été donné une si grande, en contrepartie ! Appris à ne m'étonner de rien ; à ne me fâcher de rien. Dans ce lieu de grandes souffrances, les flèches volent bas. À nous de nous garer. Et celles qui viendront se planter « là où ça fait mal », nous savons bien qu'elles ne nous étaient pas forcément destinées.

Ici, les mots, les phrases qui nous déchirent, sitôt que pensés, se trouvent pansés. Dans ce service de néonatologie, au pied levé, j'ai appris mon métier de funambule. Et, quand il n'y avait même pas la place de tendre mon fil, telle Mary Poppins, j'ouvrais mon parapluie, et je sautais par la fenêtre ! Oui, je parle de mes outils de travail. Mon fil de funambule, il est roulé dans ma poche, toujours prêt à être tendu d'un bout à l'autre du service. Mon parapluie, je le porte en bandoulière, comme l'Indien son carquois. Et puis, il faut ajouter à cela ma besace, qui est rassurante parce que rebondie de toutes les personnes précieuses que j'y ai enfouies. Alors, oui, mon fil, mon parapluie, ma besace.

Encore une fois, merci à eux tous, qui ont mis au monde mes pensées, qui m'ont appris à vivre l'impensable sans en être détruite. Merci à mon institution qui m'a fait confiance, qui m'a laissé faire à ma façon. Merci enfin à ceux, proches ou professionnels que j'ai glissés dans ma besace et qui m'ont aidée à cheminer. Dans les moments difficiles, je vais les rechercher tout au fond de moi. Mon fil, mon parapluie, ma besace et me voilà prête à « y » aller, là-haut, dans ce quatrième de la néonat.

Me voici bien loin de la rassurante pédopsychiatrie où je sais quelle est ma place. Ici, le médical passe avant le monde « psy » que je représente. Passe « avant », parce qu'il y a les priorités du soin physique. Certains gestes, certaines réanimations n'attendent pas. Le plus souvent, moi, je peux différer ma rencontre de quelques minutes. J'ai aimé ce lieu qui me rappelait que personne n'est le centre du monde, personne, si ce n'est celui qui souffre. J'ai aimé attendre que le sol soit sec avant d'entrer dans une chambre. Gare à qui « met les pieds sur le mouillé » ! Celui-là, l'ASH (Agent des Services Hospitaliers) pourrait bien lui arracher les yeux, miner sa réputation auprès de toute l'équipe ! J'ai partagé ces soirs où le service, débordé par trop de bébés, trop de soucis, n'avait pas de temps à me consacrer pour me parler de « chaque un ».

– Tu nous excuseras, on a trop de travail.

(Ah ! bon. Et pas moi ? Chut ! Ne pas leur faire porter « ça » en plus !) J'ai vécu avec eux ces autres soirs où le manque de bébés les laissait grognons, désœuvrés. Trop de bébés et voilà l'équipe persécutée. Pas assez de bébés, une autre persécution : le service devient un ventre vide. Supporter le trop et le trop peu. Rester, même s'il n'y a qu'un seul bébé. Rester, même si la fourmilière s'agite et me bouscule sans paraître me voir.

La place des uns et des autres, ici, tient à un fil. Du coup, le mien, me permet de glisser au-dessus du sol, sans que je prenne la place d'aucun autre. Jamais je ne décrocherai le téléphone, jamais je ne me servirai une tasse de café, jamais je ne me permettrai d'aller chercher une chaise pour un visiteur. Moi-même, en visite comme les parents, j'attends, je demande la permission. J'arrive de dehors, je repartirai dans ce dehors qui nous exile du service. Je ne me retournerai pas et les vagues recouvriront la trace de mes pas.

Demain, je reviendrai... Demain, à nouveau, je viendrai planter mon castelet, là-haut, au quatrième. Là-haut, où je suis : La Dame qui vient dire « Bonjour ! » aux bébés.

LA DAME QUI VIENT DIRE « BONJOUR ! » AUX BÉBÉS

Non, je n'ai pas toujours été cette dame qui vient dire « Bonjour ! » aux bébés. Ça a été une construction qui m'a demandé des années, qui s'est faite au fil de rencontres et de lectures. Je me revois, pleurnichant, reniflant sur mon divan :

– Aujourd'hui encore, j'étais devant une couveuse, je regardais un bébé et j'ai failli m'évanouir. Je suis allée à l'office, on m'a donné un sucre. Vraiment, je ne sais pas quoi faire !

Et me parvenait, derrière moi, la voix de mon analyste :

– Il ne s'agit peut-être pas de FAIRE.

Oui, j'ai bien entendu : pas « faire », mais « faire quoi », alors ? Qu'est-ce qu'il m'a agacée, l'autre, assis dans son fauteuil, bien au chaud, à l'abri de mes émotions. J'aurais bien voulu l'y voir, lui, dans la salle des couveuses. Je l'aurais pilé !

Et puis, le temps a passé. Toujours la même question de ma part. Toujours la même réponse de la sienne. Peu à peu un chemin s'est tracé dans la forêt de l'impensable.

J'ai lu, j'ai discuté avec des amis qui travaillaient en crèche. C'est à cette époque que j'ai rencontré Denis Mellier. Petit groupe de copains, nous sommes partis à Toulouse à l'occasion d'un congrès sur le thème de « l'Observation du nourrisson selon Esther Bick ». Toulouse, la ville Rose, le groupe des amis, l'enthousiasme contagieux de Denis Mellier qui nous poussait à penser, à penser encore, à tricoter nos pensées. Et voilà comment m'est venue, à Toulouse, la réponse que je cherchais depuis des mois : il ne s'agit pas de *faire*, il faut *penser*, ne pas cesser de penser ! Eurêka ! Pour la psychologue que je suis, intervenant dans un service de néonatologie, il s'offre à moi d'adopter une nouvelle posture. Devenir autrement. Et si c'était l'occasion de m'autoriser à être « moi » ? Être « moi », de façon à favoriser que l'autre aussi, mon partenaire, devienne « qui il est » ?

À la rentrée suivante, j'ai entamé ma formation à l'Observation du nourrisson selon Esther Bick, à Lyon, auprès d'une psychanalyste, le docteur Annik Comby. École d'une grande rigueur. Ainsi, sous le prétexte d'aller observer un bébé grandissant dans sa famille, j'ai travaillé à acquérir une façon nouvelle « d'être là », ce qui permet à l'autre de prendre également sa place. Fini le temps où j'aurais pu imaginer que le psychologue devait tout comprendre, tout savoir, qu'il avait des choses à expliquer, à montrer. Dix années plus tard, j'ai remis mon ouvrage sur le métier d'une nouvelle expérience d'Observation du nourrisson. Cette fois, j'ai été l'élève de Cléopâtre Athanassiou-Popesco, la psychanalyste qui avait accueilli mon aventure avec Tom Pouce.

Nos écoles, nos lieux de formation sont un peu comme nos vêtements ; il y a ceux dans lesquels nous ne nous retrouvons pas, certains sont trop larges, d'autres trop étroits et puis voilà celui dans lequel nous nous sentons nous-mêmes. J'avais trouvé, très précisément, l'application de la méthode d'Esther Bick qui me convenait.

Et c'est dans le creuset de ce nouveau travail (travail d'une exigence inouïe, une fois encore) que j'ai appris à marcher sur un fil, à devenir plus légère, c'est-à-dire plus spontanée et, du coup, j'ai vu les autres, parents, professionnels, changer aussi, oser prendre leur véritable place, oser dire, montrer ce qu'ils avaient à dire, à montrer. Il suffit de changer un rouage dans une mécanique, et c'est tout l'ensemble qui se positionne alors autrement !

Peu à peu je gagnais du terrain et faisais mien le précepte de W. Bion : « Aller à la rencontre de l'autre, sans Mémoire, sans Compréhension, et sans Désir. » Oh ! Il a fallu du temps ! J'ai continué de bredouiller auprès de parents, en larmes ou en colère. J'ai eu envie d'éviter certaines couveuses, certains boxes. Je me souviens de ces bébés qui cessaient de vivre. Je revois les larmes des puéricultrices, et moi qui ne savais toujours pas « quoi faire » !

Je me rappelle cette nuit où, après avoir vécu un moment dramatique au quatrième, je suis rentrée chez moi, j'ai déplacé les meubles de mon salon dans ma salle-à-manger, ceux de ma salle-à-manger dans mon salon, façon de tenter de remettre de l'ordre là où j'étais sens dessus dessous !

Me revient aussi la sollicitude de mon équipe lorsque je redescendais dans mon service de pédopsy. Il y avait souvent quelqu'un pour m'offrir une tasse de café :

– Ça n'allait pas trop bien en néonat, aujourd'hui ?

Merci à eux tous. Merci au médecin qui portait la responsabilité de notre équipe « Petite Enfance » et qui m'a laissé une si grande liberté dans mon travail. Ah oui, vraiment, j'ai été entourée de beaucoup de bienveillance, au quatrième, autant que dans ma Villa des Iris !

Mais, avant d'être cette dame, venue dire « Bonjour ! » aux bébés, il y a eu une autre personne en moi. Celle-ci a appris de l'enseignement d'une petite fille. C'était du temps du troisième de mes métiers (psychologue-scolaire). Un matin, je passe dans le couloir d'une école. La porte d'une classe grande ouverte sur l'absence du maître, parti chercher quelque document dans une autre salle. Joyeux chahut d'une classe libérée pour quelques instants. Je passe donc, et je « la » vois, qui s'élance et grimpe sur son bureau. Debout, du haut de ses six ou sept ans, elle virevolte, fait tournoyer sa petite jupe plissée qui devient parachute. Rires dans la classe. Le maître arrive en courant, grognant, menaçant et se trouve face à des élèves sages, silencieux, bras croisés sur leurs bureaux. La petite danseuse est là, frimousse angélique. Ça a été ma première rencontre avec « Elle ». Je ne savais pas que quelques années plus tard, c'est « Elle » qui m'apprendrait.

Une maladie irrespectueuse. Les médecins ont dit un gros mot : ostéosarcome. Le chirurgien a tranché. Tranché la jambe. Comment danser sur une seule jambe ? « Elle » a pourtant continué de danser, mais autrement. C'est « Elle » qui a su m'apprivoiser, m'a dit qu'elle ne comprenait rien aux soustractions et qu'il fallait que je lui explique, m'a dit, un peu plus tard, alors qu'on allait lui poser une prothèse, que les multiplications, c'était aussi difficile que les soustractions. La soustraction de l'amputation, celle des cheveux disparus. La multiplication des prothèses, jambe d'abord, perruque ensuite. C'est la petite danseuse qui m'a introduite à ces bizarres mathématiques, bien plus imagées que celles de mes livres rébarbatifs. C'est elle aussi qui a fixé les règles :

– Tu viendras me voir tous les jours.

Facile, elle me montrait le chemin, je n'avais qu'à suivre. Va-t-elle me questionner sur sa maladie ? Sur la mort ? Jamais.

– Raconte-moi la récréation dans mon école ! (La récréation, oui ; les leçons, jamais !)

Et puis, souvent :

– Raconte-moi tes bêtises quand tu étais petite.

Là, c'était facile, j'en avais tout un stock à revendre. Qu'est-ce que nous avons pu rire !

– Tu me feras mourir de rire ! a-t-elle pouffé à trois semaines de sa propre mort.

– J'aimerais bien !

Son regard, tout d'un coup, si sérieux. Nous nous sommes bien comprises.

Le Ciel, l'Enfer, le Diable, le Bon Dieu... Ton badin. J'énonce :

– Avec toutes mes sottises, moi, je vais me retrouver en enfer !

– Mais non !

C'était environ quinze jours « avant » :

– Je vais mourir avant toi. Je te garderai une place au Paradis !

« Elle » sait. Et elle sait que je sais. C'est la première et unique fois où elle évoquera sa mort. J'ai la gorge sèche.

– OK, d'accord !

– Et on fera des bêtises ensemble ?

– Et on continuera, oui, oui, bien sûr !

Voilà, c'est tout simple. Elle m'a appris à entendre, à répondre entre les lignes. J'ai l'impression qu'elle m'aura enseigné une certaine musique, sur une drôle de partition.

« Elle » encore, quelques mois plus tôt. C'était sans doute sa dernière longue hospitalisation. Ce jour-là, j'étais invitée à un mariage ; à Lyon justement. À un bout de la ville, l'hôpital ; à l'autre bout, la fête.

Ma petite valise à la main, je me présente devant le service pour les enfants. Une porte vitrée ; derrière, des enfants, du plus petit au plus grand, qui jouent comme dans une cour de récréation. C'est joyeux. Ce sont des enfants ordinaires, si ce n'est qu'ils sont tous chauves, que certains sont retenus par des fils à des espèces de potences auxquelles sont accrochées des poches de liquides. Je n'arrive pas à ouvrir la porte. Ma main tremble, s'agace. Je frappe, j'appelle. De l'autre côté de la vitre, un groupe d'adultes. À leurs blouses, je décode : médecins, infirmières. On me regarde. Je suis sidérée ; figée. Je continue de me démener. Quelqu'un finit par se dégager du groupe, vient m'ouvrir la porte. Visage fermé. Pas un mot. Le médecin, une femme, me laisse arriver à sa hauteur et me lance, mordante :

– Vous ne savez pas lire ? Il y a écrit : « Sonnez ! »

La colère vient réchauffer ce qui me glace :

– Vous conviendrez, Madame, que lorsqu'on vient rendre visite à un enfant malade, ici, on puisse oublier de savoir lire !

Elle a gardé la bouche ouverte. Alors, celle que je n'avais pas vue jusque-là, toute jeune, toute menue, l'interne sans doute, lève la tête, me sourit :

– On vous demande pardon, Madame.

Elle laissera le petit groupe de ceux qui « savent », pour m'accompagner tout doucement, auprès de la petite danseuse. Je dois tant à ce moment-là, à ce groupe-là. De l'infirmière mutique, en passant par le médecin méprisant, pour arriver à l'interne, c'est de ce bouquet de femmes que j'aurai appris dix ans plus tard, qu'on n'accueille pas n'importe comment les visiteurs d'une personne malade.

La voici donc dans son lit, la petite danseuse. Nouvelle soustraction : on lui a enlevé un poumon. Nouvelle multiplication : celle des cellules cancéreuses. Les métastases arrivent de toute part. Ça zonzonne comme une nuée de moustiques. « Elle » est immobile, allongée mais, curieuse, « elle » glisse un regard de souris malicieuse dans ma direction. Ses parents sont là, accompagnent notre réunion de petites écolières. On murmure, on chuchote, on se moque, on pouffe de rire.

J'ouvre ma valise, enfile une longue robe de taffetas sur mon jean, que je dégrafe et qui s'envole, par-dessus le lit, avec ses deux jambes, lui. Quelques pas de Dame et mes volants qui font froutt-froutt. Quand je marche, on croirait entendre une famille de hérissons en balade. Mes souliers à hauts talons. Ses yeux qui s'écarquillent.

Et puis, le maquillage : un peu de rose sur mes pommettes, un peu sur les tiennes si blanches. Une couleur douce sur mes paupières, et sur les tiennes aussi. Du rouge-à-lèvres ? Tu crois ? Si Maman le permet ? Maman permet tout aujourd'hui. Du vernis sur les ongles, mes dix doigts, tes dix doigts. Et sur les orteils ? Chiche ? Les dix miens, et les cinq à toi.

On trouve moyen de rire. Une infirmière est entrée dans la chambre, a partagé notre fièvre, notre rire. Une autre est venue. La chambre est grande comme une salle de bal. À nous deux, à nous quatre, nous sommes la noce tout entière.

Un dernier coup d'œil à ma coiffure. Je sors de mon sac, un petit peigne. Il est rouge et transparent comme de la gelée de groseilles, avec des paillettes dorées enfermées dedans, dorées comme les éclats de nos rires. Un coup de peigne dans mes cheveux... et puis, je le lui tends :

– Celui-là, il est à toi. J'en ai eu envie pour toi, pour tes boucles revenues.

Oui, les boucles revenues après la chimiothérapie ; les boucles de la toute petite fille qu'elle a été et qui avaient fait place, avant la maladie, à une chevelure juste ondulée d'adolescente. Qu'est-ce qu'elle a aimé ? Le peigne couleur de groseille et de bonheur ? Ou l'objet qui dit ses cheveux revenus ? Elle rit, ses yeux pétillent.

Émus eux aussi, je crois, discrets, en retrait, les parents nous laissent nous ébouriffer de ce moment, de ce bonheur-là. Je regarde ma montre. Vite, mon jean, mes chaussures de sport dans ma valise. Un baiser du bout de mon doigt sur le bout de ton nez.

Froutt-froutt. Me voici dans le couloir. Rien de plus naturel, dirait-on, dans ce couloir d'hôpital qu'une dame en tenue de soirée ! Petit sourire complice d'une infirmière. Dehors, un taxi me conduira à la noce. La vie, la maladie, la mort assurément au bout. Dans le rétroviseur du taxi, je vois les yeux d'une dame qui me regarde. La dame pleure. C'est drôle, elle porte mes bijoux, mon maquillage, mais c'est ma main qui vient effacer doucement ses larmes.

Et alors ? Ça n'est pas parce qu'on va mourir au bout du chemin que, pour autant, on va tirer une tête d'enterrement du plus loin qu'on voit s'annoncer le mot : FIN !

Dix ans plus tard, dans un séminaire de travail où Catherine Druon nous guidait, petit groupe de « psy » travaillant en néonat (psychiatres, psychanalystes, psychologues, qu'importe : notre outil commun, c'était la psychanalyse !), elle a dit :

– Si nous travaillons là, dans ces lieux de vie et de mort, c'est bien parce que quelque chose de notre histoire personnelle nous y a conduits !

Et nous avons tous regardé le bout de nos chaussures. Dans le vernis des miennes, j'ai vu briller ses yeux de petite souris, j'ai entendu le rire de la petite danseuse.

Et depuis ce temps-là, d'Ali à Zoé, je viens leur dire « Bonjour ! », « Bon jour ! » à « chaque un » en particulier, à chaque petit passager de la néonat. Chacun, d'Ali à Zoé.

D'ALI À ZOÉ

D'Ali à Zoé, de Zoé à Ali, un par un, jour après jour je viens leur rendre visite. Lundi... Mercredi... Vendredi. Avant qu'il ne soit l'heure, une espèce de flou, je sens galoper mon cœur à l'intérieur de moi : bientôt ce sera « mon moment pour les bébés ». Je raccompagne mon dernier petit patient et remonte dans mon bureau de la pédopsy. Ranger mes documents, prendre mon manteau, mon sac. J'informe la secrétaire :

– Je vais voir les bébés ! Je vais me mettre au chaud dans une couveuse !

Elle sourit ; je pars. Le trottoir, la rue à traverser, l'autre trottoir, le service des urgences que je longe, l'escalier, cinq étages depuis le sous-sol. Le plus souvent, je monte à pied. À mesure que je m'élève dans les étages, je quitte en pensées mon service, et je retrouve en moi, celui de la néonat. Qui sera là aujourd'hui ? Quels bébés ? Quels parents ? Y aura-t-il des nouveaux ?

Je profite d'un palier pour me composer une bonne mine. Les doigts dans les cheveux, hop ! Ça ira. Une touche de rouge-à-lèvres ; pour les bébés, le rouge-à-lèvres, pour mes lèvres qu'ils fixent quand je leur parle. Et, à mesure que je poursuis mon escalade, mon cœur qui se met à cogner de plus en plus fort. Je marche vite, et pourtant, à cet instant, je voudrais ne jamais arriver. J'arrive.

Certaines fois, je raconte aux parents « Les pleurs de l'ascenseur » : voilà qu'un bébé se met à pleurer d'une façon qui semble tout à fait inopinée.

– Eh bien ! Qu'est-ce qui se passe ? lui demande la puéricultrice.

Il se passe que ses parents viennent lui rendre visite, et, c'est comme si le bébé avait senti leur présence, au pied de l'ascenseur, comme s'il avait deviné leur émotion. Tout à coup, il se tend, il pleure. Je pense au Cantique des Cantiques :

> « J'entends mon Bien-Aimé,
> Voici qu'il arrive,
> sautant sur les montagnes,
> bondissant sur les collines... »

Mon cœur à moi s'emballe un peu, je perds un peu plus mon souffle. Voici la porte du service. Déjà ? Il faut bien que je la pousse cette porte. Je me dirige vers le bureau du cadre de santé. Dans l'espace de ces quelques mètres, ont-elles vu, les puéricultrices, que mes yeux sont devenus ceux d'une mouche ? Que j'ai sorti mes antennes de papillon ? En quelques enjambées, j'ai pris la température du service. À la façon dont elles marchent, aux paroles échangées, je sais comment vont les bébés aujourd'hui et comment va l'équipe : une fourmilière active, des pas qui se précipitent, quelques-unes qui rebroussent chemin, et puis repartent : un bébé va mal. Des palabres dans le couloir, des rires un peu trop forts : le Chef de service n'est pas là ; on parle de lui. Un service actif, souriant, quelqu'un qui s'arrête pour m'accueillir, une autre qui brandit un biberon en guise de bonjour : grands et petits vont bien.

Arrivée dans le bureau, je suspends mon manteau, glisse mon sac dans un placard. À la première, au premier que je rencontre, je demande :

– Comment vont les bébés ce soir ?

Puis, aussitôt :

– Et comment vont les grandes personnes qui prennent soin des bébés ?

On me répond. Au sujet des bébés d'abord, et puis on me donne les nouvelles de l'équipe. Bonnes ou mauvaises nouvelles :

– Pour Mireille, tu as su ? Émilie se marie ; il y a une enveloppe pour elle à l'office.

À ce moment, je sais que le temps du trac est passé. Cette fois, j'entre en scène. Des yeux de mouches (Tiens donc ! Comme les miens !) me regardent. Tout comme les parents, je suis celle qui apporte un parfum, des couleurs de dehors. Parfois, on me complimente sur un élément de ma toilette. Savent-elles, « les filles » que je m'habille un peu pour elles ? Ni trop sévère, ni trop pimpant. Un petit quelque chose pour évoquer la vie de dehors, là où l'air est léger, là où il y a des vitrines à lécher, du soleil, de la pluie. Là, où l'air vibre et où la météo varie.

Je vais dire bonjour à l'office, où m'attend parfois une part de gâteau :

– Vas-y, sers-toi !

Mais c'est surtout le lieu où l'on prend le temps de traîner, de dire ses soucis pour les bébés ou avec leurs parents.

– Tu devrais aller voir la maman de Maximilien ; moi, je craque, je ne la supporte plus. Elle nous agresse sans arrêt !

– Si elle vous agresse, c'est parce qu'elle souffre. Bon, j'irai la voir. Tu as bien fait de m'en parler.

– Ah ! Et puis au 12, il y a la maman de Noémie. Pour le diabète de sa petite on vient de le lui dire. Elle est en larmes.

– J'irai peut-être voir la maman de Noémie en premier. Tu lui proposes. Ensuite, je rencontrerai les parents de Maximilien. Ça va comme ça ?

– Oui, ça va aller !

Et puis, je reviens à la salle des couveuses, j'enfile le sarrau de rigueur.

Voulez-vous que je vous raconte comment je la vois « la psy du quatrième » ?

La psy du quatrième, n'est pas psychiatre (d'autant plus qu'elle n'est pas médecin !). N'est pas non plus psychanalyste ; aucune école ne la compte parmi ses membres et, du coup, la voilà libre comme Max dont on fredonnait la chanson dans les années quatre-vingt : « Il est libre Max ! Il est libre Max ! Y'en a même qui disent qu'ils l'ont vu voler... »

Alors, direz-vous, elle est donc psychologue ? Oui, dans la mesure où c'est son diplôme qui lui a permis d'être embauchée à l'hôpital. Non, parce qu'elle dit avoir oublié une bonne part de ses certitudes universitaires, et elle ajoute que ses patients l'ont délestée d'une autre bonne part. Elle aime à répéter que c'est à la source de son analyse personnelle, aux confluents de son travail auprès de psychanalystes généreux qu'elle a puisé cette eau qui alimente aujourd'hui son petit moulin à penser les pensées, à vivre la vie. Or, ce que la vie lui a enseigné, c'est à être comme une harpe posée sur l'océan des émotions de ses patients. Elle est juste là pour que vibrent ses cordes au souffle de leurs joies, de leurs peines. Eux, ne trouvent pas forcément les mots pour dire ce qu'ils ressentent mais « ça » vient se glisser entre les cordes de la harpe, « ça » vient se frotter, se heurter à elles. Ça murmure, ça chuchote, ça hurle. Ce sont leurs émotions qui pleurent et chantent si fort en elle.

Elle reçoit ce souffle-là ; elle en est émue, bouleversée, juste surprise, juste amusée, un tantinet irritée. Elle accueille le souffle venu d'ailleurs, elle le garde en elle, et puis, le transforme avec ses pensées, avec ses pauvres mots ; alors, enfin, elle le restitue à ceux qui lui ont parlé, à ceux qui lui ont juste offert leur regard, leur silence ou leurs larmes, dans cette musique, qu'ils ont « insufflée » en elle. C'est tout. Aussi, « la psy du quatrième », s'il faut vraiment lui trouver un nom, vous pourriez dire : « La psy-harpe ».

Et donc, quand elle entre dans la salle des couveuses, la psy-harpe, elle a les mains jointes derrière son dos. Ça évite la tentation de toucher les objets (gare aux microbes qu'elle pourrait porter de l'un à l'autre !), ça retient les mains bavardes, ça aide à tenir droit, à se tenir à soi. Elle cherche le bruit des machines qui lui indiqueraient une réanimation, elle fouille du regard : y a-t-il une cloche à oxygène, du « gros » matériel ? Alors, la psy s'approche du premier bébé.

– Bonjour toi !... Oh là, là... tu me fais le coup du bébé qui dort !

Petit rire de l'infirmière, un peu plus loin.

– Ça se pourrait bien ! confirme-t-elle.

Et la psy continue ; elle prend sa voix-bébé (Geneviève Haag lui a dit que cette voix-là plaît aux bébés, qu'elle capte leur attention) Elle parle. Elle commente. Elle dit que la vie, ça n'est pas que les tuyaux, les machines :

– Tu es venu au monde une fois. Je te jure, ça ne recommencera pas ! C'est une fois pour toutes !

Elle doit avoir la voix convaincante, parce que le premier bébé finit par remuer un orteil. Amusée, elle pouffe de rire :

– J'en étais sûre ! Tu faisais seulement semblant de dormir ! À malin, malin et demi ; tu sais, on n'apprend pas les grimaces aux vieux singes !

Il remue le pied... l'autre... Ça monte jusqu'aux bras. La respiration se fait plus forte, il fronce les sourcils, plisse le front...

– Je t'embête ?

Il ouvre un œil, un léger sourire se dessine sur ses lèvres. Elle est soulagée.

– Salut, mon vieux ! Alors, ça va ?

Petit échange de leurs regards ; je prends le tien, je te donne le mien. Et puis, le bébé montre qu'il a assez donné, qu'il a envie de retourner dormir. Elle se moque doucement de lui :

– Et moi qui voulais te parler de Freud, de Mélanie Klein. Bon, ça sera pour demain !

Elle accompagne ce temps jusqu'à ce qu'il lâche prise et retrouve un sommeil paisible. Pour elle aussi, c'est un bon moment. Ça reprend, ça repose. Elle glisse vers le deuxième bébé. Et recommence un peu la même scène. Jamais tout à fait la même. Chaque passager est unique. Pour chacun, un échange particulier. Souvent, il se trouve un parent auprès du bébé, ou un grand-parent derrière la vitre du couloir. Alors, elle se présente à eux :

– Je suis la Dame qui vient dire « Bonjour ! » aux bébés ; aux bébés et à leurs parents.

La rencontre se fait alors à trois, ou à quatre, avec davantage de mots. Mais, ce n'est pas si différent. La psy, elle a envie qu'ils reprennent vie, tous ceux-là, en dépit du lieu, en dépit de la souffrance, de la séparation. Elle leur parle (un peu) ; elle les écoute ; elle parle au bébé et c'est contagieux. Et les puer ajoutent souvent leur grain de sel, et alors, il vient de la bonne humeur jusque dans ce lieu de soins intensifs. Juste ça.

Les bébés se sont rendormis dans leurs couveuses. Elle ôte son sarrau, s'en va de petite chambre en petite chambre (ici, on parle de « box » !). Parle avec les bébés, avec les parents, avec les soignants. C'est, le plus souvent, léger, enjoué. Apporter un peu d'air dans ce lieu confiné par les angoisses, leur ouvrir les fenêtres du cœur et des pensées à ceux-là qui sont pris par la souffrance, à ceux qui sont tendus, crispés dans l'attention qu'ils portent aux gestes techniques (il faut voir l'attention du médecin qui examine un bébé, celle de l'infirmière qui « cherche une veine »). Les laisser agir ; dire ensuite les mots qui leur permettront de se restaurer, ne serait-ce qu'un instant. Quelques fois, les larmes chez une maman, larmes recueillies parce que précieuses :

– C'est tellement triste de pleurer quand on est seul !

Et la maman sourit derrière ses larmes. Souvent, les cris d'un bébé en colère, et la psy qui le félicite de sa bonne mauvaise humeur :

– Tu as raison ! Il faut savoir râler !

Des fois, oui, du triste, tout triste, du dramatique aussi. La mort parfois. Être là ; ne pas courir, parce que c'est ce qui va ralentir la course des infirmières. Ne pas courir pour que les autres bébés sachent que leur repos, que leur vie comptent autant que la mort de cet autre qui nous met dans un si grand désarroi. Et puis quelqu'un s'étonne :

– Tu es encore là ?

Elle regarde sa montre, et voit qu'il est plus tard qu'elle ne le pensait.

– Oui, je veux voir encore la maman de Noémie, celle de Maximilien.

Plus tard, elle retourne dans le coin-bureau du service. Souvent une puer est déjà installée, remplissant les feuilles pour la relève ; elle lui fait un peu de place ; la psy s'assoit pour noter quelques observations dans le classeur qui reste dans le service, à disposition de chacun (et elle sait que, la nuit, elles aiment bien le lire). C'est le moment d'échanger, de parler des petits patients et de leurs familles.

Parfois, un pédiatre les rejoint :

– Vous les avez trouvés comment les bébés, ce soir ? Vous avez pu voir la maman du petit Paul ?

Un peu plus tard (ou beaucoup plus tard), elle reprend son manteau, son sac. Il se trouve toujours quelqu'un pour crier : « Au revoir ! » à la Dame venue leur dire « Bonjour ! ».

Je pars aussi lentement que je suis venue vite. Les cinq étages à pied, marcher dans la rue, retrouver ma voiture.

D'Ali à Zoé, de Zoé à Ali, j'ai les bébés plein la tête, plein les poches de mon cœur. J'ai le poids de leur tristesse (cette tristesse que, parfois, j'ai pu ne pas voir !), plein le ventre. Un coup d'œil dans mon rétroviseur : plus de rouge-à-lèvres. Mais, ici, le rouge-à-lèvres, mon nez de clown, je n'en ai plus besoin. Je démarre.

Demain, ma collègue du service de pédopsy ira voir les bébés, et je sais qu'elle ne les verra pas comme moi, pas avec mes yeux. Nous nous enrichirons de notre échange, de la différence de nos regards, puisque chacune reçoit un petit éclat de ce que l'autre nous adresse. C'est un peu comme un ciel étoilé ; il y en a qui s'attachent à la Grande ourse, d'autres à l'Étoile du berger. Il en va de même dans nos rencontres.

Il fait nuit, je roule. Défilent les lampadaires de la ville. Au juste, je fais quoi en néonat ? Je ris toute seule : et si j'étais là, juste pour « recevoir », pour « transformer » ce qui m'est adressé ? Clown-Psy, un beau métier. Si c'était à refaire...

Quel rouge-à-lèvres je mettrai demain ? Le rose ? Le rouge ?

ON M'A DIT...

On m'a dit :

– Toi qui aimes les bébés, tu en as de la chance de travailler en Pédiatrie !

(Au fait, je les aime comment, les bébés ? Sucrés ? Salés ? À la broche ? À la sauce Bibiche ? Au chocolat ? Quel régal d'aller croquer ces petits choux de moins de deux kilos !)

On m'a dit :

– Moi, je ne pourrais pas faire ce que tu fais : je suis trop sensible !

(Mais oui, bien sûr ! C'est bien connu, c'est parce que j'ai un cœur de pierre et que ça m'est complètement indifférent, que je peux venir en néonat ! Qu'ils aillent bien ou mal, les bébés, ça ne me fait ni chaud, ni froid ! Ben, allons donc !)

On m'a dit encore :

– Si tu continues d'y aller, c'est parce que tu t'es habituée ; tu ne vois plus la maladie, la souffrance. Sinon, tu n'irais pas. Tu es devenue comme les médecins, comme les infirmières. Et d'ailleurs, si tu ne t'étais pas habituée, tu ne pourrais pas être efficace !

(Ah bon ! Ce serait donc une question d'efficacité ? Ah oui, vraiment ? J'apprends. Les médecins, les infirmières qui se sont habitués eux aussi ? Ah bon ? Tiens donc ?)

J'écoute, mais je revois surtout les yeux rougis de telle ou telle infirmière, qui croit bon de s'en excuser auprès de moi :

– Pardon ! Je ne suis sans doute pas assez professionnelle !

Rien de tel pour me faire monter sur mes grands chevaux :

– Si tu étais devenue insensible à leur souffrance, tu n'aurais plus qu'à aller planter des radis ou coudre des boutons !

On m'a dit aussi :

– C'est parce que tu n'as pas d'enfant, que tu peux t'occuper de ceux des autres !

Ou son contraire :

– Comment peux-tu, toi qui n'as pas d'enfant, t'occuper de ceux des autres ?

(Gentil, délicat, en plus, cet interlocuteur-là !)

Je demande, avec mon air le plus bête si, en tant que femme, je peux malgré tout, entendre un homme ? Si n'ayant jamais eu de jambe cassée, de transplantation cardiaque, de cancer, ni la tuberculose, et pas davantage le sida, si n'étant encore pas morte... je peux entendre ceux qui me parlent de ces événements-là ? Ah là, là, j'en aurai appris à mon propos, à propos de mon travail ! Le métier que j'exerce possède le talent de donner libre cours à l'imagination de ceux qui se tiennent de l'autre côté de la rive. Je souris et me récite, *in petto*, « Le Meunier, son fils et l'âne », la Fable du bon Monsieur Jean de La Fontaine :

> « Je suis âne, il est vrai, j'en conviens, je l'avoue ;
> Mais que dorénavant on me blâme, on me loue,

Qu'on dise quelque chose ou qu'on ne dise rien,
J'en veux faire à ma tête. » Il le fit, et fit bien. »

On m'a dit, on ne m'a pas dit. Bon, c'est « comme ça ». Je n'ai nulle envie de faire taire les uns, de faire parler les autres. Ce qui compte avant tout, c'est l'effet que mes interventions auront eu. Est-ce que mes paroles ou mon attitude auront permis de déplacer les pions de leur souffrance vers un ciel plus serein ? Ou bien, est-ce que je n'aurai provoqué qu'un gros et maladroit « flop » ?

Un jour, une puéricultrice, en salle des couveuses, croit bien faire et me présente à un papa, comme je ne l'aurais surtout jamais fait :

– Voici la psychologue.

Du tac au tac, sa réponse :

– Je n'aime pas les psychologues !

Du tac au tac, avant que je n'aie eu le temps de penser ma réponse, la voici qui fuse :

– Oh ! Je vous comprends ! Moi, ce sont les abricots que je n'aime pas !

– Et alors ? me demande une personne à qui je raconte l'épisode. Et alors, il a compris que tu te moquais de lui ?

– Mais surtout pas ! Je ne me moquais pas de lui. C'est ce qu'il m'est venu de lui dire. Après, il faut bien s'en débrouiller.

À cet endroit précis, il me revient le sourire malicieux, mais surtout plein de bonté de James Gammill, l'un des trois ou quatre psychanalystes dont j'aurai « tout » appris :

– Toi, ce qui te caractérise, c'est ta spontanéité ; il faut en faire ton outil.

Quelle liberté il m'a offert là ! Finis les « Il faut », « Il ne faut pas », les « Tu aurais dû », « Tu n'aurais pas dû ». Ce qu'il vient de nous dire, à mon interlocuteur et à moi, « ça » nous vient, « ça » vient se glisser entre lui et moi. Après, « ça » n'appartient ni à l'un, ni à l'autre ; l'important, c'est ce que nous en ferons lui et moi.

Ce jour-là, le papa et moi, surpris l'un et l'autre, nous avons éclaté de rire, ensuite, j'ai pu reprendre mon ordinaire couplet :

– En vérité, je suis surtout la dame qui vient dire bonjour aux bébés. Vous me présenteriez au vôtre ?

Il s'est pris au jeu :

– Lucas, je te présente une dame qui voudrait te dire bonjour.

Et moi :

– Bonjour Lucas ! Oh, mais tu es bien réveillé. Tu profitais de ton papa. Je vais vous laisser tous les deux.

– Non ! Non ! Comme ça, vous ne me dérangez pas !

Et le papa qui prétendait ne pas aimer les psychologues, s'est mis à parler, mais à parler vraiment, à la dame qui aime les abricots, mais à qui il était venu de dire qu'elle ne les aimait pas.

Longtemps après, des années plus tard, un des derniers congrès avant que je ne prenne ma retraite. Un peu de vague à l'âme. Dernière fois, dernière fois que je retrouve telle ou telle personne, que j'écoute tel ou tel conférencier. Un peu de tristesse. Au moment de la pause, je m'en vais suivre la file de ceux qui se dirigent vers les toilettes. Nos petits airs détachés, nos petites mines d'écolières en rang, attendant leur tour (d'un côté les « Messieurs », de l'autre, les « Dames »). On fait comme si de rien n'était, mais moi, je donnerais n'importe quoi pour devenir pur esprit dans ces moments-là.

Un petit vestibule carrelé, des lavabos et, leur faisant face, une enfilade de quelques portes ; l'une d'elle bat, une dame sort, se dirige vers le lavabo. Je m'engouffre dans le plus minuscule espace du congrès. Et voilà ; je pousse la porte. Hop, l'air détaché, style : « L'ai-je bien descendu ? ». Mais ici, pas de grand escalier. Deux grands yeux clairs qui me fixent :

– Madame Simon ?

J'écarquille mes yeux à moi. Elle reprend :

– Vous êtes bien Madame Simon ?

– Euh... oui... oui, oui !

La file s'est immobilisée.

Il me semble que tout le monde nous regarde. Nous sommes au centre de tous les regards. Ou nous sommes échouées sur un îlot, rien que pour nous deux.

– Je suis Madame Dupont, énonce la dame.

– Ah oui ? (Son nom ne me dit vraiment rien !)

– Mais si, on s'était rencontrées en néonat. Vous nous avez beaucoup aidés. C'était pour mon petit garçon.

– Et comment s'appelle votre petit garçon ?

– Thibault !

– Thibault Dupont ? Ah oui, Thibault, je me souviens !

De la nuit de mon temps, là-haut, il me revient ce tout petit Thibault.

Je revois exactement où se trouvait sa couveuse, le jour où il a été muté. Je retrouve dans le regard clair de la dame d'aujourd'hui, ceux de la jeune femme d'alors. Elle m'a pris la main dans les siennes (Ouf ! C'est la droite, celle que, en bonne gauchère, je n'ai pas utilisée dans ce petit endroit !) Je ris tout bas, et, comme elle avance de plus en plus, me voici les mollets contre la porcelaine de la cuvette des w-c. Endroit mondain s'il en fût.

– Vous nous aviez tellement aidés ! C'était si douloureux !

– Oui, je me souviens. Et quel âge a Thibault aujourd'hui ?

– Il a dix-huit ans. En ce moment, il passe le Bac. Je suis sûre que ça va lui porter bonheur. Si vous le voyiez ! C'est un garçon super, et tellement sensible, tellement attachant. En classe, ça a toujours bien marché !

– Vous savez, le soir venu, les infirmières, là-haut, saupoudrent les bébés avec de la poudre à Perlimpinpin ! Ça et la visite des parents, dix-huit ans plus tard, ça donne de grands Thibault, des gens remarquables !

Elle sourit.

– C'est sûrement ça.

– N'oubliez pas de lui transmettre mon bon souvenir.

– Vous pensez bien !

Je quitte la pièce, petit sourire aux lèvres, le cœur tout chaud. Cette rencontre dix-huit ans après, quand même. Si je me souviens ? C'était à la maternité que j'avais rencontré cette maman. Pliée en deux par la douleur de la césarienne, inondée des larmes de son chagrin, elle s'était réveillée amputée du bébé que l'on avait « extrait » sous anesthésie générale. Elle n'avait pu ni le voir, ni le toucher. Le père, en déplacement, n'était pas encore arrivé. Inconsolable, elle pleurait, pleurait.

Les infirmières de la maternité lui avaient annoncé la visite de la psychologue qui vient voir les mamans déprimées. Mais elle, elle n'avait rien demandé, et surtout, elle n'en avait rien à faire de la psycho mandatée pour faire parler les mamans qui pleurent. Les yeux, le nez rougis, elle m'avait éjectée en quelques mots :

– J'ai du chagrin, je ne suis pas folle ! Je n'ai pas besoin de vous.

Dix ans plus tard, à la mort de mon père, c'est cette même phrase qui viendra à ma mère à qui l'on proposait de rencontrer le psychologue du service :

– J'ai du chagrin, je ne suis pas folle !

Elle avait ajouté :

– Et si j'en avais besoin, j'ai ma fille ; elle est psychologue.

Mais, la fille en question, pleurait, autant que sa maman.

Je me souviens d'avoir accompagné le long séjour d'une petite fille atteinte d'une maladie létale. Le bébé a fini par rentrer à domicile ; c'était le souhait de ses parents. Quelques jours plus tard, en pleine nuit, ils sont revenus dans le service, portant dans leurs bras, le corps sans vie de l'enfant. Ils pleuraient. Bien sûr. Bien sûr aussi, quelqu'un de l'équipe leur a proposé de rencontrer la psychologue. Au milieu de ses larmes, la maman a doucement refusé :

– La psychologue, non, je ne vois pas pourquoi. Mais je veux bien rencontrer la dame qui venait voir notre petite Stella et qui parlait avec nous.

Psychologue pour les uns, j'étais cette dame-là, pour d'autres, et je préférais de beaucoup ! De plus en plus souvent, je me demandais de quel droit, le psy, répondant en cela à l'attente des équipes, viendrait éponger les larmes des personnes endeuillées, ou en souffrance ? De quel droit, les priverait-il de ce qui se révolte, se cabre en eux, bref, de ce qu'ils ont à vivre ? De quel droit chercher à gommer leur peine, leur chagrin, leur désespoir ? Ah oui, on pourrait rêver d'un joli service, tout lisse, tout soumis, tout docile ! Un service qui aurait oublié d'être vivant.

Parfois, les équipes me parlaient de ces familles « bien », de ces parents « vraiment bien ». Ceux-là, je les redoutais. Ils dépensaient tant d'énergie à me rassurer avec un pauvre sourire :

– Il est là pour son bien !

Ou encore :

– C'est pour la bonne cause !

Si ce n'était :

– Quand je vois les autres, je me dis que je n'ai pas à me plaindre !

Je ruais dans les brancards :

– Les autres, on s'en moque ! Pour moi, ici, en ce moment, il n'y a que vous au monde !

Et les larmes venaient, et je voyais bien que certains, dans le service, m'en voulaient d'être aussi « La Dame qui fait venir les larmes aux mamans ». Les « parents-tortues », ceux qui présentent une bonne grosse carapace, c'est tellement plus facile à « gérer » pour les équipes ! Oui, mais avons-nous à « gérer » qui que ce soit ? « Faites ceci ! », « Faites cela ! », « Vous ne devriez pas », « Vous devriez ». Et eux, dociles, qui se plient aux commandements sans faire de vagues.

J'aurais pu aussi jouer à « la vraie-psy ». J'aurais pu devenir la dame qui mène tambour battant ses entretiens, j'aurais pu faire ici ce que l'on appelle « des thérapies brèves ». Oh, sans doute, certains en auraient demandé, redemandé (les psy sont devenus une gourmandise consommable !). Et là, tout le monde aurait été rassuré ; à chacun sa place : le médecin « sait » ; l'infirmière « donne le soin » ; l'ASH « lave le sol » ; et le psy « fait parler ». Voilà qui aurait eu le mérite d'être clair !

Mais moi, je n'avais à rassurer personne. Juste à vivre ce qui était à vivre. Dans l'urgence de ces naissances trop tôt venues, ce n'était pas le temps d'une demande psy. Les parents attendaient qu'on maintienne en vie leur bébé, ou qu'on le soigne. La thérapie, l'entretien psy, je les trouvais indécents dans ce temps-là qui n'était pas celui de cette attente-là de la part des familles attristées. Aussi, j'aimais à dire :

– Je suis la « psy-kleenex ». Quand on a besoin de moi, on se saisit de moi ; quand on ne veut plus de moi, on me laisse dans mon coin. On me garde dans le fond de sa poche, ou on me jette. Vraiment, je veux être ici, juste comme un mouchoir. C'est parfois utile, les mouchoirs, vous savez.

Ce jour du congrès, le passé d'il y a dix-huit ans a croisé ma propre expérience douloureuse, dix ans plus tôt. Les deux films se superposent, celui de mes propres larmes, celui des siennes. Pour elle, je la revois bien. C'était deux jours après la naissance de Thibault. Lorsque j'arrive en néonat., elle est auprès de sa couveuse. Je m'approche d'elle qui commence par se raidir et me lance :

– Je n'ai vraiment rien à vous dire !

– Comme je vous comprends ! Et, en plus, ce n'est pas non plus le moment ! Ici, ce n'est surtout pas le lieu des psychothérapies ! Je viens juste dire un petit bonjour à tous les bébés du service et donc à Thibault en particulier. Je peux me permettre ?

Elle a un petit sourire sur le qui-vive :

– Si c'est ça, bien sûr !

Mains dans le dos, je m'approche, regarde le bébé qui dort, tout fragile dans sa couveuse. Je chuchote :

– Bonjour Thibault ! Comme tu dors profondément ! Dommage, tu manques un peu la visite de ta maman, mais il est vrai que les bébés du service, vous dormez mieux quand vous sentez vos mamans auprès de vous. J'en ferais sans doute autant, à ta place.

– Et puis, il est encore bien petit ! l'excuse Madame Dupont.

À cet instant où elle a parlé, je l'ai vu, lui ! J'ai vu qu'il remuait un orteil. C'est le moment ou jamais ! Je m'écrie, joyeuse :

– Petit, petit oui, mais tu ne dors pas tant que ça ! J'ai bien vu à ton petit pied, que tu reconnais la voix de ta maman. Parlez-lui, Madame, c'est votre voix qu'il attend !

Alors, timide, elle avance d'un pas :

– Thibault, oui, c'est Maman !

L'autre pied bouge un peu... Une légère vague remonte jusqu'aux genoux. L'un et l'autre, je les encourage par un :

– Oh oui, ça vaut la peine de se réveiller si ta maman est là !

Elle ouvre l'une des portes de la couveuse, passe la main sur la petite jambe qui se réveille. Le dos s'arrondit, les bras se soulèvent un tout petit peu. Je retiens mon souffle. Peu à peu, le réveil du bébé monte jusqu'à son visage. Petit tremblement du menton... Les lèvres qui amorcent le mouvement de téter. Je chuchote à l'oreille de la maman :

– Il vous boit, il vous met à l'intérieur de lui !

Les yeux se froncent, se plissent... s'ouvrent enfin.

– Quel travail de se réveiller ! Appelez-le, Madame, ça l'aidera.

– Thibault ! Bonjour mon bébé ! C'est ta maman. Je suis venue te voir !

Et la tête de Thibault roule lentement du côté d'où lui parvient la voix de sa mère ; leurs regards se cherchent, se trouvent. Rencontre de quelques instants. Épuisé, il laisse couler ses paupières. Ses bras, puis ses jambes glissent à nouveau dans le sommeil.

Madame Dupont se tourne vers moi, les yeux baignés de larmes :

– C'est la première fois qu'il me regarde !

Je choisis de reprendre ses mots :

– Avant, il était petit.

Et puis, je recule à nouveau d'un pas :

– Au revoir. À bientôt ? Je viens un jour sur deux. Demain, ce sera ma collègue, la dame blonde.

« La blonde et la brune », C'est comme cela que cette maman s'est mise à nous nommer. Elle disait :

– Ah oui ! Nous sommes lundi, j'ai rencontré la brune ; demain, mardi, je verrai la blonde !

Nos visites cadençaient les jours, les semaines pour cette maman-là.

Ensemble, nous regardions Thibault. Après, oui, plus tard, lorsque le lien a été assez solide entre eux deux, après seulement, elle a pu se mettre à nous parler spontanément de ses peurs, de ses craintes, de ce qu'elle avait pu vivre.

Nous ne demandions rien ; elle était là, Thibault allongé sur ses genoux, ou enfoui au creux de son épaule et elle se laissait aller à parler. Nous, « la blonde » ou « la brune », étions juste là pour recueillir ce qu'elle venait déposer dans le giron de nos pensées.

Loin dans le temps, je me retourne et regarde celle que j'ai été. J'ai vingt ans. Le festival international de marionnettes à Aix-en-Provence. Je suis venue avec mon castelet et ma naïveté de débutante. Je joue pour les passants. Un monsieur s'arrête. Regarde une bribe de mon petit spectacle, et puis, il se glisse derrière le rideau.

– Bonjour. Vous me permettez ?

Il m'emprunte deux de mes poupées, et voici qu'il les gante. Et voici surtout, que, sur ses mains, elles prennent vie ; les voilà qui dansent, qui pirouettent, qui se poursuivent, s'arrêtent, s'assoient tout essoufflées de leur course. Elles rient, elles pleurent. Elles sont vivantes ! Et moi, émerveillée, je les découvre ; elles sont ma création, et ma création me double, me dépasse, s'éloigne et vit sa vie. Je ris de bonheur !

Le monsieur les repose. Il me dit :

– Ça n'est pas mal du tout. Encore un peu de travail, et vous verrez.

Me voyant ébahie, il ajoute en souriant :

– Ah oui, je m'appelle Jean-Loup Temporal.

Jean-Loup Temporal, un des grands noms de la marionnette ! Moment inoubliable. Après, je me suis élancée dans le métier que j'aimais. En cinq minutes de manipulation, l'étrange monsieur avait ouvert les portes de ma cage, il m'avait donné l'envie et la liberté de vivre et de créer mes spectacles.

Eh bien c'est à lui, à un marionnettiste donc, que j'ai pensé chaque fois de ces vingt années où je me suis placée auprès d'un papa, d'une maman et que, nous avons regardé ensemble leur bébé dans la couveuse. Que mon regard, que mon enthousiasme soient contagieux, qu'ils leur donnent envie de voir ce bébé, le leur, avec des yeux de parents ; qu'ils leur permettent de le découvrir, de lui donner vie. Rien de plus. Juste ce miracle-là et ce sera gagné !

2

De la néonatalogie aux « visites à domicile »

LE BÉBÉ « IL »

Drôle d'aventure. En venant me rendre visite, Tom Pouce a ouvert le flacon aux souvenirs. Fermer les yeux, soulever délicatement le bouchon de verre, et voici que s'élève une suite de couleurs, de parfums, les émotions qui reviennent intactes, et moi qui me retrouve totalement dans ce mélange « sensations-émotions-réflexions ».

Mon premier automne à la Villa des Iris. Au secrétariat, un vendredi, en fin d'après-midi, quand le service se vide peu à peu. Appel de la maternité : il faudrait qu'un psychiatre vienne tout de suite.

– Il n'y a pas de psychiatre disponible « tout de suite », répond la secrétaire.

– Alors, un psychologue.

Téléphone à l'oreille, la jeune femme lève les yeux vers moi ; petit sourire, elle me pointe du doigt, lève un sourcil, interroge silencieuse :

– Toi ?

Panique à bord ! La maternité, ce n'est pas mon lieu à moi. J'ai peur de ne pas savoir faire.

Au bout du fil, on énonce, et elle répète pour moi :

– Une femme... malade-psy... elle est en salle d'accouchement depuis ce matin... Complètement mutique... Son mari a refusé de rester... Le gynécologue demande un psy pour la faire parler.

Cette fois, elle soulève les deux sourcils, dans la même demande silencieuse :

– Qu'est ce que je réponds ?

Combien de fois son petit sourire, son haussement de sourcil ou bien d'épaule m'auront aidée à sauter du haut du plongeoir !

J'ai dû faire « Oui » de la tête. Je la vois soulagée, je l'entends répondre :

– Oui, elle arrive : c'est Madame Simon.

Me voici à la maternité. On me fait descendre un escalier, on me prend mon sac, mon manteau et me voici affublée d'un sarrau, d'une charlotte et de sur-chaussures. On me conduit dans une salle d'accouchement. Pour moi qui n'ai pas eu d'enfant, c'est un lieu étrange. C'est vraiment ce que je n'aurais jamais pu imaginer.

Une pièce minuscule. Des écrans, des fils qui courent dans l'espace. Une espèce de métronome qui bat comme un cœur, à moins que ce ne soit un cœur que j'entends battre. Au milieu, un bizarre lit de torture avec, allongée dessus, écartelée, poignets et chevilles entravés, la tête enturbannée d'une charlotte, une femme sans âge. Pour échapper à la nudité de son corps, je monte jusqu'à la hauteur de son visage. Un visage inondé de larmes, de sueur, gluant de la morve qui s'écoule de son nez, et qu'elle ne cherche même plus à retenir. Je me présente maladroitement :

– Je viens du service de psychologie. On m'a demandé de vous rencontrer. Voulez-vous bien que je vous rende visite ?

Regard juste effrayé.

– Est-ce que vous me permettriez de vous aider à vous moucher ?

Et la dame qui ne parlait pas, hoquette :

– Oui, s'il vous plaît.

Un coup d'œil circulaire à ce lieu peu engageant. Je repère au mur, un distributeur de papier essuie-mains. Je vais en arracher, une deux, trois feuilles.

Et puis, doucement, aussi doucement que je le ferais s'il s'agissait d'un bébé, j'essuie ses yeux, ses joues, je reviens vers le nez, la bouche. J'essaie de mettre autant de douceur dans ma voix que dans mes gestes. Elle dit :

– Merci.

Puis, après un temps d'hésitation :

– Vous pourriez me mettre mes lunettes ? Je ne vous vois même pas ; ils me les ont enlevées. Elles doivent être par-là.

Je repère les lunettes, viens les lui poser sur le nez. De sa grosse voix, elle remarque :

– C'est quand même mieux comme ça !

Je lui souris :

– C'est mieux comme ça. On se voit. On va pouvoir se parler.

– P't-être ben.

– Pourquoi vous ne leur avez pas demandé vos lunettes ?

Elle hausse les épaules :

– C'est comme ça...

– Et de vous essuyer le visage ?

– Elles auraient ben pu y voir...

– Peut-être aussi que vous ne savez pas bien vous plaindre ?

– P't-être aussi...

Je ne me souviens plus comment c'est venu, mais elle s'est mise à me parler. Nous voici dans une cour de ferme. Elle a été placée en famille d'accueil.

– La mère, elle buvait, et quand elle avait bu, elle nous tapait. Un jour, on nous a tous placés.

– Tous ?

– Oui, je les ai jamais revus. Un frère, si... et puis, je sais plus.

Une jeune sage-femme entre. Enfile un gant de caoutchouc. Petite voix douce pour un mot violent, incongru :

– Je vais vous fouiller (je crois que ce sont ses mots).

Et hop, juste le temps pour moi de pivoter vers le visage crispé de la femme, essuyer sa joue, son front, ses lèvres qui disparaissent à l'intérieur de sa bouche.

J'ai l'impression de me déliter, d'avoir assisté à un viol. J'aurais dû ne pas être là.

« Elle » aurait dû me faire sortir. Un peu de pudeur, par pitié !

La jeune professionnelle retire sa main, roule le gant, annonce une dilatation, un chiffre. Repart.

Je balbutie, timide :

– J'aurais peut-être dû sortir ?

– Non... c'était mieux comme ça !

Elle parle à nouveau de la ferme où elle a grandi en famille d'accueil ; elle n'aimait pas trop aller dans le pré des bêtes ; elle préférait le poulailler.

– Ah oui ? Pourquoi ?

– *Il* y allait pas...

– Qui, *il* ?

– Le mari de la nourrice.

– Vous ne l'aimiez pas trop ?

– Pas trop.

Silence. Le bruit du métronome. La pièce qui s'assombrit. Bientôt, il sera l'heure à laquelle je devrais partir à Lyon pour ma séance d'analyse, et je commence à me demander si j'aurai mon train.

Silence. La jeune sage-femme revient. Enfile un nouveau gant. Je m'approche du visage de la femme ; je lui souris. Un nouveau chiffre annoncé. La sage-femme nous laisse.

Je dis :

– C'est un peu dur.

– C'est pas ça... C'est que ça me rappelle quand *il* faisait ses cochonneries.

– *Il* ? Le mari de la Nounou ?

– Oui !

– À vous ?

– Ben oui !

– Et pourquoi vous ne l'avez pas dit ?

– Je l'ai ben dit...

– Et alors ?

– On m'a pas crue. On a dit que j'étais vicieuse.

– Alors, après, vous n'avez plus parlé ?

– Ben non !

– Comme depuis ce matin ?

– C'est trop dur.

Elle pleure à petits sanglots. Et moi, avec le vilain papier vert et rugueux, je lui essuie les joues le plus doucement que je peux. Être juste là. Pour moi, ce n'est pas le moment des interprétations de psy, mais quand même je comprends que mon corps a entendu le récit du viol avant qu'il ne soit énoncé. C'est lorsque la sage-femme a examiné la patiente, sans me demander de sortir. Là, j'ai vécu l'incompréhensible, la violence et la résignation qui avaient été les siennes, petite fille abusée sexuellement.

La sage-femme revient. Repart. Revient avec une autre, plus âgée. Elles regardent ensemble les écrans, écoutent le métronome, échangent quelques mots, repartent.

Le gynécologue fait irruption dans la pièce :

– Je vais faire une césarienne.

Il tourne les talons, se reprend, me regarde et, avec un tutoiement, une familiarité inhabituels, s'adresse à moi :

– Ah ! Tu es là ?

De la séduction, mon bon monsieur ? Allons-y ! Ce que je veux, c'est ne pas quitter la dame, « ma » patiente.

Je réponds sur le même ton :

– Tu m'invites ?

– Tu veux voir ? Assister à ma césarienne ? Bien sûr !

Il sort. Tout se précipite. Les lumières, les bruits de pas, ceux des voix. Juste le temps de lui dire, à « ma patiente » :

– Je reste avec vous. Vous savez ce que c'est une césarienne ?

– Non ! J'ai peur.

Pas le temps de réfléchir. Les mots qui me viennent et me surprennent, moi la première :

– C'est comme quand on va chercher le courrier, on ouvre la boîte aux lettres ; on ne casse pas le mur de la maison. La césarienne, c'est juste aller chercher votre bébé.

J'ai un peu oublié la suite. Quelqu'un demande à la presque-maman :

– Donnez-moi votre numéro de téléphone. Je vais prévenir votre mari.

– Plus tard. À c't'heure i' s'occupe des bêtes.

Il fait nuit, à présent ; je porte un autre sarrau encore plus grand, encore plus long que le précédent et qui me donne, comme en néonat, l'air de Simplet descendant à la mine. Me voici derrière la dame, allongée sur la table d'opération. Je lui parle doucement, la tiens, la porte avec mes mots. Derrière nous, l'anesthésiste. Peu de mots, mais ils sont pleins de sa présence, de son attention. À mi-chemin du corps de la femme, se dresse un petit rideau de toile qui m'évoque mon castelet de marionnettiste. Et, de l'autre côté, ils sont deux, le gynécologue et un chirurgien. Tout cela va très vite. Je revois une espèce d'écarteur qui sera placé dans la béance du ventre ouvert, et ce puits noir, et ce lieu qui ne devrait appartenir qu'à elle, n'être vu de personne, et que voilà exhibé devant nous tous.

Je ressens la même gêne que devant les couveuses, lorsqu'il m'est donné de voir celui, ou celle qui aurait dû rester encore caché dans l'ombre de sa mère. Cela va très vite. Quatre mains qui plongent dans le puits, un bébé bleu marine et roulé en boule comme un gros homard qui est extrait, brandi à bout de bras par le gynécologue.

Silence. Les pleurs du bébé. J'entends respirer autour de moi. Je crois que je n'ai pas compris, ou plutôt que je n'ai pas eu envie de comprendre le drame qui se jouait depuis le début de l'après-midi.

Enfin, le gynécologue, bras tendus vers le plafond et qui, espèce de toupie chantante, ou de derviche-tourneur, tourne, tourne sur lui-même en psalmodiant :

– Il avait une triple circulaire du cordon. Il allait mourir. Je lui ai sauvé la vie ! C'est moi !

La mère pleure, lèvres serrées.

Une infirmière revient, approche le bébé – « Maurice » (un prénom un peu d'autrefois) – du visage de sa mère. Elle détourne la tête. L'infirmière insiste doucement :

– Maurice, viens dire bonjour à ta maman.

Mais la maman détourne à nouveau la tête, pince les lèvres. Maurice a été emporté par d'autres bras.

Scène surréaliste : le chirurgien, d'un côté du « billard », le gynécologue de l'autre, ont entrepris de recoudre la béance, chacun de son côté, comme on fait un lit à deux. Le chirurgien parle de la météo annoncée pour le dimanche à venir. Pourvu qu'il ne pleuve pas ! Il recoud la plaie avec un soin de dentelière. Le gynécologue se questionne à propos du match de foot qui sera retransmis ce soir à la télévision. Il est véhément et, gestes brusques à l'appui, soutient fermement son équipe favorite. L'anesthésiste parle doucement. Je me demande si je ne vais pas m'évanouir.

Plus tard, lorsque la nouvelle-mère et son nouveau-né seront emmenés dans leur chambre, tout naturellement, je les suivrai. Elle fera « Non ! » de la tête lorsque l'infirmière voudra, une fois encore, approcher le bébé de son visage.

– Donnez-lui à elle ! dira-t-elle, me désignant du menton.

À l'heure où j'aurais dû m'allonger sur mon divan, c'est le bébé-Maurice qui s'est trouvé déposé au creux de mon giron, entre mes bras.

À cette époque, une femme qui avait eu une césarienne restait hospitalisée dix à douze jours, ce qui permettait quand même de l'entourer, de favoriser l'instauration d'un bon lien entre elle et son bébé.

Ainsi, une bonne part des « dames de la maternité » avaient eu à cœur d'apprivoiser l'étrange maman, ce qui avait eu pour effet qu'elle-même commençait à prendre soin du petit Maurice (qu'elle continuait de ne nommer que par un pronom personnel, bien impersonnel, en l'occurrence : « Il »).

Je venais leur rendre visite chaque jour. Pas de prétendu entretien thérapeutique, ni même psychologique. Elle était si loin d'en faire la demande ! Si loin, même de penser que ça puisse avoir un sens ! Par contre, il lui semblait normal, ordinaire, que je me trouve là, chaque soir, à l'heure où elle avait accouché. Je me gardais bien de la questionner, encore plus de l'agresser avec la moindre interprétation. J'avais été là, pour cueillir dans mon giron le petit Maurice nouveau-né. Je revenais ici, pour l'accueillir, elle, dans le giron de mes pensées.

Un soir, vers la fin de son séjour, elle prend Maurice dans ses bras, et, pour la première fois, ostensiblement, elle le met au sein devant moi. Mes yeux se portent sur le visage de Maurice qui se met à téter, d'un air réfléchi, un mamelon piqué de deux longs poils. Juste le temps, pour moi, impertinente, de penser :

– Zut ! Déjà un cheveu sur la soupe ! et la voilà qui s'adresse à moi :

– Au début, c'était pas bien ; maintenant il y prend goût, hein mon cochon ?

Elle lui caresse doucement la joue, comme pour atténuer la violence du mot. Bien sûr, j'ai pensé au mari de la nourrice et aux « cochonneries » qu'il avait faites subir à la petite fille. Bien sûr ! J'ai seulement souri :

– Cochon, vraiment ?

– Non, pas vraiment.

Alors, je m'entends lui demander enfin :

– Vous vous souvenez, le premier soir ? Quand vous n'avez pas voulu, ou pas pu l'embrasser ?

– Je pense bien ! Vous vous souvenez ce qu'il a dit, le docteur ?

– Ah ? Non...

– Il a dit : « C'est moi qui l'ai sauvé ! » Il disait que moi, sa mère, j'avais failli le tuer. Alors, je pouvais pas l'embrasser !

En pensées, je l'ai à nouveau étranglé le gynécologue avec sa danse de sioux. Ah ! Le poids des mots, de nos mots de professionnels en salle d'accouchement ! Dans l'euphorie du moment, il s'était vu dans le rôle de celui qui donne la vie ; à la mère, il avait juste laissé la mauvaise place.

Le dernier jour (et je n'avais toujours pas rencontré son mari), je viens souhaiter un bon retour à Maurice et à sa maman. Elle est plutôt fermée, comme absente, comme déjà partie. À l'instant où je vais franchir le pas de la porte, elle me lance :

– Vous prendrez ben des nouvelles !

Je pense que je n'ai pas entendu ce qu'elle me disait réellement, pas entendu la demande qu'elle osait me faire. Je suis partie.

C'est le lendemain seulement. Par chance, ce lendemain-là, je me trouvais à Paris chez Catherine Druon, qui exerçait alors à la maternité de Port-Royal. Elle animait un groupe de travail réunissant une petite dizaine de psy (psychologues, psychanalystes, psychiatres) travaillant en néonat ou en maternité.

Encore très remuée par ma rencontre avec Maurice et sa maman, je raconte. Et c'est Catherine Druon qui a entendu la demande, que je n'avais sans doute pas eu envie d'accueillir.

– « Vous prendrez ben des nouvelles » : mais, elle vous attend, Annick ! Il faut y aller ! Il faut aller à domicile !

Dans ce temps-là, les visites à domicile n'étaient pas d'une grande pratique dans mon service, et ce n'était surtout pas l'apanage des psychologues. Mais, « Maman Catherine Druon » m'y invitait, aussi, je ne me posais pas de question : j'irai !

Oh ! Je sais bien que certains de mes collègues en ont ri ; d'autres souri ; quelques autres, plus puristes, se sont étranglés d'indignation (Est-ce que je ne foulais pas le sacro-saint cadre du psychologue ?). Mais, le médecin qui pilotait notre embarcation « Équipe petite enfance », avec sa tolérance habituelle, avec la confiance qu'elle m'offrait depuis mon arrivée dans le service, elle donc, m'a donné la liberté d'aller à domicile.

Et, pendant trois ans, le premier vendredi de chaque mois, en fin d'après-midi, je quittais le service et partais à trente kilomètres de là, pour Saint-★★★. Pendant trois ans, chaque mois aussi, Catherine Druon débutait son séminaire en m'offrant un temps pour parler du bébé Maurice.

Tout au bout d'un chemin défoncé, une ferme comme aurait pu la décrire Maupassant. Un chien qui aboie dans la cour et qui tire sur sa chaîne, et qui me fait peur. La porte qui s'ouvre. Parfois, pas toujours, du feu dans le poêle. Souvent, la travailleuse familiale qui s'occupe du bébé, et la mère qui épluche des pommes de terre. Parfois son Homme, comme elle l'appelle, qui traverse la pièce, bottes crottées, et béret vissé sur la tête. Il vient chercher un seau, une corde.

Je suis là. Juste là. Les mois passent, Maurice grandit. Son père dit « Ça va mon Momo ? » et lui caresse la joue au passage. La mère continue de ne pas le prénommer : « Il a faim », « Il dort ».

Certaines fois, quand j'arrive, il n'y a même pas de lumière dans la pièce ; le poêle n'est pas allumé ; le sol est couvert d'épluchures de pommes et de pommes de terre. Je m'assois sur un banc. Un regard à la mère. Un regard à Maurice. Marquer autant d'attention à l'un qu'à l'autre. Il y a toujours un moment où la mère quitte sa chaise, s'en va allumer la lumière, elle garnit le poêle, prend un balai. Une heure plus tard, lorsque je m'en vais, la soupe cuit sur un vieux fourneau, la pièce est presque propre, Maurice s'anime dans son berceau.

Elle me regarde :

– Vous venez le mois prochain ?

– Bien sûr !

– Alors c'est bien.

Je monte dans ma voiture, et les trente kilomètres qui me séparent de chez moi sont empreints du bizarre de ma visite à domicile. À deux reprises, et à quelques mois d'intervalle, j'ai failli aller m'encastrer sous le camion qui me précédait.

Catherine Druon, toujours très vigilante à ce que je vivais alors, m'enseignera à prendre soin de moi au sortir de ces visites éprouvantes. Me suggérera un arrêt à la pâtisserie du premier village venu pour remettre un peu de douceur en moi, un peu d'espace entre le dru, le dur, le piquant de ce travail particulièrement absorbant, et mon quotidien.

Chaque fois, dans le temps qu'elle m'offre dans son séminaire, elle me demande :

– Et quand vous êtes repartie, Annick, comment vous sentiez-vous ?

– Oh ! Je me sentais vide, nulle, bonne à rien.

– Tant mieux ! s'écrie-t-elle. La mère avait déposé en vous ce qu'elle ressentait au fond d'elle-même. Elle devait se sentir beaucoup mieux après votre départ.

Des choses changeaient à la ferme. Une fenêtre avait été percée qui donnait un peu de lumière à la pièce à vivre. Un jour, avec quelle fierté, la mère me conduisit dans une petite chambre de bébé qui avait été aménagée dans le grenier.

– Il y a fait pour lui ! dit-elle, désignant par ces « il » et « lui » son Homme et son fils.

Un soir d'hiver, alors que la mère fait chauffer la soupe de « Il », le père nous rejoint et prépare un bizarre biberon, avec une forme allongée que je ne connais pas. Il sourit de mon étonnement :

– C'est pour un agneau : la mère est morte, alors c'est moi qui le nourris.

Il pose le biberon sur la table, me regarde :

– Les agneaux, les petits de la chèvre, de la vache aussi, c'est moi qui les fais naître. Je vois le cul des mères ! Pour ma femme, j'ai trop de respect. J'ai pas voulu rester. Qu'est-ce qu'il m'a passé le toubib ! Il m'a parlé, c'était vraiment grossier. Alors, j'y suis pas retourné à la maternité. J'ai attendu ici.

Et ce jour-là, de nouveau, j'ai eu envie d'étrangler le gynécologue, envie d'étrangler avec lui nos institutions qui « savent » à la place des patients, qui dictent ce qu'« il faut faire », ce qu'« il ne faut pas faire ». Nos institutions qui étranglent les libertés.

Maurice a grandi. Il serait presque un petit garçon ordinaire s'il parlait. Mais, les mois passent, et lui, ne parle toujours pas. Je me demande quel secret se trouve enfermé derrière son silence ; derrière le mutisme de sa mère. Les parents accepteront d'aller consulter au CAMSP[1] pour Maurice. Je me tiens à l'écart de ce soin-là.

On ne me dira rien, mais, au fil des mois qui ont suivi, je verrai la maman s'arrondir. Peu avant Noël, le deuxième enfant du couple est né, par césarienne encore. Et j'étais là, bien sûr ! Mais quand le gynécologue, une dame très douce, a sorti le bébé du ventre de sa mère, elle l'a soulevé avec beaucoup de délicatesse, comme si elle l'avait pris dans son berceau (et c'était bien dans le berceau-ventre de sa Maman qu'il se trouvait !). Joyeuse, elle s'est écriée :

– C'est une petite fille ! Et elle est très jolie !

1. CAMSP : « Centre d'Action Médico Sociale Précoce ».

La maman a souri et, quand l'infirmière a approché le bébé de son visage, elle l'a embrassée :

– Ma Pierrette !

Quinze jours plus tard, lorsque je suis revenue à la ferme, la mère a appelé :

– Maurice ! C'est Madame Simon qui vient nous voir !

Par la jolie naissance de Pierrette, Maurice trouvait enfin son prénom !

« *LA BELLE PATIENTE* »

Le bébé Maurice avait ouvert pour moi la grande aventure des visites à domicile. Quelques années plus tard, j'ai partagé une autre expédition, tout aussi bouleversante, avec mon amie et comparse Chantal Hache. Amies, parce que nous le sommes devenues ; comparses, parce que, venant de la pédopsychiatrie, nous avons travaillé en néonat pendant une dizaine d'années, et avec quelle complicité ! Elle était assistante sociale, j'étais psychologue ; notre outil de travail commun dans ce lieu, c'était le miel récolté au creux de nos divans d'analysantes.

À deux, en alternance, nous montions au quatrième. Ensemble, nous avons vécu l'accompagnement de bien des bébés, de bien des familles. Et le travail nous a semblé facile tant nos regards s'enrichissaient de leur complémentarité, tant nous avions le même intérêt, la même appréhension aussi, au moment de monter « là-haut ».

À deux, encore, nous avons vécu l'accompagnement de celle que, dès le premier regard, nous avons dénommée « La belle Patiente ». À deux stylos, aussi, nous avons rédigé le récit de notre tissage à ses côtés.

Un jour, nous étions en 1996, la Belle Patiente était à quatre mois et demi de sa première grossesse. Mais, d'abord, souvenez-vous, le prophète Jérémie l'a écrit (Chapitre 31 – Verset 29) :

> « Les parents ont mangé les raisins verts,
> Et les enfants en ont eu les dents agacées. »

Ores donc :

Il était une fois une jeune femme dont les grands-parents, puis les parents avaient mangé les raisins verts – en l'occurrence, ils avaient été maltraitants – et c'est elle qui en avait eu les dents agacées. La psychanalyste qui nous l'avait adressée, disait de sa patiente qu'elle était psychotique ; elle a même pu parler de schizophrénie. La Belle Patiente, nous l'appellerons Sarah, du prénom de l'une des filles de Loth, victime d'inceste.

Il était une fois, son mari, jeune ingénieur. Au terme d'une longue, très longue attente d'enfant, il leur vint, par l'opération d'une fécondation in vitro, la promesse de jumeaux. Malheureusement, là où le conte aurait dû se conclure tout naturellement : « Ils eurent deux enfants, et vécurent heureux », la santé de Madame Jérémie (que le Prophète nous pardonne l'emprunt de son prénom !), bascula de nouveau. Elle se trouva dans un état souvent proche du délire et la psychanalyste ne pouvait envisager la venue au monde des bébés, sans un accompagnement solide de la part de la pédopsychiatrie, sans un maillage des divers services sociaux.

Nous étions fin février ; les jumeaux étaient attendus pour le début de l'été, ce qui laissait à notre service un peu de temps pour organiser le suivi de la petite famille. C'est ce qui aurait dû arriver. Mais en réalité, il arriva que la Belle Patiente dût être hospitalisée en urgence, pour « menace d'accouchement très prématuré ». Dès que nous en sommes prévenues, Chantal et moi, nous nous présentons à la maternité. Là, nous sommes accueillies avec une certaine distance. On ne nous cache pas que la venue au monde des bébés est des plus improbables. Le problème est strictement médical. Quelle place pour la pédopsychiatrie dans ce temps qui précède la naissance ?

Nous insistons doucement. Avec réticence, on nous indique le numéro de la chambre. Nous voici à la porte ; nous frappons. La toute petite voix d'une fillette :

– Entrez !

Nous entrons. Allongée, très à plat, toute menue, bras le long du corps, une statue de cire. Nous approchons d'elle. Nous nous présentons.

– Oui, dit la petite voix dans un demi-sourire. Oui, j'étais prévenue de votre visite... oui, je vous attendais.

Nous demandons si nous pouvons rester un peu.

– Oui... asseyez-vous !

Elle a une voix qui s'envole, comme un cri d'alouette, et puis ne retombe pas. Nous nous faisons douces, nous essayons de retenir notre trop-plein de vie, nos gestes d'ouragan, pour venir nous asseoir, jumelles, auprès de son lit-berceau. Nous la prenons dans notre regard, dans notre attention, dans notre voix – tout doux – comme nous le faisons auprès des bébés-prématurés. Comme eux, elle semble si fragile, son souffle ne paraît tenir qu'à un fil.

L'eau glougloute dans la robinetterie, des voix se répondent dans le couloir. Elle est comme un vase sans eau, sans fleurs, seulement belle. Elle nous regarde, figée (apeurée ?) dans son demi-sourire. Et, c'est comme si ce regard, ce sourire, nous demandaient de parler, de penser pour elle, d'écarter pour elle ce qui la terrorise : nous deux, peut-être ? Ou, quelles images ?

Nous appelons à notre secours Hippocrate, Freud, Mélanie Klein, Bion, Esther Bick et tous nos autres Saints Patrons de la médecine et de la psychanalyse pour qu'ils nous aident à penser, à « les » penser, elle et ses bébés. Parce que, c'est bien de cela qu'il s'agit, ici et maintenant : recueillir les éléments épars de ce qui l'habite, les penser, leur donner une forme, une place et les lui restituer. Bref, mettre de l'eau et des fleurs dans le vase, construire un bouquet.

L'une et l'autre, Chantal et moi, nous sommes préoccupées pour les bébés ; nous sommes là pour eux aussi. Nous les cherchons, pas plus présents qu'un petit melon sous le bombé du drap. Le regard de la Belle Patiente rejoint les nôtres. Elle sourit. Elle dit que « ça » lui fait peur des jumeaux. Un déjà, c'est beaucoup, mais deux, comment fera-t-elle ? Nous rions et Chantal pointe :

– Et nous qui sommes venues à deux, en jumelles !

Elle a un petit rire, le premier. Alors, elle parle. Elle se donne à voir, peut-être avec une certaine complaisance. Si on savait dans le service qu'elle est « psychiatrique » (ce sont ses mots), on ne voudrait pas la garder. Elle n'hallucine pas, mais raconte ses hallucinations. Non, elle ne rêvait pas, c'était bien une hallucination quand elle est venue ici, hurlant, parce qu'elle voyait les fœtus sanglants, dans le creux de chacune de ses mains ! Elle a en elle deux embryons, mais « eux », les bébés, elle n'y pense pas. D'ailleurs, sa mère le lui a bien dit :

– Tant qu'ils ne sont pas là, ils n'existent pas !

Elle a eu une échographie, ce qu'elle a vu, ce sont les fœtus de l'écran : ils sont dehors, à l'extérieur d'elle. Le médecin lui a fait mal (sans doute un médecin-Papa-incestueux qui la maltraite avec son « appareil » !). Elle souffre des assauts des contractions. Elle dit :

– C'est effrayant !

Nous reprenons :

– Effrayant ?

Et sa réponse :

– Oui, parce qu'ils ne sont pas viables !

Elle dit encore :

– S'ils naissent, ils seront très prématurés. Alors, ils seront mutés dans le service de réanimation, et là, ils seront attachés, piqués, ponctionnés.

Nous insistons :

– Des bébés maltraités ?

– Oui... c'est ça.

Elle raconte alors comment, elle, a été une enfant maltraitée par sa mère et par son père, et savons-nous que celui-ci a eu, avec elle... comment dire ?... des gestes... indélicats ?

Ici, elle se sent en sécurité. Elle ne lit pas, n'écoute pas la radio, ne regarde pas la télévision, ne voit personne, si ce n'est son mari, mais si rapidement. Il a tant à faire ! Elle ne souhaite pas que nous le rencontrions, pas encore. C'est trop horrible !

Elle est perdue dans le temps, ne connaît pas les jours de la semaine. Elle sait seulement qu'elle déteste le week-end, Noël, la Fête des mères et son anniversaire. Nous proposons de revenir la semaine prochaine, mardi, comme aujourd'hui, et comme aujourd'hui, à 11 heures. Et, tandis que nous nous levons, c'est elle qui nous tend la main la première, une main qui vient doucement s'échouer dans la nôtre, et puis s'en va, comme une vague.

Dehors, nous sommes agressées par le printemps précoce, ciel bleu, cris d'oiseaux. Chantal dit la sensation de quitter un ventre, et moi, j'ai l'impression d'avoir perdu mes contours. Nous aurons du mal à retrouver notre voiture, nous nous égarerons en chemin. Bref, nous sommes devenues ce qu'elle a déposé en nous de la fragilité de son esprit, de ses pensées de petite fille maltraitée, « traitée mal ».

Mais, dès la seconde visite, nous avons reçu les fruits de notre travail : Madame Jérémie savait que nous étions mardi ; elle nous attendait pour 11 heures et il était 11 heures précises ! Et puis surtout, quand l'infirmière est venue pour la peser, elle est montée sur la balance et s'est écriée, pleine de fierté :

– Deux kilos dans la semaine !

À la troisième visite, sur un ton monocorde, elle égrène son ennui, sa solitude, mais nous découvrons des livres, des disques à son chevet. Et puis, ses mains sont croisées haut sur son ventre, dans le geste enveloppant d'une femme enceinte. Elle s'anime vraiment. Elle dit :

– J'ai vu les jumeaux à l'échographie : la fille bouge plus que le garçon, son visage est plus humain que je l'avais imaginé. Elle rit :

– Ils pèsent huit cents grammes chacun !

Elle a un sourire rêveur qui nous entraîne dans son sillage. Mais, aussitôt, son visage se casse en un rictus :

– S'ils naissent... est-ce que je ne vais pas les battre ? Parce que, ma mère m'a dit que je ferai comme elle, comme ses parents avaient fait avec elle. D'une seule voix, nous nous écrions :

– Ah non ! Nous ne vous laisserons pas faire !

– Ah oui... c'est vrai !

Elle nous regarde en coin, regard chafouin, et avoue ces moments où elle a envie de fouetter son ventre comme son père la fouettait.

– Vous savez... mon père... quand j'étais petite fille... je vous ai dit ? Il a eu des gestes déplacés... Alors, je ne sais pas qui est le père des bébés, lui ou mon mari. Quand vous le rencontrerez, il ne faudra surtout pas le lui dire !

Nous disons que, sans doute, nous sommes tenues au secret professionnel, mais que son mari, nous avons besoin de le connaître pour que nous cheminions tous les quatre ensemble.

– Bien sûr ! Esquive-t-elle. Et, balaie l'espace d'un petit geste de main.

Le lendemain, Madame Jérémie était mutée en urgence, par hélicoptère, à Saint-Étienne. Son mari, a prévenu Chantal, lui a demandé si nous aurions l'intention d'appeler son épouse.

– Mais oui ! Et même nous irons la voir ! a-t-elle répondu.

Quand nous lui avons téléphoné, c'est elle, Sarah, qui a insisté pour que nous rencontrions son mari.

– Il est tellement perdu, paumé ! disait-elle.

Nous avons appelé Monsieur Jérémie. Il est venu nous rencontrer dans le service, tôt le matin, avant qu'il ne prenne son travail. Ce premier jour, il nous a un peu glacées, au point qu'après son départ, nous avons eu besoin de nous réchauffer en buvant un thé brûlant.

Néanmoins lui, l'Arlésien de nos rencontres, il était venu. Il s'adressait ostensiblement à Chantal, m'ignorant quelque peu et, spontanément, nous l'avons laissé cliver notre « binôme ». C'est donc elle qu'il a questionnée sur notre présence dans le service de néonatologie. Une psychologue ? Une assistante sociale ? Est-ce bien habituel ?

Papa-oiseau, il a parlé de la maison, leur nid, qu'il construit lui-même. Aussi, espère-t-il que les bébés arriveront le plus près possible du terme prévu (juillet) parce que la maison, elle, ne sera pas prête avant le mois d'août. Il a dit, sans les dire, mais en les sous-entendant vraiment très fort, les inquiétudes que peut lui donner la grossesse de son étrange épouse.

– Vous savez comment elle est, dit-il d'une voix sourde.

Quand il nous a quittées, nous avions le sentiment que nous aurions désormais plus à compter « avec lui », que « sur lui ». Cependant, notre travail s'est trouvé étayé par cette première rencontre. Après, ce n'était plus pareil. Nous pouvions dire à Madame Jérémie :

– Qu'en pense votre mari ?

Et elle, depuis ce moment-là, parlait davantage de lui. D'ailleurs, il était présent à l'occasion de notre seconde visite à Saint-Étienne. Couple très différent de ce que nous avaient permis d'imaginer les petites moues désabusées de Sarah quand elle disait :

– Je le vois si peu...

Ou bien :

– Il construit la maison... je ne sais pas où elle se trouve.

Les regards qu'ils échangeaient étaient très séduits, tendres. Nous les découvrions sous le charme l'un de l'autre. Tout naturellement, Chantal s'est montrée particulièrement attentive à lui, tandis que je restais là pour elle (elle, visiblement très friande des « psy » !).

Ce jour-là, alors que nous allons les quitter, Madame Jérémie, avec ses grands yeux, son air étourdi, sa voix flûtée de fillette, nous a prévenues :

– Ah ! Au fait... j'ai parlé à l'équipe de votre suivi !

Lui, souriait, opinait de la tête. Cela, nous ne l'avions vraiment pas prévu, mais c'est pourtant ce qui s'est répété tout au long de notre accompagnement : la petite Sarah courait devant nous. Drôle de Chat Beauté, elle nous précédait déjà aujourd'hui en annonçant notre « suivi », puisque c'était son mot.

Dès l'appel de la psychanalyste, nous avions compris qu'il nous faudrait l'appui d'autres structures pour accompagner la famille, et nous nous étions demandés comment nous devrions procéder de façon à garder – nous y tenions beaucoup – une certaine confidentialité à notre travail. Et donc, Madame Jérémie ayant choisi de nous présenter, nous avons choisi, nous, de rester vraiment dans notre « fonction Sainte Anne[1] ». Nous étions là pour le couple, pour le soutenir, l'étayer, l'aider à penser. Ainsi, la Belle Patiente a vécu sa grossesse pendant deux mois et demi.

Nous l'appelions chaque mardi ; allions la voir chaque jeudi. L'équipe soignante de l'unité mère-enfant, à Saint-Étienne, nous accueillait avec le sourire. Nous n'avons jamais été questionnées ; n'avons jamais questionné. Nous étions reçues très simplement et, même s'il fallait donner un soin et si notre présence pouvait faciliter celui-ci, alors, l'infirmière, la sage-femme savaient dire :

– Vous pouvez rester, si Madame Jérémie le souhaite.

Elle ouvrait ses yeux à la Blanche Neige :

– Oh oui... restez !

Nous restions. Et nous l'avons vue devenir présente à son corps, à la vie qui l'habitait. Elle a réellement beaucoup souffert et l'équipe était réellement soucieuse à cause de son utérus qui ne pouvait pas se développer normalement.

Néanmoins, les bébés sont nés, comme il avait été prévu, par césarienne à trente-et-une semaines, soit sept mois et neuf jours. C'était un dimanche. Leur père était là, leur mère les a vus, les a embrassés. Elle nous a appelées

1. « La fonction Sainte Anne », notion que l'on doit à Geneviève Haag. Dans le tableau de Léonard de Vinci, « Ste Anne, la vierge et l'enfant Jésus », Ste Anne se tient à l'arrière, soutenant Marie, sa fille, qui, elle-même soutient l'enfant Jésus.

le lundi matin, pour nous annoncer leur naissance. Adam pesait 1 890 gr et Ève 1 680. Ils avaient été mutés en néonatologie, mais avaient échappé à la réanimation que leur mère continuait de tellement redouter pour eux.

Le lendemain, tout s'est passé très simplement lorsque nous avons rendu visite à la famille. Une famille très ordinaire, ou presque. Et l'heureux père, l'époux comblé, nous a offert le champagne. Mais, dès que nous avons eu trinqué « Aux parents ! Aux bébés ! À la famille !... et à la poursuite de notre accompagnement ! », Monsieur Jérémie a bombardé Chantal de questions, questions qui montraient combien il s'était informé dans l'attente de la naissance : Comment faire pour obtenir l'aide d'une travailleuse familiale ? « La PMI » interviendrait-elle au domicile ? Quel serait le meilleur pédiatre sur la ville ? Et Chantal répondait. Pour ce qui est du pédiatre, nous avons souri, et elle a suggéré qu'ils sauraient faire leur choix, mais que nous serions là aussi.

Ce temps d'hospitalisation a passé presque normalement. Presque, parce que Madame Jérémie présentait deux images contrastées : une mère dont Winnicott aurait dit assurément qu'elle était « suffisamment bonne », et qui savait donner à ses bébés nés prématurément, toute l'attention qu'elle avait reçue de nous et des équipes médicales dans les précédentes semaines. Auprès d'eux, elle ne doutait pas de ses capacités, qui étaient très réelles. Mais, sitôt qu'elle avait recouché Adam et Ève, alors, Sarah redevenait l'étrange Belle Patiente. Celle-ci nous inquiétait. Nous cherchions à nous rassurer en évoquant son travail avec la psychanalyste qui, pas plus académique que nous, venait aussi là où se trouvait sa patiente, et donc, à Saint-Étienne !

Lorsque, trois semaines plus tard, les bébés ont été mutés à Roanne, pour un rapprochement du domicile familial, la nouvelle équipe de néonat a été impressionnée par cette maman pour le moins bizarre qui allait répétant qu'elle ne savait pas faire, tout autant impressionnée par la froideur du papa qui ne semblait s'intéresser qu'à Adam.

Le médecin responsable du service n'a pas tardé à nous faire part de son inquiétude et nous avons répondu que, en effet, nous connaissions Madame Jérémie depuis trois mois, que nous allions continuer notre accompagnement ici, puis le poursuivre au retour de la famille au domicile.

Se sentant de nouveau soutenue, portée par une équipe, Sarah Jérémie, a retrouvé une assurance rassurante pour nous tous. Les bébés s'éveillaient bien et, en dépit des régurgitations d'Adam, il a pu être envisagé un retour à la maison. Adam et Ève avaient alors un mois et douze jours. Ils approchaient de la date du terme. À ce moment-là, Chantal a pris contact avec la PMI, mais, cette fois encore, le papa l'avait devancée et avait déjà contacté la puéricultrice !

Nous avons rencontré celle-ci, unique rencontre qui nous a permis d'échanger à propos de notre souci commun dans cette situation particulière. Prenant appui sur Didier Houzel[1], nous avons égrené notre « chapelet à quatre grains » :

– Oui, elle savait déposer sa souffrance en nous.

– Oui, elle avait appris à ne plus douter de ses capacités à être mère.

1. Didier Houzel : Dans le travail des visites à domicile, il insiste sur la fonction « phorique » des professionnels, avec ces points que j'ai appelé notre « chapelet à quatre grains » : Fonction de réceptacle de la souffrance des parents. Fonction de requalification des parents. Fonction de tri des confusions de générations. Fonction de support identificatoire.

– Oui, elle n'était plus la petite fille enceinte, peut-être, de son père, mais l'épouse de Monsieur Jérémie.

– Oui, oh oui, comme elle savait bien s'identifier à nous deux, nous deux comme les deux seins d'une mère suffisamment bonne !

Par la suite, il nous a suffi de quelques brefs appels téléphoniques pour maintenir le lien entre nos deux institutions. La puéricultrice notait que tout se passait plutôt bien. Pour nous, nous disions que nous poursuivions notre accompagnement. Combien il a fallu que notre portage en réseau se montre solide, combien il a fallu que nous ayons foi en notre maillage ! Le retour à la maison avait énormément fragilisé la famille.

En effet, nous avions découvert un appartement mort, aux volets clos, meublé comme une maison de petits retraités et plein d'horribles vieilles poupées de porcelaine, figées sur leurs socles. Avec leurs sourires fanés, leurs bouclettes bien ordonnées autour de leurs visages gris, elles nous évoquaient trop la Sarah des premiers jours. Monsieur Jérémie, son téléphone portable cramponné à la taille, devenait joignable à chaque instant, au moindre pleur des bébés, à la première bouffée d'angoisse de son épouse.

Nous étions inquiètes, et nous portions notre inquiétude dans le lieu et le temps de notre supervision, un psychanalyste de l'équipe ayant accepté de nous aider. Il nous accueillait avec son habituelle bienveillance, souriait, nous rappelait que, pour toute famille ordinaire, le retour à la maison représente une épreuve. Merci à lui qui nous a permis de retrouver confiance dans notre « position contenante » !

Nous allions à domicile deux fois par semaine et la puéricultrice de PMI deux fois aussi et deux fois encore la Travailleuse Familiale. Pour un oui, pour un non, Monsieur et Madame Jérémie arrivaient en pédiatrie. Ils étaient écoutés avec attention, et puis, tout allait mieux. Ils rentraient chez eux.

Au bout de quelques semaines, Sarah Jérémie a pu ouvrir ses volets. Adam et Ève étaient dans un bon échange avec leurs parents et nous n'avons plus eu l'impression que Monsieur Jérémie ne s'intéressait qu'à Adam. Nous avons suggéré que nous pourrions ne plus venir qu'une fois par semaine ; les parents ont dit que c'était leur souhait à eux aussi.

L'été est passé. Chantal Hache et moi avions organisé nos vacances de façon à ce que l'une de nous reste présente, continue d'assurer les visites à domicile en juillet, et l'autre en août. Le déménagement de la famille a eu lieu à la fin du mois de septembre.

La jeune femme qui nous ouvre sa porte, au milieu des cartons, des objets qui n'avaient pas encore trouvé leur place, ce n'est plus La Belle Patiente. Elle est devenue mère, mais aussi épouse. Elle se montre attentive à sa coiffure, à son maquillage ; elle choisit ses vêtements avec coquetterie.

La maison est claire, pensée autour des enfants, et même un peu trop exclusivement pour eux ! C'est un envahissement de jouets, de petites chaises, de relax. Sarah Jérémie prend vie à la source de ses enfants. Ce sont eux qui l'animent. Elle n'est plus dans la crainte de son éventuelle maltraitance. Les jumeaux restent le réceptacle des projections de leur mère, de leur père, mais sans doute, guère plus que la plupart des bébés de leur âge.

Néanmoins, « ça tient ». Ça tient, parce que le réseau continue son portage discret. Ça tient, parce que Madame Jérémie continue de prendre appui sur nous, et sans doute aussi parce qu'elle a repris son travail auprès de l'analyste. En janvier suivant, elle a pu recommencer à aller à l'extérieur : les courses, le coiffeur... Le travail se poursuit. Nous devenons les témoins d'une petite famille de plus en plus vivante, de plus en plus en harmonie. Monsieur Jérémie devient présent dans les paroles de son épouse. Elle dit « Leur Papa leur a montré comment faire ceci. », « Mon mari a acheté cela. »...

Mais, il ne faut pas rêver, elle reste elle-même : elle se plaint toujours de sa fatigue, craint toujours de manquer de ceci, de cela, de manquer d'argent. Elle nous enveloppe de son ennui. Chantal est agacée ; je la taquine ou bien je l'encourage. Bonne joueuse, elle sourit, et nous revenons au domicile de la famille Jérémie.

Le temps passe. Supporter l'insupportable. Supporter les moments très fous de la maman ; supporter la rigidité du papa. Adam et Ève grandissent, sont drôles, sont coquins, comme tous les enfants de leur âge. Ce sont eux qui nous rassurent, eux qui nous assurent que nous n'avons pas fait ce long voyage à leurs côtés, pour rien ! Sarah Jérémie continue de courir devant nous et puis, au moment où nous nous y attendons le moins, là où c'est le plus improbable, elle s'arrête. Tantôt, ce sera pour un sourire, tantôt pour une pirouette et une grimace comme pour nous provoquer. Comment ne pas retrouver, dans ces moments particuliers, la petite fille qui narguait son père et lui qui courait derrière elle, martinet à la main ? Après la scène du martinet, elle savait que viendrait celle de l'inceste. Mais, elle ne pouvait s'empêcher de faire courir son père, jusqu'au bout, jusqu'au moment de l'horreur.

Nous aussi, elle nous aura fait courir. Pour nous aussi, du début à la fin de notre accompagnement, elle aura soufflé le chaud et le froid. Les enfants avaient deux ans et demi quand Monsieur et Madame Jérémie ont interrompu brutalement notre accompagnement. Il n'y avait rien à dire, tout juste à prendre le temps d'un « Au revoir ! » à la famille.

Mais, dix-huit mois plus tard, Sarah Jérémie faisait de nouveau appel à nous. Et nous avons repris notre cheminement à leurs côtés. Et voilà qu'en juin 2002, alors que ça ronronnait plutôt bien au niveau de nos rencontres, sans préambule, le couple nous a annoncé que la famille allait déménager d'ici quinze jours. Nous sommes sidérées. Dans une espèce de brouillard nous parviennent leurs voix qui nous informent froidement que la maison est vendue, qu'ils en ont trouvé une autre, dans une ville, à l'autre bout de la France.

– Elle est située de façon idéale : juste à côté de l'hôpital psychiatrique ; en face, il y a l'hôpital général, nous explique Sarah. L'école n'est pas très loin. On a tout sous la main !

Les jumeaux nous regardent gravement. Et puis les voilà qui s'ébrouent et se mettent à jouer dans l'excitation ordinaire d'enfants de six ans qui se sentent regardés. Adam prend des voitures, un ballon. Ça cogne, ça tape, ça se bouscule un peu, comme le font nos cœurs à nous dans nos poitrines, au même moment. Ève, très bonne petite maîtresse de maison, sort une dînette et vient nous offrir, avec beaucoup de délicatesse et d'attention, la tasse de café, « pour semblant », que sa maman, en six ans et demi de rencontres, n'a jamais pensé à nous proposer.

Il est l'heure. Nous nous levons. Échange de vœux, de poignées de mains. La porte s'ouvre, se referme derrière nous. Nous traversons le jardin. Sur le trottoir, Chantal et moi nous nous retournons, comme appelées par une dernière image. Derrière la porte-fenêtre, côte à côte,

Adam et Ève nous font un tout petit geste de la main : « Au revoir ! »

P'TIT BONHOMME

Notre tandem avait filé si simplement, au quatrième, avait filé dans une si bonne harmonie que je n'avais pas vu passer ces dix années. Retour à la réalité en septembre 1999, lorsque le travail de l'équipe « Petite Enfance » s'est trouvé organisé différemment : Chantal ne viendrait plus en néonat et, dans un premier temps, j'irais seule.

Dix années venaient de s'écouler avec tant de naturel ! Je pense qu'elle, autant que moi, avions le souci de monter au quatrième, avec juste notre bonne mine de funambules qui viennent là avec leur sourire et leur bonne humeur. Nous accompagnions des bébés, des familles en souffrance. Jamais nous n'avons joué à faire un diagnostic, à étiqueter les uns ou les autres. Nous étions bien d'accord pour penser que nous venions pour cueillir ce qu'il y avait à accueillir, pour aider à penser l'impensable, pour avancer au rythme qui nous serait proposé. L'une et l'autre, nous glissions sur notre fil, bien tenues par notre cadre intérieur, fait de notre institution et de nos formations personnelles.

Mais surtout, je crois, chacune de nous portait le souci de maintenir la place qu'occupait sa partenaire, et de ne pas empiéter sur son savoir-faire, sur son savoir-être. Elle était assistante sociale ; j'étais psychologue. Même si nos outils et nos écoutes étaient à peu près les mêmes, chacune avait sa façon professionnelle autant que personnelle d'aborder aussi bien les familles que le personnel de la néonat. Et l'équipe nous montrait bien qu'elle prenait appui sur l'une et l'autre, d'autant plus que nos places étaient nettement différenciées.

Tous les groupes ont pour habitude de jouer sur les clivages, sur les rivalités ; la néonat n'échappait pas à la règle générale. On a pu me dire, parfois :

– Une psy, en néonat, oui, on voit à quoi ça sert, mais une assistante sociale... ?

Et, j'étais tellement sûre qu'il lui était donné à entendre la proposition inverse, que je répondais par une pirouette :

– Ah oui ? Vraiment ? Pour moi, il me semble que nous sommes complémentaires !

On a cherché aussi, bien évidemment, à nous opposer sous prétexte que telle famille accrochait avec l'une, mais pas du tout avec l'autre. Et là encore, nous prenions acte, mais cela n'est jamais devenu l'objet d'une rivalité entre nous. Et, mieux encore, je pense que cette attitude de notre part, a aidé bien des personnes de l'équipe à ne pas se sentir blessées lorsque des familles leur ont préféré telle autre collègue.

En septembre 1999, il nous est demandé d'écrire un texte pour un colloque, sur le thème de « La Prévention ». Alors, avec quel bonheur Chantal et moi, nous nous sommes jetées une dernière fois sur nos feuilles blanches ! Écriture à deux cœurs, à deux rêveries, à deux stylos.

« Un enfant seul, ça n'existe pas » répétons-nous après Winnicott. Ça n'existe pas ? Et comment, alors, allons-nous dénommer ce peu de chair (un peu plus du kilo, un peu moins) déposé dans une couveuse, et bardé de fils, de tuyaux, auréolé de lumières, d'écrans aux tracés zigzaguant, aux sonneries stridentes ? Un enfant, « ça » ? Ou seulement un fœtus ?

Celui-là, en tous les cas, pour être seul, Il est seul ! D'ailleurs dans le jargon de la néonat ne dit-on pas, indifféremment « couveuse » ou « isolette » ? Voilà qui en dit long sur la solitude que vivent leurs petits passagers !

P'tit Bonhomme devait naître pour Noël. Ses parents, agriculteurs, avaient déjà un fils de quatre ans et une petite fille d'à peine treize mois. Ce lundi 1er octobre, comme chaque lundi, je me rends à la maternité, et, comme chaque semaine, je demande si des bébés ont été mutés en néonat pendant le week-end. C'est alors que j'apprends que Madame Mère est arrivée dans la nuit, qu'elle a accouché à la vingt-sixième semaine (c'est-à-dire moins de six mois de gestation) de P'tit Bonhomme, neuf cents grammes, et que le bébé a été aussitôt muté en hélicoptère à Saint-Étienne.

À la maternité, je rencontre les mamans trop tôt amputées de leurs bébés et, au cours d'une rencontre souvent unique dans ce lieu, je cherche à retendre un « cordon ombilical psychique » entre celle qui vient d'accoucher ici, et celui qui a été muté là-bas, en néonat.

Chacun est devenu le patient d'une équipe spécialisée. Souvent la rencontre n'a pas pu se faire, ne s'est pas faite entre la mère et son enfant. Alors, dans ce temps de l'urgence, il s'agit pour moi d'aider les mamans à construire des pensées, à trouver des mots pour évoquer « tout ça ». « Tout ça » qui fait tellement violence ! « Tout ça » qui leur arrive. « Tout ça » qui va trop vite. « Tout ça » qui bouscule, qui bouleverse.

Madame Mère est toute pâle au fond de son lit. Comme toutes les mères, elle commence par se montrer « bonne patiente » en me souriant, en cherchant à me rassurer (se rassurer ?). Elle dit qu'elle va bien, puisqu'on lui a dit que tout va bien ; qu'ils sont vivants l'un et l'autre.

– Il paraît qu'il va bien. Il ne reste plus qu'à attendre.

Elle dit cela, et puis les larmes viennent, et puis les émotions, et enfin les mots, que je tente de lui faire relier à des pensées. Alors, elle raconte sa peur, les contractions, la bousculade pour descendre à Roanne en pleine nuit. Quand elle est arrivée à la maternité, on lui a dit qu'elle faisait une fausse couche tardive. Elle a pleuré la mort de son bébé. Elle l'a tant pleuré ce bébé-là, qu'elle n'a pu l'accueillir vivant quand il a crié. On le lui a montré un instant avant de l'emmener à Saint-Étienne. On lui a dit de ne pas s'attacher à lui :

– Parce que, après, on ne sait pas s'il va vivre.

Quand elle l'a vu, elle a eu peur :

– Il est tellement petit, neuf-cent grammes !

J'évoque le père. Madame Mère répond qu'il a peur des hôpitaux depuis qu'il a été accidenté.

– Et puis, celui-là, il le voulait pas trop. Ça fait trop rapproché avec la petite. Mais moi, je suis contre les IVG. J'ai pas voulu.

La vie ; la mort ; désir de mort ? P'tit Bonhomme, ce bébé vivant, est-il celui qu'elle a attendu ? Ou seulement l'enfant, fantôme de celui dont elle aurait pu se faire avorter ?

Trois jours plus tard, les nouvelles du bébé sont bonnes. L'équipe dit que la mère va bien, elle aussi. Et moi, je suis soucieuse de ce « trop bien », « trop vite ». Soucieuse du petit rire de la maman qui viendrait gommer notre rencontre de lundi, effacer les émotions qui se sont données à voir. Le bébé est au loin, Madame Mère a refermé les volets de son cœur. Façade lisse.

P'tit Bonhomme a déjà un mois et demi, lorsqu'il arrive dans le service de néonat de Roanne. Nous sommes à la mi-novembre. Il est devenu un grand petit bébé (ni en poids, ni en taille !) qui s'ennuie et bouge dans sa couveuse en attendant les visites trop rares de sa maman. Chantal et moi allons accompagner ce temps-là.

Et donc, chaque jour, à tour de rôle, nous allons lui rendre visite, ne le touchant (Catherine Druon me l'a enseigné) « qu'avec les yeux, qu'avec la voix ». Nous allons tenter, par notre présence, par notre attention active et par notre rêverie, d'extraire ce drôle de petit passager solitaire de ce monde de sommeil où il se réfugie quand il devient lassé d'attendre, celle qui ne vient pas. Nous nous efforcerons de l'attirer vers nos regards, vers nos voix qui sont là pour témoigner du monde des vivants. Nous accompagnons aussi médecins et infirmières dans leur attente de rencontrer enfin les parents ; papa qui ne vient pas, maman qui vient si peu. Quant à l'équipe de néonat, elle s'appuie peut-être sur notre patience, sur notre capacité à attendre, pour ne plus avoir trop de colère contre ces parents si peu présents.

Un soir, quelqu'un du service aura même l'idée de téléphoner pour prendre des nouvelles de la maman. Madame Mère, surprise, émue de cette marque d'attention, pourra dire qu'elle aussi est malade, couchée depuis neuf jours. Mais, le lendemain, elle a pu revenir et, dans les larmes, raconter à Chantal Hache toute sa souffrance, tout son épuisement (son mari, ses enfants, la ferme, les kilomètres). Deux jours plus tard, mais aussi après deux visites, P'tit Bonhomme avait appris à téter ; il passait le cap des deux kilos, et quittait sa couveuse pour un berceau : il avait deux mois et demi.

Le 15 décembre, j'ai enfin retrouvé Madame Mère. C'était comme si nous nous étions quittées la veille. Elle a repris le récit là où elle l'avait laissé le 1er octobre : l'attente d'une fausse couche ; le bébé qui crie ; l'équipe qui lui dit qu'il est vivant, mais qu'elle ne doit pas s'attacher à lui ; et elle qui ne sait plus où elle en est. Trois mois et demi plus tard, elle en veut toujours aux médecins qui ont obligé (!?) le bébé à vivre et qui, aujourd'hui, ne le soignent pas assez bien, et surtout pas assez vite. Elle en veut aux puéricultrices pour ce qu'elles disent, et tout autant pour ce qu'elles ne disent pas. Bref, il faut bien que sa colère aille quelque part, se déverse sur les uns ou sur les autres. Et nous, nous recevons cette colère-là, nous la contenons dans nos pensées, nous la lui rendons, lavée de sa dangerosité :

– Vous avez eu tellement peur !

Alors, alors Madame Mère peut se pencher sur le berceau de P'tit Bonhomme et prendre son bébé au creux de ses bras. Elle le caresse du bout de ses doigts, comme pour redessiner son corps, comme pour se le réapproprier. Elle a moins peur de lui, et lui, il sait la laisser approcher. Craintivement encore, tout doucement, elle l'adopte.

Chantal et moi, en montant au quatrième, nous continuerons de cadencer les jours par nos visites alternées. Lorsqu'il est seul, nous continuons d'envelopper P'tit Bonhomme de toute notre attention, de toutes nos pensées. Nous tissons autour de lui ce hamac d'une préoccupation maternelle dont il aura besoin, plus tard, pour se sentir solide.

Prévenir. Venir près. Lorsque Madame Mère est là, nous nous asseyons auprès d'elle. Et toujours, elle parle. Faute de pouvoir reconnaître que cette colère qui l'habite est dirigée contre elle, elle qui n'a pas pu terminer son ouvrage de mener son bébé à terme, elle ressasse les erreurs, les maladresses des médecins, des équipes soignantes.

Nous partageons cela, c'est-à-dire le poids de sa peine, et nous redisons à P'tit Bonhomme combien ce début de sa vie est douloureux pour tous ; pour lui ici, mais aussi pour la famille, là-bas, au village. Et, peu à peu, Madame Mère cesse de se plaindre, et commence à regarder son fils, et elle le trouve même beau, et elle le caresse. Plus tard encore, elle osera lui parler. Nous nous effaçons. Ce qui compte, ce n'est pas tant d'être là, que de nous tenir à l'arrière-plan, pour soutenir la mère, qui s'intéressera alors à son enfant.

Être là aussi pour accompagner l'équipe de néonat qui pourra alors investir « même » une maman peu présente et s'effacer à son tour pour lui permettre de donner le bon des biberons, le bon du bain, le bon des soins à son bébé. Mais cela, seulement lorsque Madame Mère se sentira prête, seulement lorsqu'elle saura montrer son envie d'adopter son enfant.

Le temps passe. Le 24 décembre, peu avant 20 heures, je suis dans un box, auprès d'un berceau. J'aperçois une ombre qui se glisse dans le couloir, Madame Mère. Un grand jeune homme marche à côté d'elle. Monsieur Père ? Peut-être. Ils entrent dans la petite chambre, se penchent au-dessus du berceau de P'tit Bonhomme. Quarante-cinq secondes plus tard, ils repartent. Trente-cinq kilomètres pour venir ; quarante-cinq secondes auprès de leur enfant ; trente-cinq kilomètres pour rentrer.

Le lendemain de Noël, Madame Mère revient, accompagnée de Petit Aîné. Un autre jour, ce sera avec Petite Sœur.

Peu après, à la date où P'tit Bonhomme aurait dû naître, elle a rassemblé leur famille autour de lui. Les voilà tous les cinq réunis : père, mère, grand frère, petite grande sœur et lui qui se laisse aller à s'arrondir (un peu), à sourire après un biberon, à sourire aussi au passage d'une caresse. Il regarde. Il fixe. Il accroche son regard aux yeux de sa mère. La sortie se profile. Oui, P'tit Bonhomme peut enfin venir vivre chez lui, dans sa famille. Son corps est prêt pour ce nouveau chapitre de sa vie.

Mais la famille, elle ? La famille est-elle prête à accueillir cet enfant au passé trop proche encore du monde impensable de la grande prématurité ? La famille, elle, une famille très seule, dans une ferme isolée. Une ferme à l'écart du village. Le village perché, perdu au bout du département. Le père accaparé par les travaux des champs (ils ont parfois bon dos, les travaux de ceci, de cela). La mère, encore ballotée dans l'ouragan de sa dépression et qui cherche à faire front sur tous les fronts : la ferme, ses aînés, son mari et ce drôle de bébé auquel il va falloir faire une vraie place à la maison. Les petits aînés qui ont vécu ces trois mois et demi en réussissant à se faire oublier. Trop bien adaptés ! On ne leur disait rien ; ils n'en demandaient pas plus, ce qui ne les mettait pas, pour autant, à l'abri de la souffrance !

Comment, oui, comment penser le retour à domicile ? C'est alors la question qui habite les divers services : équipes de néonat, de pédopsy, de la PMI et aussi des services dits « sociaux ». Chantal et moi, funambules certes, mais aussi un tantinet prestidigitateurs à notre heure, sortons une dernière carte de notre manche : celle des « visites à domicile », organisées par notre service de pédopsy. Nous savions que Madame Mère attendait avec impatience les visites de Chantal, plus que les miennes. J'étais sans doute trop liée aux souvenirs terrifiants des premières heures. Et puis, « Le cœur a ses raisons que la raison ne connaît pas » disait Blaise Pascal. Madame Mère guettait les jours de visite de La Dame Blonde, attendait la chaleur de sa voix, la douceur de son sourire.

Aussi, nous avons convenu que ce serait moi qui lui proposerais les visites de Chantal, ceci de façon qu'elle puisse s'autoriser à les refuser, si c'était son choix.

C'était un mercredi soir ; je suis allée au-devant de Madame Mère. Noire, derrière le rideau noir de ses cheveux qui venaient éteindre son regard triste, elle me regarde approcher :

– On rentre bientôt ! dit-elle d'une petite voix terne.

– On me l'a appris, oui. Vous savez, nous avons pensé... l'hospitalisation de P'tit Bonhomme a été longue et fatigante pour vous tous. Nous avons envie de vous accompagner encore un peu et Madame Hache propose de venir vous rendre visite chez vous. Ça pourrait être toutes les semaines, ou tous les quinze jours... Qu'en pensez-vous ?

Et, tout simplement, elle a dit :

– Ma foi, si elle peut venir, moi je veux bien !

Nous étions à la mi-janvier, P'tit Bonhomme avait trois mois et demi. Quelques jours plus tard, lorsque Chantal a appelé pour fixer leur premier rendez-vous, elle a pu entendre, dans la voix de Madame Mère, combien la réalité se trouvait éloignée de ce qu'elle avait pu imaginer d'un retour joyeux, facile, au foyer :

– P'tit Bonhomme est difficile. J'y arrive pas. Tout est difficile !

Le beau rêve s'était évanoui ! Qui est-il donc ce bébé de presque quatre mois, étranger à tous, et jusqu'à sa mère ? Lorsque Chantal arrive à la ferme, dans le désordre de la pièce à vivre, dans le chaos familial, dans le désarroi de chacun, il lui est offert, tout simplement, de voir P'tit Bonhomme qui trône dans son baby-relax, sur la table de la cuisine. Il est là, dans la place de l'œil du cyclone qui avale tout ce qui l'approche. Et, du coup, il fait fuir les uns et les autres. Le père retourne aux champs, les petits aînés à leurs jeux. Voisins, amis, proches parents, tous sont venus le voir, mais tous se sont étonnés de le découvrir si peu éveillé :

– À quatre mois, tout de même !

Et personne n'a osé le prendre dans ses bras. Madame Mère égrène la litanie de ses déceptions, de sa tristesse, de ses rancœurs. Cela dit, elle s'approche de la table, libère P'tit Bonhomme de son harnais et l'offre aux bras de Chantal. Et Chantal, le reçoit, l'accueille.

– Et ce sera ainsi à chaque visite, jusqu'à ce que ce soit lui qui sache venir jusqu'à moi, nous rapportera-t-elle dans nos réunions d'équipe.

P'tit Bonhomme se développe, grandit ; mais lentement et comme en miroir de ce que vit sa maman. Lorsque l'humeur est à la grisaille, il attrape le premier rhume qui vient à passer, le premier microbe qui rôde et ce sont alors les consultations médicales, voire le retour à l'hôpital. Et puis, toujours cette façon d'engloutir passivement ses biberons sans un regard pour Madame Mère qui en est d'autant plus blessée :

– Lui qui a été habitué à voir tant de monde à l'hôpital, il fait des sourires à tous, mais moi, quand je lui donne le biberon, il ne me regarde jamais et il boit si vite ! se lamente-t-elle.

Lorsque les nuages de l'âme s'écartent pour laisser filtrer un peu de ciel bleu sur la maisonnée, alors, P'tit Bonhomme grandit, prend du poids, fait des acquisitions nouvelles. Et Chantal poursuit son patient travail de raccoutrage.

Roanne a été une ville de bonneteries où l'on fabriquait des vêtements non pas tissés, mais tricotés. Il y avait, dans toutes les usines, des raccoutreuses, ouvrières particulièrement soigneuses et attentives, dont la tâche consistait à remonter les mailles qui avaient filé. Il en était un peu de même du travail de Chantal : venue « près », « auprès » de la famille, elle guettait ces moments de dépression, de découragement où les mailles du tissu familial se mettaient à filer. Elle restait là et, telles les ouvrières avec leur attention et leur minuscule crochet, elle remontait doucement les mailles, accompagnait la reconstruction de Madame Mère, sa capacité à penser, à regarder P'tit Bonhomme. Et ça repartait pour quelques jours, quelques semaines.

Le cap de la première année a fait, de nouveau, naufrager la famille. Temps douloureux où Madame Mère réalise qu'elle n'a rien saisi de ces mois écoulés, et qu'elle n'a pas pu retenir son homme, Monsieur Père, qui s'en est allé un matin d'automne, laissant en plan, sa famille, sa ferme. Revient la litanie des plaintes, identique à ce qu'elle était un an plus tôt.

Pourtant, non, ce qui est nouveau, c'est que la jeune femme peut, aujourd'hui, laisser percer ses émotions. Audelà des mots, sa voix n'est plus blanche, plate lorsqu'elle évoque la brutalité de la naissance, les angoisses du temps de la néonat, l'épuisement du retour à la maison. Il y a du solide qui a pu se construire au fil de cette année.

Alors, Chantal, notre patiente remailleuse du temps et des sentiments, tout en continuant ses visites à domicile, va parvenir à faire sortir Madame Mère du huis clos de leur vie.

Dans ce temps-là, nous étions trois accueillants dans un groupe qui avait pour vocation d'accompagner les premiers mois de bébés et de leurs parents, naufragés de naissances difficiles. Chantal, a proposé à la maman de P'tit Bonhomme de venir nous retrouver dans ce groupe.

Et, pendant 18 mois environ, de ce travail de raccoutrage, nous avons vu P'tit bonhomme se redresser, ramper, puis marcher à quatre pattes, et enfin sur ses deux jambes ; nous l'avons vu sourire ; l'avons entendu gazouiller puis parler. Ainsi, se tissait un bel accordage entre Madame Mère et lui.

Le temps s'écoulait... À mon tour, je me suis fait discrète, me suis écartée.

Par la suite, des années plus tard, il m'arrivera parfois de croiser en salle d'attente ce petit garçon vif, au regard joyeux et qui venait alors travailler avec l'orthophoniste.

Madame Mère, les aînés et Grand-p'tit Bonhomme avaient acquis la capacité d'avancer seuls dans cette drôle, bizarre vie, qui n'est ni douce, ni facile, juste précieuse ! Ils savaient désormais prendre soin d'eux-mêmes.

... ET AÏCHA

Aujourd'hui, Chantal ne monte plus au quatrième. C'est Liliane, une infirmière-psy de la Villa des Iris, qui lui succède dans le temps de notre présence en néonat. Petite période d'apprentissage pour elle ; d'ajustage entre elle et moi. Liliane et son grand respect de chacun, sa douceur camouflée derrière des explosions de colère. Liliane, infirmière et qui, dans ce milieu médical, se sent infirmière parmi les infirmières.

Me voici un peu seule dans ma place de celle qui, tout comme les parents, vient du dehors. Mais, peu importe, notre embarcation va trouver un nouveau rythme, une nouvelle façon de se faufiler dans cet étrange pays de la néonat. Cette fois encore, la différence de nos regards, notre complémentarité et surtout le plaisir que nous aurons à travailler ensemble, fera la richesse de notre équipée.

Un lundi soir, comme tant d'autres soirs, je marche dans la rue, traverse le boulevard, évite l'ascenseur et me voici grimpant les cent vingt marches des cinq étages, cent vingt marches qui vont me permettre de me dégager peu à peu de mon service de pédopsy, pour arriver dans leur service de néonat. Que sera le quatrième, ce soir ? La fourmilière trop ordonnée des jours de drame ? La ruche et ses abeilles ouvrières qui bourdonnent dans du paisible, de l'ordinaire ? Parfois, il me vient l'image d'une immense volière. Plumages colorés, chants variés, depuis le roucoulement de la colombe jusqu'au piaillement du plus petit moineau, Dames-Oiseaux, Dames-Oiselles, les « filles du quatrième » veillent sur ces oisillons trop tôt tombés du nid.

Lorsque je pousse la porte du quatrième, bouffée joyeuse, c'est dans la volière légère que je me retrouve. Et, la puer qui m'accueille, c'est Grande Cigogne, la très bienveillante :

– Annick, nous avons une petite nouvelle : Aïcha, 37 semaines, 1 kg 750 ; elle a un retard de croissance.

Aïcha est née ce matin. Elle aurait dû venir au monde le mois prochain. Elle devrait être plus grande, plus ronde pour ce terme. Miniature de petite fille, elle dort. Il est 17 heures et je la regarde dormir dans sa couveuse, légèrement pelotonnée sur elle-même, le visage tourné vers le mur. Une joue un peu ronde, de longs cils qui bordent sa paupière, la sonde de gavage fixée à la narine par ce tout petit bout de sparadrap, qu'on appelle ici : la moustache. Aïcha dort, paisible. Paisible, vraiment ? Si elle l'était, dormirait-elle, le visage tourné vers le mur ?

Doucement, j'ouvre le hublot de la couveuse :

– Bonjour Aïcha ! Bonjour toute belle ! Comment vas-tu ? Ta maman doit être triste de te savoir si loin d'elle !

– Sûrement ! confirme Grande Cigogne, puis, elle m'explique : Aïcha est la troisième enfant vivante de sa maman. Mais, il y en a eu sept en tout : quatre autres sont morts à quelques jours de vie. C'est pour ça aussi qu'elle a été mutée ici. On va faire des bilans. Les médecins pensent à une maladie métabolique.

Je me penche à nouveau sur le bébé :

– Alors, tu es là parce qu'il y a beaucoup de tristesse à la maison, et je pense que ta maman doit être inquiète pour toi.

Mais, Aïcha, visage tourné à l'opposé de ma voix, Aïcha ne bronche pas, reste enfermée dans le sommeil. Ce n'est pas habituel. En général, les petits passagers du service répondent à mon « Bonjour ! ». Un peu soucieuse, je referme la porte de la couveuse, et je vais voir le bébé voisin et le voisin du voisin. De couveuse en couveuse, de box en box, je vais dire « Bonjour ! » à tous les bébés du service, et à leurs parents s'ils sont là.

Le lendemain, ce n'est pas moi qui ai rencontré Aïcha, mais Liliane. Dans le cahier de nos observations, laissé dans le service à l'attention de l'équipe, elle a écrit : « Elle est tournée vers le mur, aujourd'hui encore. Aussi, je me déplace pour la voir. Des émotions fortes arrivent à son visage : tremblement du menton, moue qui se transforment en larmes. Et puis, Aïcha me regarde, son visage se détend. Elle semble attentive à mes paroles. »

Mais, pour moi, ce mercredi matin, lorsque je m'approcherai de la petite fille, je la verrai dormir encore, dos tourné aux visiteurs. Le médecin qui vient de l'examiner, me dit qu'elle est calme, qu'elle semble aller bien. Par contre, il me donne à partager son souci pour la maman qui a beaucoup de mal à s'approcher de son bébé.

– Elle a, dit-il, le visage inexpressif. Je l'ai un peu forcée à prendre son bébé dans les bras. Elle n'a rien dit ; elle n'a rien montré, mais les larmes roulaient sur ses joues.

Le pédiatre s'est éloigné, et je suis restée auprès d'Aïcha qui dormait sur le dos, tête tournée vers le mur, bras le long du corps, dans l'exacte position où elle avait été recouchée. Je suis restée auprès d'elle, attentive seulement ; en attente d'elle. Je me sentais triste. Triste de cette rencontre qui avait été forcée entre sa maman et elle ? Peut-être, mais triste d'une tristesse venue de plus loin encore. Les mots ne me venaient pas. Moi, d'habitude plutôt enjouée, je regardais dormir ce bébé-là. Je me sentais respirer à son rythme. Les mots, les pensées ne me venaient pas.

Bergeronnette, l'infirmière de l'après-midi, est venue me rejoindre. Elle s'est placée à côté de moi ; a regardé Aïcha avec moi. Et puis, doucement, elle se met à me raconter ce qu'elle sait, et que je sais déjà, du moins, en partie :

– Aïcha est la troisième enfant vivante d'une fratrie de sept. Sa mère est venue en France en tout début de grossesse, pour être mieux suivie sur le plan médical. C'est une dame qui souffre d'une épilepsie sévère et fait plusieurs crises chaque jour. En plus, tu sais, ici, on se demande si elle n'est pas un peu limitée : elle n'a pas l'air de comprendre quand on lui parle. Le père est en Algérie, il attend les documents qui lui permettront de rejoindre son épouse et leurs filles. Mais, il y a plus encore : Sarah, sept ans, et Nadia, quatorze mois, ont été placées en famille d'accueil voilà deux mois parce que les services sociaux pensaient que la maman n'était pas en capacité de prendre soin d'elles.

Je regarde Aïcha qui dort toujours :

– Aïcha, tu es ici ; ta maman à la maternité ; ton papa en Algérie ; Sarah et Nadia sont dans une autre maison. Quatre bébés de la famille n'ont pas vécu. Aïcha, oh, Aïcha... toute cette solitude ! Toute cette tristesse !

La tête de la petite fille a cessé de se tendre à l'opposé de moi : elle roule dans l'axe de son corps. Yeux fermés, elle respire. Fort. Par saccades. Saccades que mon cœur épouse. Son visage se chiffonne. Je sens mes yeux se plisser. Elle va pleurer. Non, elle ne pleure pas. Les rides de son visage s'estompent comme les vagues à la surface de la rivière, une fois passé le souffle de la brise. Aïcha se rendort. Se rendort ? Ou s'en va dans le sommeil ? S'en va trouver refuge dans l'absence ?

Le lendemain, Aïcha a crié lorsque Liliane a ouvert le hublot de la couveuse.

Le lundi suivant, à huit jours de vie, la petite fille a été mutée au CHU[1] de Saint-Étienne pour d'autres examens. Sa maman l'a accompagnée. Le service de néonat appelait régulièrement pour prendre de leurs nouvelles et donc, nous avons su qu'elle allait bien, qu'elle n'était pas porteuse de la maladie dont les aînés étaient décédés.

Huit jours plus tard encore, la petite fille est revenue à Roanne. Mais, très vite, tout le monde s'est plaint de ses pleurs incessants. Les infirmières de nuit, en particulier, disaient combien elles appréhendaient de venir travailler : de 19 heures à 6 heures, Aïcha hurlait. Hurlait. Rien ni personne ne parvenait à l'apaiser.

1. C.H.U. : Centre Hospitalier Universitaire.

Liliane et moi avions le souci de soutenir l'équipe ; aussi, chaque fois que l'occasion se présentait, nous proposions de rester pour partager le temps d'un biberon, du bain. Nous nous asseyions non loin de celle qui prenait soin de la petite fille. Nos yeux sur le bébé, un sourire pour l'infirmière, favorisaient parfois l'échange d'un regard. Ou bien, nous passions de longs moments au chevet d'Aïcha. Quelques mots, notre attention, mais surtout nos pensées qui butinaient autour d'elle.

Il arrivait qu'elle cesse de pleurer un moment. Lorsque nous étions à son chevet, souvent, quelqu'un du service venait nous rejoindre, se plaignait de ses pleurs, mais aussi de son étrange maman, si peu présente, une maman au regard éteint.

Je souriais au bébé :

– Alors, c'est pour ça, Aïcha, que tu te cramponnes aux yeux de ta maman quand elle se penche sur toi ?

À son tour, l'une des Oiselles du service, Cigogne, Tourterelle, petite Sitelle ou Rouge-gorge, se penchait sur le bébé, lui parlait. Peu à peu, l'équipe tissait une attention particulière pour la petite fille crieuse ; portait un soin particulier, aussi, à sa maman.

– Je t'assure, je ne la supporte plus ! disait celle-là même qui prendrait le plus de temps pour entrer en contact avec l'inconsolable et fuyante Aïcha.

À présent, je rencontrais le plus souvent la petite fille et sa maman auprès d'elle. Une jolie jeune femme au visage lisse, le regard lointain (ou absent ?). Aïcha allongée à l'extrémité de ses genoux, du bout de son index, elle lui caressait doucement la main ; son regard semblait fixer quelque vide intérieur. Quand j'arrivais auprès d'elles deux, la maman me désignait une chaise du menton :

– Viens... Reste un moment.

Je m'asseyais. Je leur souriais. Je disais :

– Bonjour Aïcha !

Alors, la petite fille ouvrait les yeux... me fixait... Son regard m'esquivait tout aussitôt, se tournait vers sa mère, s'accrochait à elle. Elle ne la regardait pas vraiment. C'était plutôt un abordage violent, une façon de la harponner. Son corps se tendait, ses jambes se raidissaient, ses pieds s'étiraient. Et, sa raideur semblait rendre sa maman encore plus maladroite dans ses gestes. Je restais auprès d'elles deux, commentant le plus petit sourire du bébé, son poing qui accrochait l'index de sa mère. À son tour, celle-ci se cramponnait à mon regard qui la ramenait à sa fille :

– C'est vrai, disait-elle. Elle a souri, j'ai vu.

Ou bien, elle avait un petit rire :

– Oui, elle a pris mon doigt !

Quand l'attention de la maman s'absentait, Aïcha tournait les yeux vers moi. Dans ces moments-là, je me sentais traversée, vidée par le froid de son regard. Je me défendais en disant, dans un sourire :

– Oh ! Tu n'aimes pas me rencontrer ; mes yeux, ce ne sont pas ceux que tu attends !

La Maman entendait ma voix, revenait vers nous :

– Si... reste... Elle est bien éveillée quand tu es là !

Le temps passait ; si lentement. Notre classeur de liaison se remplissait d'un récit à deux écritures, mais surtout à deux regards très différents. Venant en début d'après-midi, Liliane observait une petite fille qui s'éveillait, souriait, se montrait bien présente. Pour moi, en fin de journée, ou tôt le matin, je trouvais une Aïcha tantôt dormant, tantôt hurlant.

Je me souviens d'un soir. Le papa de la petite voisine de box, m'interpelle, excédé :

– Puisque vous êtes là pour les bébés, faites quelque chose ! Ça fait deux heures qu'elle pleure comme ça !

Je me suis assise à son chevet. Elle hurlait, rouge, yeux et poings verrouillés. Je lui ai parlé de sa maman qui reviendrait le lendemain, je lui ai raconté les yeux de sa maman, le sourire de sa maman, les cheveux de sa maman. Mais, sa voix couvrait la mienne, sa colère l'empêchait de recevoir ce que je venais lui offrir. Ses bras raidis repoussaient le drap. Elle hurlait.

– Faites quelque chose ! ordonnait le papa de sa voix furieuse aussi.

J'ai posé ma main sur le drap, à côté d'Aïcha. Un peu découragée, j'ai laissé ma rêverie m'emporter. Sa maman au regard vide... Sa maman silencieuse... Son papa au loin, mais qui appelait chaque jour... Les quatre bébés morts... Les deux petites filles placées en famille d'Accueil.

Et Aïcha ? Quelle place pour Aïcha ? Qui est Aïcha ? Elle continuait de crier... Je laissais aller le fil des images qui me venaient, comme j'aurais déroulé une pelote de laine. Peu à peu, la petite fille a lâché prise. Son corps a cessé de résister. Il a pris appui sur ma main. Elle a arrêté de pleurer pour reprendre son souffle ; et s'est endormie. Visiblement épuisé, le papa de la petite voisine, s'est levé, a embrassé sa fille qui dormait elle aussi, et, sans un mot, il a quitté le box.

De retour dans notre service, Liliane et moi évoquions en réunion, nos rencontres avec Aïcha et sa maman. Plus le temps passait, et plus j'étais persuadée qu'il fallait que nous continuions notre portage de la mère autant que de l'enfant. Cela en valait la peine. Vraiment. Il y avait un bébé en bonne santé psychique : c'était Aïcha que rencontrait Liliane. L'autre Aïcha, celle du soir et du petit matin, montrait déjà toute sa souffrance. Et, derrière la façade lisse de la mère, battait une douleur à laquelle j'étais sensible.

Cette fois encore, l'équipe de pédopsy et notre médecin référent en tête, nous ont soutenues dans notre projet de « visites à domicile ». Il a été décidé que ce serait moi qui me rendrais dans la famille, puisque c'est moi qui rencontrais la maman le plus régulièrement.

Munie de ces bons appuis d'arrière-plan (comme un bon appuie-tête pour les pensées !), me voici partie pour la néonat. Et justement, ce soir-là, lorsque j'arrive, la Maman (*Aicha*, avec un seul point sur le i) donne le bain à Aïcha (*Aïcha* avec un tréma sur le i).

Elle berce doucement sa fille dans l'eau du bain, et Aïcha se tient des yeux à ses yeux. Ses jambes sont allongées, raides ; ses bras repliés, poings crispés, sont raides aussi. Je me glisse auprès de la petite baignoire.

– Bonjour vous deux. Je peux rester un petit peu ?

La Maman ne tourne pas la tête, pas même les yeux.

– Reste ! demande-t-elle dans un filet de voix.

Elle berce toujours Aïcha dans l'eau du bain. Et puis, la voix de la jeune femme se met à couler doucement. Depuis quand parle-t-elle de cette voix sourde ?

– ... ça fera bientôt un mois... Le premier bébé, un garçon, il est mort à trois heures... Et puis Sarah, la première vivante... Après, les trois autres, des filles sont mortes, à trois jours... huit jours... vingt jours... Et puis Nadia est venue... Et elle, maintenant, la « petite Aïcha », comme dit son père. Elle rit : Moi, c'est la « grande Aicha » !

Elle a repris sa voix monocorde :

– Les bébés, ils me font peur. Aïcha, elle a presque un mois. Peut-être, elle vivra ?

Tout à coup, j'ai très froid. Ma gorge est nouée, douloureuse. Comme si elle sentait ce froid qui m'envahit, la maman sort sa petite fille du bain, l'enveloppe dans la serviette, l'essuie, la place contre son buste, tête sur son épaule. Elle se tourne de façon à me montrer Aïcha qui se laisse aller contre le corps de sa mère. Alors, je lui parle :

– Aïcha, Aïcha, toute belle, ta maman a eu tellement peur de te perdre ! Et tu es là ! Et tu vas bientôt avoir un mois. Vous allez rentrer à la maison, Aïcha ! Ton Papa va arriver ; Sarah et Nadia vont revenir aussi. Toute la famille sera réunie !

Et Aïcha soulève légèrement sa tête... Elle me regarde... Elle sourit !

Tandis qu'elle ôte la serviette et se met à habiller le bébé, la maman, de sa voix blanche, raconte leur départ d'Algérie :

– ... C'était pour protéger le bébé. Là-bas, ils savent pas soigner.

Elle dit sa solitude ici ; ses deux filles, les services sociaux qui les lui ont prises. Et Aïcha la petite, se déplie, se laisse habiller, toute en rondeurs. Elle regarde sa mère et laisse venir son regard sur moi lorsque je parle.

Mon cœur bat ; c'est le bon moment ! Hop ! Je me lance, et propose à la maman de venir leur rendre visite, chez elles, chaque semaine, une heure.

Elle dit de sa voix sans ton :

– C'est comme tu veux...

Je ris :

– Comme je veux ? Oui, moi j'ai envie, mais vous ?

Un demi-sourire :

– Moi aussi... j'ai envie.

Aujourd'hui, je m'en vais rendre visite à Aicha la grande et Aïcha la petite. Les aînées seront-elles revenues au foyer ? Et le Papa arrivé d'Algérie ? Comme chaque fois que je vais en néonat, mais encore bien plus à domicile, je prends un soin tout particulier de ma tenue. Jupe ou pantalon, peu importe, mais quelque chose de plutôt classique ; pour le haut, je proscris autant le décolleté que l'absence de manches : pas de paysage trop vallonné quand je me penche sur les bébés !

Et puis, pour moi, ces bijoux-grigris qui viennent illustrer mes personnes d'arrière-plan et mon cadre intérieur : aux oreilles, les boucles de ma grand-mère, cadeau d'un grand-oncle ; au cou, un saphir jaune, véritable petit soleil pour ramener de la lumière, de l'espoir là où il fait tout sombre, tout triste ; au poignet, la montre-cadeau de mes proches. Vraiment, je ne suis pas seule !

Ah ! Je n'oublie pas, bien sûr, mon fil de funambule, roulé au fond de ma poche ; ma besace pour y mettre ceux qui vont m'aider à penser ; mon parapluie enfin parce que, oui, les visites à domicile sont vraiment le lieu de toutes les intempéries. Et donc, je viens sonner à la porte du dernier étage d'un immeuble ancien. Elle m'ouvre... Elle écarquille les yeux... Ne me reconnaît pas... Ne se souvient pas...

Quand même, elle me fait entrer. Un intérieur si pauvre ; les volets clos. Elle me fait asseoir sur un matelas posé au sol (le lit de Sarah). Elle me parle d'elle, mais me raconte surtout la petite fille qu'elle-même a été ; comment sa mère et les neuf enfants ont été ramenés, puis laissés en Algérie par le père qui les avait abandonnés, pour aller refaire sa vie en France. Sa voix est monocorde, triste. Je me sens à nouveau happée par le vide dont elle s'enveloppe. Elle se lève, m'emmène voir la chambre avec le lit du couple, celui de Nadia et le berceau d'Aïcha. Les deux petites filles dorment.

Nous revenons dans la grande pièce. Presque joyeuse, elle s'écrie :

– Il fait beau, maintenant !

Elle ouvre les volets, puis, va à la cuisine et prépare un merveilleux café :

– Comme au pays ! Tu vas goûter.

L'odeur sucrée du café remplit la pièce. Elle s'éloigne ; revient ; pose sur mes genoux un album de photos prises dans sa famille.

– Là, c'est ma mère. Là, c'est ma sœur. Et là, c'est moi. Et là encore, moi, le jour du mariage. Là, c'est Sarah.

Elle rit, elle a les yeux plein de lumière, le rose lui monte aux joues. Je pense :

– Ah ! Si ses filles pouvaient la voir, comme ça !

De semaine en semaine, je revenais. Sarah était là, parfois. Alors, elle jouait, cherchait à m'accaparer. Nadia s'accrochait à sa mère, hurlait quand elle donnait le biberon à la petite Aïcha qui, elle, ne cessait de pleurer que dans ces moments-là.

Le père était parfois présent. Il avait essayé de m'emprunter de l'argent, mon téléphone, m'avait demandé de le conduire à un rendez-vous, en voiture.

Je secouais la tête :

– Je pourrais, c'est vrai, mais je serais comme une amie en visite, et ce serait tout.

Plusieurs semaines plus tard, il m'a dit :

– J'ai compris : tu travailles avec les yeux et avec le sourire.

Oui, il avait compris !

De semaine en semaine, la maman se réveillait visiblement au moment où j'arrivais. Elle allait préparer un café, revenait avec un yaourt pour Nadia, un jouet pour Sarah. Je voyais rarement Aïcha, Aïcha pour qui j'avais mis en place ces visites à domicile, mais je savais qu'il était important que je sache attendre.

Le temps passait, la maison se dégradait, le manque d'argent se faisait cruellement sentir. Ce mercredi, Sarah m'a ouvert la porte.

– Fais attention ! Les vers ! I'tombent.

Le sol était couvert de petits grains blancs. J'ai levé la tête : en effet, ils tombaient du plafond.

Sarah m'a conduite dans la grande pièce. Sa mère s'est levée, est allée chercher Aïcha qu'elle a attachée, sans un regard, mais avec des gestes très doux, dans son transat et puis, elle est allée dans la cuisine, pour préparer le café. Ils manquent tellement de tout, je dis :

– Non, je vous en prie. Je suis venue pour vous !

Mais elle me repousse doucement :

– Si, si, laisse : je t'attends pour le boire !

Un sourire pour elle. Je me penche alors au-dessus du bébé. Aïcha, trois mois, détourne la tête, serre les poings, pique un regard dur et froid dans l'angle de la pièce. La mère revient, installe un tabouret qui tient lieu de table, pose dessus l'assiette avec nos deux tasses emplies de café. Elle prend Aïcha dans ses bras, lui met le biberon dans la bouche. Aicha et Aïcha ont le même regard vide, froid. Nadia, son éternel yaourt à la main et plein les joues, déambule dans la pièce.

Un ver tombe sur mon pouce qui tient la tasse (Je pense : Ouf, gagné pour ce coup ! Celui-là n'est pas tombé dans la tasse ! Je n'aurai pas à le boire !)

Sarah entre dans la pièce, nous regarde comme si nous étions l'écran de télévision, télévision qui continue de s'agiter en sourdine, dans un angle de la pièce. Elle part en courant, revient brandissant un foulard de soie. Elle se met à chanter. Elle danse aussi :

– Une souris verte...

Elle danse, ses petits pieds nus sautillent sur les vers blancs. Elle danse, le regard vif, un petit sourire coquin au bord des lèvres. Il me vient l'image de Salomé. La danse de Salomé pour séduire le Roi Hérode. Sarah-Salomé n'est pas cruelle, elle ne réclame la tête de personne, juste ranimer celle de sa mère.

Alors, du fond de ma besace, une fois de plus, monte la voix de James Gammill ; je revois son regard malicieux et bon : « Ton outil à toi, Annick, c'est ta spontanéité. Il faut la mettre au service du travail ! » Foin des puristes ; je ne serai pas « hors cadre ». Je me suis levée. J'ai pris un pan du foulard, et je danse avec Sarah-Salomé :

– Une souris verte...

Soudain, elle se fige :

– Maman rit ! Maman rit !

Elle a les larmes aux yeux. Je me retourne : Aicha la grande rit de bon cœur, mais Aïcha la petite nous regarde aussi, avec un grand sourire.

– C'est comme les fêtes dans ma famille ! dit la jeune femme.

Me reviennent alors les photos de son album : des fêtes, des danses avec des foulards. C'est donc de ses souvenirs à elle que m'est venue mon envie de danser avec Sarah-Salomé !

Le mercredi suivant, les volets étaient ouverts, le sol était lavé. La jeune femme s'était coiffée pour m'accueillir, avait changé son habituel pyjama pour un jean et un T-shirt. Elle a parlé du Pays, de sa mère, mais aussi de son père qu'elle aimerait revoir. Sarah était au centre aéré, Nadia nourrissait un ours en peluche. Au moment où j'allais partir, la maman me sourit :

– Tu veux la voir ?

Je ne me serais jamais permis de le lui demander ! Nous entrons dans la chambre. Aïcha dort dans son petit berceau. C'est la première fois que je lui vois un visage doux, paisible

– Regarde.

La maman écarte le drap : un petit corps emmailloté jusqu'aux épaules, bandé par un large lien rouge, comme les bébés aux siècles passés. Je la sens « bien », contenue.

– Tu sais, je fais pas voir à la dame de la PMI, ni à l'Assistante Sociale, rien qu'à toi ! Je me suis souvenue : ma mère, et les femmes, là-bas, elles faisaient comme ça. Et les bébés ils pleuraient pas. Je la mets comme ça la nuit, et depuis, elle ne pleure plus.

Est-ce les bandes qui avaient contenu Aïcha ? Est-ce que ça n'était pas aussi la capacité qu'avait eue sa maman de faire appel aux traditions de sa famille et à celles du Pays ? Et cela, quand même, après que notre danse à Sarah et moi lui ait évoqué les fêtes « chez elle ».

À partir de ce jour-là, j'ai été moins inquiète. La petite fille ne fuyait plus mon regard et nous avons pu partager quelques moments d'échanges, le temps du café. La maman disposait les jouets, partait. Il m'arrivait de tendre une poupée, un hochet à Aïcha qui le prenait, me souriait. La maman revenait, regardait sa petite fille et riait :

– Tu la fais sourire !

Alors, elle versait le café dans nos tasses, détachait Aïcha de son transat, la prenait sur ses genoux, le dos bien calé au creux de son bras gauche. Elle lui proposait le jouet que j'avais à la main un instant plus tôt (toujours celui-là, comme si c'était moi, au travers de l'objet, qui venais l'animer) et Aïcha tendait la main, regardait sa maman, riait, comme le font tous les bébés de son âge. Le temps passait, Aïcha devenait vivante. J'aurais aimé conclure :

« Ils vécurent très longtemps, entourés de leurs nombreux enfants et petits-enfants. »

Mais non. La vie n'en finissait pas de les malmener. Le couple se dégradait ; la santé de la maman se détériorait. Il arriva un moment où les services sociaux ont pensé qu'il fallait peut-être placer les trois petites filles en familles d'accueil.

Ce mercredi, quand je suis arrivée, la maman préparait une soupe. Une soupe qui sentait bon tous les parfums d'Algérie. Sarah était au Centre aéré. Aïcha dormait. Nadia jouait à lancer une petite voiture à sa mère qui la lui renvoyait en riant. Aicha la grande, se levait, soulevait le couvercle de la marmite :

– Ça sent bon ! Ça sent comme chez ma mère !

Pour la première fois, nous n'avons pas bu le café. Quand je suis partie, pour la première fois aussi, elle m'a embrassée.

La semaine suivante, il n'y avait personne à la maison. Je n'ai pas été vraiment surprise, et, c'est sans grand étonnement que j'ai appris que le couple était reparti en Algérie, pour confier les fillettes aux grands-mères. Cette fois « on » ne les leur prendrait pas ! Et, tandis que je m'éloignais de leur immeuble, me revenaient les images de cette dernière visite. Ne m'avait-elle pas tout dit alors ? La soupe qui sentait bon comme chez sa mère, mère qu'elle retrouvait déjà dans ces bonnes odeurs de cuisine. Sa mère, chez qui elle s'en retournait. Et la voiture que Nadia et elle se lançaient en riant, disait (peut-être à leur insu d'ailleurs !) le voyage que la famille allait entreprendre dès la nuit venue. Enfin, et surtout, cette façon qu'elle avait eue de me serrer dans ses bras, de poser ses lèvres sur mes joues.

Aicha, comme une petite fille, disait un dernier « Au revoir ! » à celle qui l'avait portée comme une maman, l'avait portée jusqu'à ce qu'elle soit en capacité de refaire le voyage qui la ramènerait chez elle.

Parfois, aujourd'hui encore, je cherche à retrouver l'odeur de cette soupe.

Mais, Aicha l'a emportée avec elle.

3

Les bébés des couveuses

DU « DUR », MAIS DU « DOUX » AUSSI

Lorsque je me retourne sur ces années passées, il me revient ces pleurs des bébés ; les larmes de leurs parents. Me reviennent tous ces moments durs. Mais, du doux, il y en a eu, et je ne veux pas l'oublier. Il y a eu aussi du drôle, du cocasse.

Parfois, l'équipe de nuit insistait :

– Et nous ? Tu ne viens jamais nous voir !

Ce sont ces infirmières, ces auxiliaires-puéricultrices, Dames-Oiseaux, Dames-Oiselles qui m'ont fait découvrir le « tendre » de la nuit. Ce sont des bruissements d'ailes délicats, des roucoulements à gorges retenues. Elles marchent à pas feutrés, elles parlent doucement, à voix basse, pour ne pas réveiller les bébés, ou, du moins, pour les aider à trouver le rythme qui fait alterner les jours et les nuits.

La nuit, il n'y a qu'un seul médecin, celui qui est de garde. À certains moments, il apparaît dans la salle des couveuses :

– Ça va ? Pas de souci ?

Si tout va bien, il vient bavarder un petit peu avec l'équipe, et puis, retourne faire semblant de dormir, jusqu'à ce qu'on ait besoin de lui. Ce sont les heures « douces » pendant lesquelles « les filles » plient les petits vêtements revenus de la lingerie.

Au petit matin, peu avant la relève, lorsqu'elles commencent à devenir frileuses de fatigue, elles s'enveloppent d'une veste chaude et, si le service est paisible, il y en a toujours une qui sort d'un sac, un minuscule tricot. Bonnes fées, elles tricotent ces tout petits vêtements dans lesquels les bébés ne seront pas trop « perdus ». De couveuse en couveuse, de box en box, je vais regarder dormir les « toutes petites personnes du service » (c'est le petit nom que je leur donne !). Certains ne dorment pas, pleurent, s'agitent. Alors, je viens tailler une bavette avec eux :

– Eh bien, dis donc, ça n'a pas l'air d'aller. Tu n'aimes pas la nuit ? C'est trop long ?

Les fenêtres de la néonat donnent sur la ville et, au-delà, sur les monts du Lyonnais. Je regarde la nuit, et je souris de voir que nous ne sommes jamais seules à être éveillées. Il y a toujours de la lumière à la fenêtre de quelque couche-tard, de quelque insomniaque ou, au petit matin, avant le lever du soleil, de quelque lève-tôt. C'est l'heure où « les filles » ont du temps pour parler aux bébés, pour distribuer des câlins. Parfois, en pleine nuit, la visite d'un papa qui « fait équipe ». À d'autres moments, un bébé se réveille en pleurant, et puis le téléphone sonne. Il y a toujours une puéricultrice pour m'expliquer :

– C'est sa maman : elle a dû se lever pour tirer son lait et, lui, il l'a senti.

La maman appelle, demande des nouvelles d'une petite voix inquiète. Et la réponse de quelque Cigogne :

– Il s'est réveillé quand il a senti que vous tiriez votre lait. Vous voulez que je vous le passe ? Allez-y, parlez-lui.

La Dame-Oiseau va glisser le téléphone dans la couveuse. La maman parle... petite galipette du bébé qui s'enroule sur lui-même et puis sourit. Bergeronnette, Merlette ou une autre encore, raconte. La maman pleure de bonheur. Ah ! Comme je les ai aimées ces nuits-là, tout en douceur !

Pour celle qui nous a fait basculer d'un millénaire dans l'autre, d'un siècle à l'autre, j'avais choisi d'être d'astreinte en néonat. Comme s'ils avaient senti que nous allions franchir un cap important, tous ensemble, les bébés ont décidé d'aller bien, cette nuit particulière. Tous.

À minuit, quelques visites de parents qui ne pouvaient pas franchir ce gué, loin de leurs bébés. Nous avions organisé un petit réveillon dans le service. Dehors, des lumières ; toute la nuit, des lumières.

Mon cœur était en berne. Je venais de perdre mon père. Pas de nouveau millénaire pour lui. Mais la douceur de cette nuit-là, mais la bienveillance de l'équipe, mais l'espoir fou (et que nous savions fou !) qu'il n'y aurait plus jamais de larmes, plus jamais de maladie, plus jamais de bébé qui vienne à mourir. Et donc, j'allais de couveuse en couveuse, et de box en box. Nous leur souhaitions à tous, un par un, une si belle vie en ce XXIe siècle nouveau, en ce troisième millénaire tout neuf.

J'ai aimé aussi ces moments où l'équipe cherchait à améliorer le confort des bébés, à faciliter leurs rencontres avec chaque papa, chaque maman. Je me souviens d'un vendredi soir, dans les années 1990. À voix haute, je poursuis quelque réflexion :

– Ça me rend triste de voir ces bébés attachés à leurs matelas par des menottes de Velcro.

– C'est vrai ! renchérit le jeune pédiatre, avant d'ajouter : Comment font-ils dans les autres services de néonat ?

Quand je suis revenue, le lundi suivant, les bracelets de Velcro avaient disparu, et les bébés remuaient leurs petits bras libres, gantés de minuscules moufles de couleur, travail des équipes de nuit pendant le week-end. Après les moufles, elles ont mis des draps de couleurs dans les couveuses, comme l'auraient fait les parents dans les vrais berceaux de leurs bébés bien-portants. Et puis, un kiné, barbe de hérisson, mais cœur de velours, est venu réfléchir avec l'équipe pour installer les bébés dans des « cocons », espèces de petits nids confortables. Oui, c'était du « bon », du « doux ».

Il y a, ces mots, ces phrases qui me reviennent et qui me font encore sourire. Une veille de Noël, des triplées vont rentrer à la maison. Le grand frère de quatre ans est venu partager ce moment important. Il est adorable, prévenant, embrasse ses petites sœurs Mais, quand même, sur le pas de la porte du service, il se retourne, inquiet :

– Maman, quand ça sera passé Noël, quand on enlèvera le sapin, on les ramènera ici, les petites sœurs ?

Un autre jour, c'est une petite fille qui rend visite à son nouveau-né de frère, dans la salle des couveuses. Elle demande à son père :

– Dis, Papa, c'est là qu'on les met, les bébés ratés ?

Et ce petit garçon qui, venu tard un soir, et voyant scintiller les divers appareils d'enregistrement fixés aux bras, aux pieds des bébés, me demande :

– C'est les docteurs et les infirmières qui les soignent ? Et c'est toi qui les habilles en vers luisant, le soir ?

C'était un soir comme bien d'autres où tous nos petits vers-luisant dormaient, n'allaient pas trop mal.

Il y a eu des mots d'adultes, également. Je revois le médecin-chef me disant, au détour d'une conversation :

– Vous savez, vos doudous dans les couveuses, quand je suis arrivé, l'an dernier, ça me gênait, à cause de l'hygiène. Mais, peu à peu, à force de regarder, j'ai vu les bébés s'endormir à leur contact. J'ai vu l'importance que ça avait pour les mamans, et je me suis dit que j'avais bien fait de ne pas vous en parler !

Je me souviens aussi de cet interne qui ne m'adressait jamais la parole et qui, grand dragueur de jeunes et jolies infirmières, ne manquait jamais une occasion de « bouffer du psy » à quelques encablures de moi. Comme il ne s'adressait jamais directement à moi, je me contentais de lever la tête et de lui renvoyer mon « accusé réception » dans un sourire :

– Je crois bien que c'est ma fête aujourd'hui !

Il ne répondait pas, et c'était l'infirmière qui se trouvait chargée de toute la gêne qu'il n'avait surtout pas envie de ressentir. Et voilà qu'un jour, j'étais dans la salle des couveuses, et lui, avec beaucoup de délicatesse « extubait » un bébé. Il l'« extubait », gros mot technique pour dire que le bébé n'avait plus besoin d'assistance respiratoire et qu'on allait retirer de sa gorge, de sa bouche, de son visage, le matériel qui l'avait maintenu en vie jusque-là.

L'interne se concentre, parle au bébé avec cette grande douceur qu'il peut avoir dans ces moments graves. Je suis touchée, et je m'efface et vais rejoindre, à l'autre bout de la salle, une toute petite fille, nouvelle venue dans le service. Et alors, je vois l'interne qui lève la tête au-dessus de la couveuse. Il me cherche du regard. Bourru, il me lance :

– Madame la psychologue, au lieu de ne rien faire, venez aider cet enfant à respirer ! Moi, j'ai fini mon boulot.

Sa voix était rude, certes, mais son demi-sourire, son regard me disaient qu'il savait quelle pouvait être ma place dans l'équipe. J'ai laissé la toute petite, petite fille. Je suis revenue auprès du bébé. L'interne lui a dit :

– Bon, j'ai fini. À toi de continuer de respirer. Je te laisse avec ta psychologue !

Chassé-croisé. Le médecin s'écarte. Je viens tout près de la couveuse. Le trac qui me noue la gorge. Je pense tout bas : « Qu'est-ce que je dois faire ? Je ne suis pas réanimateur, moi ! » Le cœur me bat jusque dans les tempes, jusqu'au fond des dents. Le bébé est tout pâle. Je sens, à l'autre bout de la salle, le regard de l'interne sur moi. Je plonge. J'ouvre le petit hublot, je place mes yeux à la hauteur de ceux du bébé.

– Allez, p'tit père... respire... Tu vas voir... ça en vaut la peine ! Il fait beau dehors... Tu veux qu'on respire ensemble ?

Et je cadence ma respiration sur celle du bébé. Je ne le lâche pas des yeux, pas de la voix. J'ai compris que je dois le tenir de toutes mes forces, le tenir de mon regard, de ma voix, de mon souffle. Est-ce que je ne suis pas restée cent ans auprès de cette couveuse ? Le sol tanguait sous mes pieds tandis que je voyais la poitrine du bébé qui se creusait comme le fait, entre deux vagues, l'océan quand il est en colère. Mais le bébé se tenait à mon regard, et peu à peu, j'ai vu sa poitrine s'apaiser, les couleurs lui revenir au visage. Et puis, il est arrivé un moment où j'ai senti le sourire des infirmières, j'ai reconnu leurs pas, leurs gestes redevenus plus souples.

L'interne m'a regardée, il m'a dit, avec cette même voix douce qu'il avait eue pour le bébé :

– Ça va ; maintenant il peut respirer seul... Un café, Madame la psychologue ?

– Pourquoi pas ?

Et c'est lui, le jeune toubib, faussement « macho » qui m'a préparé, m'a servi ce café-là.

Un matin encore. Je me souviens. Elle était inconsolable, « La petite fille de la nuit ». Inconsolable, installée dans un lit chauffant, elle pleurait d'un chagrin venu de si loin. Elle hurlait d'une colère sauvage. Personne n'arrivait à la calmer, et moi, autant que les autres, j'aurais bien aimé qu'elle se taise enfin ! Elle nous rendait tellement impuissants ! Tellement inefficaces !

La puéricultrice venait de me dire que « La petite fille de la nuit » était arrivée peu après minuit. L'accouchement avait été difficile. Elle était née en état de mort apparente. Sa mère, qui avait eu une césarienne, n'avait pas pu venir encore. Et elle, pleurait, hurlait.

Un pas précipité qui va du couloir au sas des médecins, et du sas à la salle des couveuses. J'ai entendu ce pas, comme s'il s'était agi de toute la caserne des pompiers qui aurait débarqué d'un coup ! Non ! Juste elle, un jeune pédiatre. Elle noue en vitesse son sarrau, nous écarte comme si nous étions des badauds encombrants :

– Laissez-moi ! Laissez-nous. Toutes les deux, on se connaît !

Et la voilà qui se penche de toute sa grande taille sur la couveuse ouverte. Avec une infinie douceur, elle glisse une main sous la tête du bébé, de l'autre, elle lui caresse le ventre, les jambes, prend ses deux petits poings dans sa grande main :

– Là... là... on se connaît... Là... là... nous deux on se comprend.

« La petite fille de la nuit » a retenu son souffle, a ouvert les yeux. C'est tout juste si elle ne s'est pas mise à roucouler en écho à la voix douce, à la voix berceuse du pédiatre. Elles se racontaient des histoires douces toutes les deux, elles se chantonnaient, se gazouillaient des mots doux. À un moment, le pédiatre s'est tourné légèrement vers nous :

– On se comprend toutes les deux. C'est moi qui l'ai ranimée cette nuit !

Nous nous sommes écartées doucement, pour les laisser à l'intimité de leurs précieuses retrouvailles.

Et aussi, cet autre matin, à l'heure de la visite du pédiatre. Venant par le sas des médecins, arrive une jeune femme africaine. Elle aussi, noue rapidement son sarrau, entre d'un pas décidé dans la salle des couveuses, fonce tout droit vers notre plus nouveau petit passager. Juste le temps, pour moi, de penser :

– Tiens ! C'est la nouvelle interne.

Mais, par la fente du sarrau, il me semble bien apercevoir une chemise de nuit. Mes yeux glissent jusqu'au sol, et là, je découvre des pieds chaussés de pantoufles roses avec de gros pompons comme les houppettes des dames du temps où elles se poudraient le visage.

– Non... pas une interne !

« Pas-une-interne » a ouvert le petit hublot ; elle plonge ses deux mains, ses avant-bras, dans la couveuse, elle pétrit les bras, les jambes, le petit torse du bébé, le tout, relié à des fils, à de minuscules tuyaux.

– Mamadou ! chantonne-t-elle, Mamadou, c'est moi ! C'est ta maman, Mamadou !

Je cherche à droite, à gauche ; mes yeux rencontrent ceux de la puéricultrice. Je lève un sourcil interrogateur. En écho, Mésange-bleue lève un sourcil, aussi ; fait une petite moue, qui se termine en un sourire. Je me glisse jusqu'à elle.

L'Oiselle sautille, se penche alors sur une autre couveuse et murmure à cet autre bébé :

– Bonjour Zoé ! Tu as vu s'il en a de la chance Mamadou ? Sa maman est venue lui rendre visite si tôt ce matin ! Elle s'est trompée de porte, mais ça n'est pas bien grave : les mamans sont les meilleurs des médecins pour leurs bébés. Pas vrai ?

Ah ! Oui, j'ai tant aimé monter au quatrième pendant toutes ces années. Même dans ces moments durs, il y avait du tendre, du doux à vivre et à partager.

À quelques mois de mon départ à la retraite, je me revois marchant sur le trottoir pour rejoindre la néonat. Et, ce jour-là, un cor au pied, un tout bête cor au pied, me fait souffrir au-delà de ce qui aurait été de son bon droit. J'ai envie de faire demi-tour, de rentrer chez moi, de mettre le pied dans une bassine d'eau. Mauvaise foi du cancre qui s'apprête à faire l'école buissonnière.

À ce moment, les larmes me montent aux yeux et je m'entends pleurnicher à mi-voix :

– Non ! Je ne peux plus supporter la souffrance de là-haut. Je ne peux plus voir mourir les bébés !

C'était dit. Je me suis mouchée. J'ai remis une touche de rouge à lèvres. Je suis repartie. Plus jamais je n'ai eu envie de rebrousser chemin au moment de monter en néonat.

Quand je suis arrivée au quatrième, ce soir-là, Grande Cigogne, Merlette ou Tourterelle, l'une d'elles m'a accueillie :

– Ça va, Annick ?

– Oh, c'est dur, mais ça va, oui. Et pour vous toutes ?

– C'est dur aussi, bien sûr. Mais on ne va pas s'en aller pour autant.

Et moi qui avais failli partir, justement ! La veille, dans la soirée, on m'avait appelée : un bébé venait de mourir.

– C'est pour les parents, m'avait-on dit, comme chaque fois.

Les parents étaient avec le médecin, étaient surtout avec la stupeur de leur chagrin. Ce n'était pas encore le temps de la psychologue ! Comme chaque fois, dans ces moments-là de notre désarroi, tous les bébés du service hurlaient de concert. Les « filles » se déplaçaient dans le couloir, fourmilière affairée, aux yeux rougis. Comme chaque fois, j'ai laissé Mésange bleue, Bergeronnette, Pinson ou Sittèle me raconter le drame. Et puis, j'ai enfilé un sarrau, et je suis allée dans la salle des couveuses. J'ai ouvert le hublot de la première couveuse. Je me suis adressée à ce bébé-là, qui pleurait sa colère, ou sa peur, ou juste un malaise venu, il ne savait d'où.

– Oh là là ! Comme tu es en colère ! Oui, on vous laisse un peu tomber de nos pensées parce que nous avons une si grande peine, un si grand chagrin : un bébé est mort ce soir !... Mais toi, tu nous rappelles que tu es vivant, et que tu as besoin que nous prenions soin de toi. Oui, oui, tu as raison. Merci, merci pour ta colère !

Et le bébé a cessé de pleurer, s'est rendormi. J'ai refermé le hublot de la couveuse. Je suis allée voir le petit voisin, et puis le voisin du voisin, et cet autre encore. Et, peu à peu, les infirmières ont retrouvé leurs gestes, leurs mots pour s'adresser aux bébés. De couveuse en couveuse, de box en box. Après seulement, je suis allée retrouver la puéricultrice, l'auxiliaire de puériculture ou le pédiatre qui avait vécu le moment du drame. Je l'ai entraîné à l'office et là, moi qui d'ordinaire aimais à me conduire en simple visiteuse, j'ai ouvert les placards, sorti des tasses, j'ai préparé du thé, du café. J'ai cherché à réchauffer leur peine.

C'est comme cela, chaque triste fois. Vieille habitude pour moi. Mais d'où cela me vient-il ? Ah oui ! Mais c'est vrai. Arrêt sur image : nous sommes à l'automne 1990. Un bébé meurt dans le service. Je suis nouvelle venue et l'équipe, en l'absence de mon maître de stage, fait appel à moi. L'impensable de ce bébé qui ne respirait plus dans sa couveuse devenue cercueil de verre. J'ai fait comme j'ai pu. J'ai accompagné les malheureux parents avec les mots qui me sont venus. Et puis, je suis repartie dans la nuit, sous la pluie.

Deux jours plus tard, je suis revenue, et j'ai repris ma déambulation de stagiaire-psy dans le service. L'une des puéricultrices – oh ! Tu t'en souviens, Rouge-gorge, toi qui es devenue mon amie – l'une d'elle est venue me chercher :

– On boit le thé, vous ne vous joindriez pas à nous ?

Aujourd'hui encore, je me souviens et je retrouve la sensation, sous mes doigts engourdis par le froid de la mort du bébé, je ressens le chaud du thé, au travers de la tasse, les mots qui nous sont venus alors et la place que l'équipe m'a offerte ce soir-là. Cette tasse de thé, je l'ai retrouvée en moi chaque fois que, au fil de ces vingt années, nous avons vécu un moment douloureux. Comme on me l'avait offerte, je l'ai offerte à mon tour.

Voilà, « ça » a donc été « tout ça », mon voyage de funambule au-dessus des couveuses. Du dur, mais aussi du tendre, du doux ; des larmes, mais aussi du rire. Cette attention exacerbée des uns aux autres. Et puis, chacun des bébés qui était unique, qui était le premier de tous. « Chaque un ».

Il s'appelait Maurice, Aïcha, Nicolas ou Nicolette, ou encore Dylan. Il était vraiment l'unique, le premier de tous. Dylan, justement, Dylan est né ce samedi.

LE PETIT PASSAGER CLANDESTIN

Dylan, justement. Il est né ce samedi matin. Me voici devant sa couveuse, regardant ce petit garçon blond et rose qui dort paisiblement de l'autre côté de la vitre. Ses bras sont posés souplement sur ses cuisses ; ses jambes, souplement allongées, elles aussi ; son visage est détendu et je note que, en effet, en dépit de ses sept mois et seulement un kilo deux cent, il semble aller bien.

Blond et rose, je ne l'attendais pas comme cela, petit Dylan.

Dans la matinée, j'avais rencontré sa maman à la maternité, une dame très brune, au teint mat, échouée dans ses draps d'hôpital ; une jeune femme au débit un peu lent, à la voix éteinte, et comme dénuée d'émotions. Elle m'avait dit que, oui, elle était bien la maman de Dylan ; oui, elle allait bien ; tout allait bien puisqu'on lui avait dit qu'il allait bien. Elle avait répété, comme pour s'en convaincre, que l'accouchement s'était très bien passé mais que, quand même, elle ne l'attendait pas si tôt.

– Et puis, samedi, les docteurs ont dit qu'à sept mois, il pouvait vivre.

Elle avait une petite fille de treize mois ; treize mois seulement ; et un petit garçon de quatre ans :

– C'est lui qui a choisi le prénom !

Elle n'avait évoqué ni mari, ni compagnon, alors, je n'avais pas questionné. Au moment de la quitter, je lui avais dit que, en fin d'après-midi, vers 17 heures, je serais dans le service des bébés-prématurés.

– J'irai moi aussi ! s'était-elle écriée dans un petit grelot de rire si léger que j'en avais été surprise.

Je suis donc là, devant Dylan endormi, et je sens bien que mon attention le quitte par instants, que ma rêverie s'en va rejoindre sa maman. Mes yeux sont posés sur lui, sur son corps paisible de poupon, mais, ma tête, mon cœur, sont plus loin, auprès de sa maman. Une maman un peu trop sombre, un peu trop raisonnable. J'entends sa voix sans relief, je retrouve son regard à demi-éteint.

Je m'oblige à revenir auprès de Dylan et, cette fois, il m'apparaît que son corps est vraiment sans âme. Il ressemble à une poupée délaissée par quelque petite fille qui aurait quitté son jeu de petite maman, pour s'en aller courir ailleurs ou dévorer son goûter. Que fait-elle justement, sa maman ? Viendra-t-elle ?

Comme si elle avait senti mon attention posée sur elle, comme si elle s'était sentie appelée, la voici justement qui arrive de son petit pas encombré de maman césarisée. Elle tient son ventre à deux mains, traîne un peu les pieds mais, dès qu'elle m'aperçoit, son visage s'éclaire d'un sourire. C'est moi qu'elle regarde, moi qu'elle retrouve. Je pense au père qui n'est pas là pour l'envelopper de son bras, de sa force. La sentant si fragile, je m'adresse à elle, tout en douceur :

– Je rendais visite à votre petit garçon. Présentez-moi Dylan.

Alors, alors seulement, ses yeux se tournent vers lui :

– Il est bien beau, dit-elle de sa voix éteinte, éclairée seulement d'un demi-sourire.

Le bras droit de Dylan (celui qui se trouve du côté où nous nous tenons), se soulève... puis le gauche... Voilà qu'il étire ses deux bras. Puis, il allonge la jambe droite, écarte les orteils en un petit éventail. Enfin, je sens bien son effort pour soulever ses paupières... mais, elles restent comme soudées au niveau des cils. Sa maman a son petit rire-grelot :

– Oh ! C'est trop dur !

Je souris :

– Oui, c'est trop dur, mais, quand sa maman est là, alors Dylan trouve que la vie devient intéressante, que ça vaut la peine de se réveiller. Vous savez, pendant que je le regardais tout à l'heure, avant que vous ne soyez là, eh bien, il ne bougeait pas !

Elle le regarde de nouveau. Ses yeux vont de lui... à moi, qui le regarde... et de moi qui le regarde... à lui. La tête de Dylan roule un peu sur la droite... son front se plisse à nouveau vers le haut. Elle dit encore, de sa petite voix à demi-moqueuse, mais on sent bien que le cœur n'y est pas :

– Oh ! C'est trop dur !

Le pied droit de Dylan s'étire à nouveau... le gauche se replie, pivote vers l'intérieur. Ses deux bras remontent vers son visage... s'écartent doucement sous le poids du sommeil qui retombe sur lui, comme retombe son bras droit sur sa poitrine. Dylan se rendort. Paisible. Je me sens sourire.

La maman recule d'un pas ; j'entends sa voix, petite, étouffée, qui dit douloureusement, à demi pour elle, l'autre demi pour moi, sans doute :

– Je me demande : est-ce qu'il se rend compte qu'il n'est plus dans mon ventre ?

Cette fois, le sourire qui me vient est pour elle :

– Vous avez peut-être du mal à vous rendre compte qu'il n'est plus dans votre ventre ? C'est trop dur ?

Elle tourne alors le dos à Dylan, comme si elle ne voulait pas qu'il entende ce qu'elle va me dire. C'est à moi seule qu'elle s'adresse à présent, avec un petit visage chiffonné, au bord des larmes :

– Oui, c'est trop dur ! Vous savez, je suis partie avec les enfants parce qu'avec le père, ça n'allait pas. C'était au début de ma grossesse, mais, je ne le savais pas. Je suis venue ici parce que j'ai une tante. C'est au cinquième mois que j'ai compris que j'étais enceinte. Au sixième, j'ai eu des contractions. Le docteur m'a dit que, si ça arrivait, je ferais une fausse couche. Alors, ils m'ont fait des piqûres, et samedi, le docteur a dit : « Cette fois, les poumons sont prêts. On peut faire la césarienne ! » Moi, je n'y croyais pas, ça ne faisait pas le temps !

Je m'entends murmurer pour Dylan, pour elle, pour eux deux que je tente de réunir dans ma phrase :

– Bien sûr, pour vous, vous n'avez été enceinte que pendant deux mois. Deux mois, ça ne suffit pas pour mettre un bébé au monde. Vous avez du mal à le regarder, là, dans sa couveuse, alors qu'il devrait être encore à l'abri dans votre ventre !

Elle a des éclaboussures de larmes plein les yeux.

– Oui, c'était trop vite. Rien n'était prêt. Heureusement, son frère a trouvé le prénom !

Dylan, paisible, trop paisible, dort. Le regardant dans son sommeil, je pense au petit passager clandestin qu'il a été pendant cinq mois. J'imagine ces cinq mois pendant lesquels il n'a pas été possible à cette maman de faire une place à l'enfant qu'elle n'avait pas désiré, qu'elle n'était pas prête à sentir grandir en elle. Mais je pense aussi la place que lui ne s'est pas autorisé à prendre, dans le sein qui l'ignorait.

Je suis habitée par des images, par des bribes de ces récits de jeunes femmes qui venaient consulter dans notre service pour déni de grossesse. Elles arrivaient au rendez-vous, toutes minces, bien droites, juste bousculées par l'annonce qui leur avait été faite de leur grossesse. Et puis j'accueillais non plus la jeune femme, mais déjà la maman, j'écartais les pensées qui l'avaient envahie au point de ne laisser aucune place à l'enfant. Nous parlions. Je questionnais, un peu ; si peu. Nous parlions surtout.

Et puis, à la fin de l'entretien, je raccompagnais une jeune femme dont le corps avait changé, qui avait, à présent, un port de femme enceinte. La secrétaire riait :

– Tu as reçu une jeune fille. C'est une femme sur le point d'accoucher qui s'en va !

Et c'était vraiment « comme ça ».

Personne n'avait pu aider Dylan à prendre sa place avant qu'il ne vienne au monde et aujourd'hui encore, je m'essoufflais dans ma course pour essayer de l'animer.

Les jours passent. Sa maman a quitté la maternité. Pas de voiture, il lui faut prendre le train régional ; les trajets coûtent cher. Les aînés ont besoin d'elle. Et Dylan a tôt fait de se glisser à nouveau dans son rôle de passager clandestin. Après avoir été celui du bateau-ventre de sa maman, le voici tout aussi clandestin dans le ventre du service de néonat.

Comme il va plutôt bien et qu'il se manifeste peu, les Dames-Oiseaux du service ne s'attardent pas auprès de lui. Il a pu nous arriver à Chantal et à moi d'oublier d'aller lui rendre visite, et c'était tellement exceptionnel que nous en étions très choquées ! Nous avions honte de notre négligence, et moi, je crois que je lui en voulais confusément, comme s'il avait fait exprès de se faire oublier.

– Tu ne m'apprends rien, petit bonhomme ! Moi aussi, à l'école, j'ai usé de ruses pour me faire oublier les jours où je ne savais pas ma leçon. C'est tout un art, et toi, tu excelles dans le genre ! Et je t'en veux de ce que je t'en veux !

Lui, impassible, continuait de dormir.

Dylan a dix-sept jours, ce soir-là. Lorsque j'arrive auprès de sa couveuse, je le trouve couché sur le dos, visage tourné vers le mur. Pour la première fois, il ne réagit absolument pas à ma présence. Totalement immobile, il est encore plus absent que de coutume. Mon cœur qui s'affole. Je guette sa respiration pour m'assurer qu'il n'est pas mort. Un soupir, si léger ! Ouf ! Comme j'ai eu peur !

Et pourtant, voilà que, une fois encore, malgré ma vigilance, mon attention le quitte, se met à flotter. Mes pensées vont aux trop rares visites qu'il reçoit et uniquement de sa maman, une maman tellement seule. Me rendant compte que j'ai laissé dériver notre embarcation, je m'oblige à revenir vers lui, à le regarder. Je l'appelle dans un chuchotement :

– Dylan ! Dylan !

Il ne bronche pas. Mes pensées s'évadent à nouveau, rejoignent Vanessa, la voisine de couveuse, livide, menue et dont la jumelle est décédée en cours de grossesse. Je revois les larmes de la maman. J'entends sa question :

– Pourquoi elle ? Pourquoi pas Vanessa ?

À nouveau, je m'oblige à regarder Dylan. Et je recommence à m'en vouloir de ne pas pouvoir lui rester présente. Mais, déjà, je le quitte encore et encore : me voici préoccupée par cet adolescent qui m'a fait la révélation, dernièrement, qu'il avait été battu, violé par un proche parent.

À ce moment précis, Dylan a un sursaut. Ses bras s'écartent et se referment d'un geste sec sur sa poitrine. Je le connais ce « réflexe de Moro » du bébé qui se sent lâché dans le vide !

Les larmes me viennent aux yeux. Est-ce possible, vraiment, que dans ma cascade de rêveries à propos d'enfants seuls, abandonnés, maltraités, lui, Dylan, se soit senti comme jeté par-dessus bord de ma tête, de mes préoccupations ?

J'ouvre le hublot de la couveuse. Je l'appelle :

– Dylan ! Dylan ! Je suis là ! C'est vrai, je t'ai laissé tout seul, loin de mes pensées. Mais je reviens, me revoilà ! Cette fois je reste avec toi, Dylan ! Je vois bien que, tout en faisant semblant de dormir, tu étais attentif à moi, que tu attendais que je fasse attention à toi. C'est promis, je reviens, je ne te laisse plus !

Un soupir, juste ça, et puis, sa tête a roulé sur la droite, front lisse. Il s'est rendormi. Je resterai longtemps auprès de lui. Rose et blond, si différent de sa maman. Rose et blond, comme l'est peut-être son père ? Rose et blond, étrange, étranger à tous, et à moi aussi, sans doute un peu, jusqu'à cette dernière visite.

Chavirée par notre presque naufrage à deux, je m'en vais écrire un mot dans le cahier de relève de l'équipe. « Dylan m'inquiète. Il dort trop. Il ne semble pas s'intéresser à nos visites ; il ne pleure pas pour réclamer sa maman, ni pour dire qu'il a faim ! S'il vous plaît, prenez encore plus de temps pour lui ; du temps pour qu'il ait envie de la vie ! Et, dites à sa maman que je l'appellerai pour prendre de ses nouvelles. Elle est si seule elle aussi ! »

Les puéricultrices, les auxiliaires se sont mobilisées autour de Dylan. Lui ont-elles parlé davantage pendant les soins ? Ont-elles moins critiqué cette maman qui vient trop peu et en coup de vent ? Toujours est-il que, à la visite suivante, lorsque j'ouvre la porte de la couveuse après l'avoir regardé dormir pendant près de dix minutes, Dylan ouvre enfin les yeux. Et, pour la première fois, son regard se met à me chercher. Il va vers mon sarrau... flotte un peu.

C'est le moment ! Ne pas le laisser replonger dans le sommeil ; je lance mon harpon :

– Dylan ! Dylan ! Je suis là... Oui, regarde-moi... Je suis venue bavarder avec toi !

Ses yeux montent vers mon visage, accrochent mes lunettes... trouvent mon regard. Alors, nous avons un bel échange : le premier ! En même temps qu'il me fixe, le bébé ébauche un léger mouvement de succion. Il me boit des yeux, des lèvres. Il m'emmène à l'intérieur de lui. Et puis, ses yeux se referment. Sa bouche s'endort quelques instants après. Voilà comme une ombre qui glisse sur son visage : une esquisse de sourire. Dylan m'a emportée dans son rêve. Je murmure un « Au revoir ! » et referme la porte de la couveuse.

La solitude discrète de Dylan me touche et je pense, une fois encore, à la solitude de sa maman. Comme chaque vendredi, je vais l'appeler. Lorsqu'elle répond au téléphone, elle a maintenant une petite voix joyeuse. Elle dit qu'elle est contente de m'entendre ; justement, elle était en train de repasser les petits vêtements du bébé. Je la sens émue lorsque je lui raconte les mimiques, le sommeil de son petit garçon. Elle redit combien le retour à la maison a été dur ! Mais, à présent, elle peut commencer à penser que Dylan viendra habiter avec eux, peut-être bientôt ?

Le jour où Dylan a eu un mois, lorsque j'arrive dans le service, je trouve sa maman auprès de lui. La porte de la couveuse est ouverte ; la jeune femme tient doucement le pied gauche du bébé et le pétrit au creux de sa main. Lui, étire sa jambe droite et la pose sur l'avant-bras de sa mère. Ses orteils prennent appui sur sa peau, s'éloignent, reviennent au rythme lent dont la maman pétrit l'autre pied.

Et, dans cette harmonie que je ne leur connaissais pas, elle se met à parler d'elle, ou plutôt, à nous raconter, à Dylan et moi, leur histoire. Il y avait longtemps que ça n'allait plus à la maison. Son homme avait changé. Il criait. Il la battait. Il l'a même violentée plusieurs fois. Elle dit « violentée » comme pour contourner le mot « violée ». Un jour, les gendarmes sont venus à la maison, ont dit qu'il avait organisé une attaque à main armée ; l'ont emmené en prison. Elle avait une tante à Roanne.

Deux, trois valises, sa petite fille dans les bras, son petit gars par la main, elle a traversé la France pour venir les mettre à l'abri de toute cette violence. Ce n'est que cinq mois plus tard, qu'elle a pu imaginer qu'elle était enceinte. L'enfant du viol, elle n'en voulait pas. Mais, à cinq mois de grossesse, elle n'avait plus droit à l'avortement. Cet enfant-là, qu'elle détestait, dont elle avait horreur, elle a bien dû se résoudre à l'attendre ! Heureusement, le grand frère a trouvé le prénom. Elle, elle ne pouvait pas.

– Et puis, le samedi, quand les docteurs ont dit qu'il pouvait vivre maintenant, j'ai eu tellement peur. C'était trop dur pour moi. Je n'étais pas prête.

Elle parle lentement, comme s'écoule le goutte-à-goutte d'une perfusion. Et moi, je sens le poids de la fatigue qui m'envahit. Je voudrais pouvoir dormir à mon tour, comme Dylan lorsqu'il fuyait tout ce vacarme intérieur, dans le repli de sa couveuse. Le voici donc le fil qui a conduit ma rêverie à son chevet ! Dylan, conçu dans la violence, comme avait été violé mon jeune patient par un proche parent. Dylan, dont la maman aurait voulu avorter et qui a bien failli ne pas venir au monde, comme la jumelle de Vanessa.

Voilà une demi-heure que la jeune mère et moi regardons Dylan, une demi-heure qu'elle ponctue ses caresses au bébé de petites phrases qui me sont adressées. Tout à coup, elle découvre qu'il va être l'heure de son train. Vite, elle ôte sa main de la couveuse, referme le volet, s'écarte et même mes paroles à Dylan ne l'aident pas à s'adresser à son fils. Elle s'éloigne de son petit pas pressé. Lui, s'immobilise dans le sommeil. Complice, je lui murmure :

– Dylan ! Dylan ! Ta maman, on va l'apprivoiser. Je te promets. Donne-lui le temps ! Elle en a eu si peu pour t'attendre : seulement deux mois !

Bien sûr, je n'ai rien raconté à l'équipe de ce que la maman venait de m'apprendre, mais, une équipe, ça a des antennes de papillon. Toutes les Oiselles, tous les médecins ont trouvé du temps pour accueillir la maman de Dylan. Un mot, un sourire, une attention. C'est un véritable ballet qui s'est brodé autour d'eux. Personne n'a obligé la mère à le prendre dans les bras, mais un jour, c'est elle qui en a eu envie. Alors, avec quel soin la puéricultrice l'a habillé « tout joli » avant de le déposer dans son giron. Et Dylan s'est pris au jeu, a ouvert les yeux, a souri.

Il a quitté sa couveuse pour un berceau, et le berceau pour aller enfin chez lui. C'était la fin d'un long hiver.

Un jour d'été, je marchais dans la rue. Venant face à moi, une maman, tenant son bébé dans les bras, lui racontait avec force « gouzi-gouzi », force sourires, quelque chose de sans doute très important. Et lui, la dévorait des yeux. La scène m'a fait sourire, mais, c'est seulement lorsque la jeune femme s'est approchée de moi que je les ai reconnus tous les deux. Un peu timide, elle m'a saluée.

J'ai répondu par quelques mots et j'ai parlé à Dylan qui me roulait un regard contrarié.

– Eh bien, Dylan ! lui a dit sa maman d'un ton de reproche, tu ne reconnais pas la dame qui venait nous parler quand tu étais dans ta couveuse ?

J'ai ri, et j'ai dit au bébé :

– Tu m'as oubliée, et c'est bien. C'est une vieille histoire !

La maman a répliqué :

– Mais moi, je n'ai pas oublié !

Et aujourd'hui encore, moi non plus, je ne les ai pas oubliés. Je ne l'ai pas oublié Dylan, ni aucun des autres bébés non plus. Ils arrivent, ils sortent de mes pensées comme de tiroirs que j'ouvrirais ; chacun a gardé sa place, toute la place.

Tom Pouce, P'tit Bonhomme, et les autres, et ces autres encore, et Fatih bien sûr.

MONSIEUR ET MADAME « CINQUIÈME BÉBÉ »

Ils avaient fui l'Algérie où l'un et l'autre avaient été confrontés aux horreurs et aux violences que l'on ne sait pas assez. Ils avaient fui l'Algérie où leur étaient nés trois petits garçons, un tous les deux ans, trois beaux petits garçons :

– Costauds, tu sais, Madame, bien balaises !

Trois petits garçons qui étaient morts au troisième jour ; tous les trois.

– Troisième jour, au matin, beaux pareils, et le lait passe par le nez. Ça mousse avec le sang, et petit cri. Juste ça, et il est « meurt », tu sais.

Un quatrième bébé avait été conçu quelques mois après le troisième. Sa maman l'avait perdu au cinquième mois de sa grossesse :

– Et lui aussi, petit garçon.

Alors, ils avaient fui l'Algérie. Pour tout ça. Pour tout ce sang. Pour toutes ces morts. Pour ces enfants morts. Ils étaient venus en France, « Parce que France, c'est le Pays de la Liberté, et là, viendra cinquième bébé, un bébé vivant ! »

J'ai rencontré Monsieur et Madame « Cinquième bébé », à la demande du gynécologue que le drame vécu par le couple avait alerté. C'était au cours d'une hospitalisation de quelques jours, le temps d'effectuer certains bilans, au septième mois de la grossesse de la future mère. Rencontre un peu difficile. Madame « Cinquième bébé » avait du mal à s'exprimer en français et, elle disait surtout sa gêne de ne pas « parler bien ». Son mari, lui, s'exprimait d'abondance, redisant avec force détails une histoire, la leur, mais celle aussi de leur nation, et j'en étais bouleversée, d'autant plus bouleversée, sans doute, que lui ne mettait aucune émotion dans son récit.

Ce qu'il me donnait à entendre, c'était une histoire usée à force d'avoir été dite aux uns et aux autres, dite avec les mêmes mots. Et puis, alors que je ne m'y attendais pas, « elle », elle s'était redressée dans son lit. Elle ne souriait plus, ne me remerciait plus ; elle disait. Elle disait :

– Premier bébé, dans mon ventre, tout va bien, et il vient au monde tout bien. Et, troisième jour, il est « meurt ». Deuxième bébé, dans mon ventre, aussi tout va bien, et il vient au monde, beau, gros, pareil. Et tout allait bien. Mais, le troisième jour, quand il a ouvert les yeux, il m'a regardée avec, tu sais, les yeux qui emportent mon image dans la mort. Je l'ai bien vu. Et le lait, il sort du nez, mousse avec le sang, et juste petit cri. Il est « meurt » mon bébé. Troisième bébé, je l'ai pas vu. Son père seulement a vu lui. Ils l'ont amené à la Pédiatrie. La couveuse était trop petite pour lui. Et le troisième jour, lui aussi, il était « meurt ». Son père l'a vu. Mais pas moi ; jamais. Ils avaient dit : « Pas la peine ; après... ». Il est « meurt ». Et j'ai pas d'image de lui. Rien. Je ne peux pas même penser ses yeux. Quatrième bébé, tout allait bien, et il est « meurt » avant de naître. Alors, celui-là, « Cinquième bébé », un garçon encore, je veux lui. Je veux être femme comme toutes les femmes !

C'est alors que j'ai proposé, ou plutôt que me sont venus les mots pour proposer d'accompagner le temps de la fin de la grossesse de la jeune femme, puis celui du séjour du bébé et de sa maman à la maternité.

La seconde rencontre a eu lieu à La Villa des Iris. Monsieur « Cinquième bébé » a repris la parole. Il a beaucoup remercié « France et toi ici » pour tout ce qui était fait pour eux, et pour ce cinquième bébé. Mais, chaque fois que je m'adressais à sa femme, il m'interrompait sous prétexte de donner une précision ; et il recommençait à dévider le flux de paroles dans lesquelles je me perdais. J'essayais de rejoindre sa femme, impressionnante de tristesse, pathétique dans sa tenue traditionnelle. Elle reprenait la litanie :

– Premier bébé meurt ; deuxième bébé meurt ; troisième bébé, j'ai pas vu ; quatrième bébé, pas pu venir. Alors, celui-là, je le veux !

J'ai souligné :

– Tant de tristesse !

Hors de lui, l'époux, le père a bondi :

– Tu ne t'intéresses qu'à elle ! Et moi ? Et moi ? Moi aussi, j'ai souffert ! Moi, je les ai vus morts, tous, tous les quatre !

Il était blanc de colère contre moi, et moi (ce qui m'est très inhabituel dans le cadre du travail), moi aussi, je me sentais pleine de colère à son égard.

Monsieur et Madame « Cinquième bébé » ne sont pas venus au rendez-vous suivant. Ils n'ont pas répondu à mes courriers. Cependant, ils restaient bien présents en moi, et je comptais les semaines, les jours qui nous approchaient de la date prévue pour la naissance de « Cinquième bébé ». Par chance, nous habitons une ville plutôt petite où nous nous connaissons tous. Et donc, je savais que le gynécologue avait parlé du bébé à venir aux pédiatres. L'un d'eux, celui dont « les yeux parlent avant qu'il n'ait ouvert la bouche », celui-ci, par sa formation de généticien, avait émis l'hypothèse qu'il pouvait s'agir d'une maladie orpheline, maladie rarissime donc et mortelle si le bébé n'était pas pris en charge dès la naissance. Il avait été convenu que, passé le premier moment de rencontre entre la maman et son bébé, celui-ci serait muté dans le service de néonat. On ferait alors les divers bilans et si, malheureusement, comme ses quatre aînés, « Cinquième bébé » était porteur de la maladie familiale, il serait aussitôt transféré sur Lyon où des soins appropriés pourraient lui être dispensés.

Et puis, le 8 mars, à 13 heures, je reçois un appel de la maternité. C'est une des sages-femmes qui, depuis une des salles d'accouchement, me transmet la demande de Monsieur et Madame « Cinquième bébé » :

– Ils souhaitent votre visite.

J'avais une heure et demie devant moi. J'étais en souci pour ces parents-là ; je pensais au poids de l'histoire qui continuait de peser sur leur bébé qui, jusqu'à présent, n'avait été prénommé que « Cinquième bébé ». Je me suis donc rendue à la maternité, suis descendue à la porte de la salle d'accouchement où j'ai été habillée, harnachée comme il se doit.

Et, je suis entrée. Madame « Cinquième bébé », étendue sous un drap blanc, coiffée d'un superbe chignon, était d'une beauté royale, rayonnante. Je m'en suis trouvée tout intimidée. Monsieur « Cinquième bébé », transformé comme moi en Schtroumpf vert sous son sarrau, se confondait en sourires et remerciements. Mais, aujourd'hui, il s'effaçait derrière sa femme, laquelle évoquait ses bons pressentiments pour son bébé :

– « Cinquième bébé », pas comme les autres, et aujourd'hui, fête des Femmes, sera un cadeau pour moi !

Son mari et elle se sont regardés avec une tendre complicité pour évoquer mystérieusement le choix du prénom :

– Tu verras. C'est pas un prénom de quelqu'un d'arabe de chez nous, c'est prénom pour remercier la France !

Lorsqu'ils se sont tus, lorsque s'est un peu émoussée l'excitation de nos retrouvailles, et que s'est un peu apaisée l'appréhension des heures à venir, alors, je les ai accompagnés dans l'évocation de cette cinquième grossesse. Nous avons écouté ensemble les battements du cœur du bébé, et la maman a raconté sa vie à lui, en dedans d'elle :

– J'aime quand il bouge, mon bébé. Me dit : « Je suis là, Maman ! »

Et puis, avec douceur, elle s'est mise à égrener le chapelet des précédentes grossesses. Elle disait :

– Premier bébé...

Je souriais :

– Oui, Nasredine.

– Deuxième bébé...

– Mohamed.

– Troisième bébé...

Lui, elle ne l'avait jamais prénommé devant moi. Je me taisais donc.

Madame « Cinquième bébé » me donnait à partager sa joyeuse attente. Monsieur « Cinquième bébé » souriait dans sa moustache, remerciait, répétait :

– Tout va aller bien ! Tout va aller bien !

Mais, de ses yeux fendus en amande, il scrutait la dentelle qui défilait sur l'écran du scope. Il fronçait les sourcils au moindre bruit, à la plus légère différence du tracé. Pour nous trois, le temps s'était mis à défiler son compte à rebours.

À 14 h 20, comme je prenais congé du couple, la jeune femme a sorti de dessous le drap, un grigri qu'elle avait porté sur son sein pendant tout le temps de la grossesse :

– Cadeau ma grand-mère contre le Mauvais-œil.

Revenant vers mon service, je souriais, me demandant si je ne faisais pas partie des grigris convoqués au chevet de la future maman. Peut-être aussi, fallait-il que Monsieur et Madame « Cinquième bébé » s'assurent que ma colère d'il y a deux mois, n'allait pas détruire leur bébé ?

14 h 30 : premier petit patient de l'après-midi.

15 h 30 : Je fais entrer dans mon bureau le deuxième patient et, au moment où je pousse la porte, je pense à « Cinquième bébé ». Où en est-il de son cheminement vers notre vie ? Et, quelle vie l'attend ?

17 heures : Je reçois un appel (joyeux celui-là !) de la sage-femme :

– Le bébé est né à 15 h 45 !

(Tiens donc, il venait au monde tandis que je pensais à lui !)

– Il est très beau. Il va très bien. On l'a laissé avec sa maman jusqu'à présent. Maintenant il est muté en néonat. Vous allez le rencontrer n'est-ce pas ?

17 h 30. Comme chaque vendredi, je monte dans le service de néonat. Je me dirige aussitôt vers la couveuse ouverte (une espèce de petit lit sous une rampe chauffante) auprès de laquelle s'affairent une puéricultrice et une auxiliaire. Un couple de parents se trouve auprès de leur bébé, qui occupe la couveuse voisine. Au vol, j'attrape quelques paroles échangées par les Dames-Oiseaux au-dessus de « Cinquième bébé ». Il est parlé au-dessus de lui, pas à lui. On murmure, on chuchote :

– Il est beau. C'est dommage que...

– Oui, pour le moment, on ne lui trouve rien.

– Espérons que...

Pour ramener les paroles jusqu'à lui, ce bébé nouveau venu, je demande :

– Qui me présentera notre dernier petit passager de ce soir ?

Alors, la puéricultrice, suspend son activité fébrile et, au lieu de me présenter le bébé, elle me présente à lui :

– Fatih, voilà Annick qui vient te dire bonjour !

Je dis :

– Bonjour Fatih ! Ou plutôt re-bonjour. Nous nous sommes rencontrés il y a plusieurs mois déjà. Tout à l'heure encore ta maman, ton papa et moi, avons partagé un petit moment ensemble. J'ai entendu battre ton cœur.

Fatih cherche à soulever ses paupières... mais il n'insiste pas... Tout rond, avec un teint très clair, une bouche en forme de « o » et rouge (je pense à Blanche Neige !), il se montre plutôt passif. Il laisse la valse des mains le saisir, le tripoter, placer la poche à urine : « Attention ! C'est un peu froid ! », lui enfermer chevilles et poignets dans de petits bracelets de Velcro qui seront épinglés au matelas de la couveuse.

– Je suis obligée de t'attacher. C'est pour les examens ! commente Sittèle.

Le pédiatre arrive. C'est celui dont les yeux parlent avant la bouche ; et puis un autre aussi, le pédiatre-poète, qui a assisté à l'accouchement, et encore un jeune interne ; et aussi une autre puéricultrice.

Je me penche sur le bébé :

– Tu sais, Fatih, c'est un peu compliqué de venir au monde. Mais, je te promets, ça n'arrive qu'une fois dans la vie ! Ici, il y a beaucoup de personnes ; elles viennent pour t'aider à aller bien ; je vais te laisser avec tes médecins, tes infirmières. Je reviendrai après.

Fatih referme un peu ses doigts de la main droite (du côté où je me trouve). Il lui vient une petite moue. Puis, il amorce un suçotement de la lèvre.

– Il t'a entendue ! me dit en souriant le pédiatre-poète, celui avec qui j'aime bavarder au sujet de nos petits patients.

Je m'éloigne, à la rencontre des autres bébés du service.

19 h 30. Les médecins quittent la salle des couveuses et se réunissent pour parler de Fatih. Je retourne auprès de lui et découvre son père qui vient d'arriver. Il se tient à quelques pas de la couveuse et parle avec l'interne. Il le questionne. Tous les deux sont algériens et s'expriment en français avec la même maladresse. Monsieur « Cinquième bébé » est rouge ; tendu ; fébrile. Mains crispées dans le dos, il montre, il dit son inquiétude. Je lui adresse un petit

signe de la main, un sourire et vais rejoindre Fatih qui semble endormi.

Je lui explique :

– Ton papa prend de tes nouvelles. Ta maman est comme toi, encore fatiguée de votre aventure ; elle se repose un peu. Mais, dès qu'elle le pourra, elle viendra te voir.

Derrière moi, la voix de Monsieur « Cinquième bébé » se fait plus forte, plus tremblante :

– Et le troisième jour, Docteur ? Le troisième jour pour ce bébé-là ?

À ce moment précis, le visage de Fatih vire au rouge, ses poings se ferment, se crispent, ses pieds cherchent à se tendre. Son front se plisse, son menton tremble. Il pleure. Il pleure, fâché. Fâché ; pas triste. Fâché comme je me sens fâchée de cette rencontre qui tarde à se faire entre lui et son père. Je pivote vers celui-ci :

– Je crois que Fatih vous appelle.

– Oui, allez ! insiste l'interne.

Alors, le papa, tassé, petit comme s'il était redevenu petit garçon, le papa s'approche de la couveuse ouverte. Les mains derrière le dos, il lâche, d'une voix tremblante :

– Bonjour Bé-bé !

Il dit Bé-bé, comme en expulsant les deux syllabes, une à une, comme si Fatih portait en lui les cinq bébés réunis. Des bébés dangereux. D'un seul mouvement, sans peine, les yeux de Fatih se sont ouverts. Des yeux en amande. Ceux de son père. Alors, Monsieur « Cinquième bébé », se penche. En silence, il embrasse Bé-bé sur le front ; puis sur la joue ; puis sur le ventre. Il l'embrasse rapidement, du bout des lèvres, avec un mélange de respect et de peur, comme avec un arrière-goût.

Brusquement, me vient l'image de ce même père embrassant, de la même façon, avec le même rituel, les corps de Premier bébé, Deuxième bébé, Troisième bébé, au troisième jour, au jour de leur mort. Et, à ce moment précis, me parvient la colère du papa, il y a deux mois, sa colère, venue de si loin (et je pense alors à Rabelais lorsqu'il évoque le son des cloches qui a mis tant d'années à nous rejoindre : leur carillon avait été pris dans les glaces, avait gelé !).

Cette colère, je la reçois, je l'accueille. Elle me touche : « Et moi aussi ! Moi aussi j'ai souffert ! » disait-il alors. À l'instant où je me sens touchée, le père se recule, me regarde :

– Jusqu'au troisième jour.

Il a les yeux pleins de larmes ; je le sens se redresser, se forcer ; il s'avance encore d'un pas vers la couveuse :

– Et maintenant, Bé-bé, je vais voir ta maman.

Il se recule à nouveau, comme s'il avait besoin, pour reprendre pied, d'être à quelque distance de Fatih. Comme s'il y avait une bonne distance à trouver. Il s'éloigne. Revient sur ses pas. Me regarde :

– Pardon pour l'autre jour !

Il attrape ma main, la serre dans les siennes. Je me sens enveloppée d'un nuage de tendresse pour lui :

– La colère, c'est aussi la vie ! C'est précieux parfois.

Ses yeux sourient. Il quitte la salle des couveuses. Je reviens auprès du bébé pour lui souhaiter une bonne première nuit. Mais, les yeux de Fatih sont clos. Il dort, avec, maintenant, une respiration bien marquée, régulière ; il semble indifférent à la lumière crue qui inonde la salle des couveuses ; absent à nos voix.

Le lendemain matin, samedi, j'appelle la maman de Fatih. Elle me dit qu'elle a bien dormi, qu'elle est pleine d'espoir :

– Ce bébé-là, on va le garder, je sens : Fatih, ça veut dire l'Espoir. France, c'est le pays pour vivre l'Espoir !

Un peu plus tard, je reviens en néonat pour retrouver Fatih. Je vais directement vers sa couveuse pour le saluer. Il est blanc. Non pas « inanimé », mais « pas animé » ; inerte. Penché sur la couveuse voisine, le pédiatre aux yeux qui parlent, répond à mon bonjour par un regard sombre, une voix lugubre :

– Si vous venez pour le voir, Annick, dépêchez-vous !

Mes yeux quittent le bébé, se tournent vers le médecin, qui ponctue sa phrase par une grimace. Puis, il précise que les résultats sont mauvais. On attend une confirmation de Lyon : Fatih est sans doute atteint de « la » maladie. Mon cœur se pince. Tout le monde s'est tu. On me regarde. On attend de moi, sans doute, que je parle au bébé puisque, oui, je suis la dame qui parle aux bébés. Alors, je me penche tout près du visage de Fatih afin que nos yeux, s'il ouvre les siens, puissent se rencontrer. Je dis :

– Fatih, tu as entendu ? Le docteur est soucieux pour toi. Il pense que tu as sans doute la maladie de tes frères.

Le pédiatre, toujours penché sur l'autre bébé, annonce que Fatih sera sans doute muté sur Lyon. Et je redis à Fatih que le docteur aux yeux qui parlent va demander aux médecins de Lyon de nous aider à prendre soin de lui, là-bas, dans leur grand hôpital.

– À Lyon, il y a, tu verras, un hôpital où l'on soigne les bébés qui ont, comme toi, des maladies rares.

Fatih ne bronche pas. Respire tout juste. À ce moment, on sonne à la porte de la salle des couveuses. Il ouvre les yeux... bouge un peu les bras... puis les jambes... Je devine alors que c'est bien son papa qui s'annonce. Et, en effet, le voici.

Il va directement auprès du médecin. Celui-ci parle d'examens en cours, de ceux que l'on attend encore. Il quitte la salle des couveuses. Alors, le papa vient jusqu'à nous, me sourit, me tend la main, et puis, regarde Fatih et, lentement, se penche sur lui, avec la même retenue que la veille.

Cependant, il le salue par son prénom :

– Bonjour Fatih !

Il lui caresse la joue en répétant (comme pour s'en persuader, peut-être) :

– Fatih, tu vas rentrer à la maison avec nous. On a besoin de toi, Fatih !

Et Fatih tourne les yeux vers la voix de son père ; son poing s'ouvre, se referme sur l'index qui lui est offert. Le papa est comme éclaboussé de bonheur.

À 10 heures, la maman n'est pas encore arrivée, mais je dois quitter le service.

À midi, nouvel appel, chez moi, pour me confirmer que les résultats sont mauvais et que Fatih sera muté en début d'après-midi. Le pédiatre aux yeux qui parlent me fait demander si je pourrai être là.

– Bien sûr !

12 h 30, la sage-femme qui a mis Fatih au monde m'appelle à son tour.

Elle me dit que l'hélicoptère du Samu de Lyon va arriver. Est-ce que je serai bien en pédiatrie ? Est-ce que je ne pourrai pas passer à la maternité, après son transfert ?

– C'est très dur pour nous, aussi.

13 heures. Lorsque je pénètre dans la salle des couveuses, c'est la maman que je vois en premier ; de dos. Elle porte le sarrau du service, ses cheveux sont enfermés dans un foulard. Assise sur un tabouret, elle est penchée, tassée,

au bord de la couveuse. Le papa est, plus que jamais, en retrait. Mains serrées dans le dos, il se tient deux pas en arrière. C'est visiblement trop pour lui.

Il tourne sa tête vers moi, me rejoint d'un regard écorché. Elle, la maman, le visage bouffi de larmes, me jette un œil vide. Fatih respire... très doucement ; ... à peine ; ... à grand-peine. J'ai l'impression qu'il est fatigué, tellement fatigué. Ses yeux sont clos, crispés. Mais, le reste du corps (totalement nu, avec la poche à urine fixée au bas-ventre), se laisse aller. Je revois le film de ce matin : son attention à la voix de son père ; l'instant où son poing s'est refermé sur l'index qui s'offrait à lui, et le bonheur qui a illuminé le visage de son papa.

Fatih ne répond pas. Tout son corps se laisse aller, comme s'il allait mourir, « Cinquième bébé » !

Me revient la première image que j'ai eue de lui, blanc avec des lèvres rouges, comme Blanche Neige. Mais n'est-elle pas morte, Blanche Neige ? Les nains ne l'ont-ils pas couchée dans un grand cercueil de verre, espèce de couveuse géante ? Moi aussi, depuis le premier instant, j'ai donc été habitée par l'image de sa mort ?

Le pédiatre aux yeux qui parlent, celui qui a fait l'annonce de la maladie métabolique, n'est pas là. La mère pleure à petit bruit. Le père reste figé. Le service s'affaire auprès des autres bébés (et moi je sais bien que médecins, Dames-Oiseaux, Dames-Oiselles se rendent actifs pour tromper l'angoisse qui monte). Je choisis de m'adresser à Fatih :

– Fatih, tu as donc la maladie de tes frères. Tu vas partir à Lyon pour être soigné.

J'élève la voix pour être sûre qu'il m'entende :

– Courage Fatih ! Tes parents t'aiment et c'est pour ça que ta maman pleure, pour ça que ton papa est si triste. Mais on ne te laisse pas, Fatih ! Allez, Fatih !

Et je force encore un peu plus ma voix :

– Allez, Fatih ! Aide-nous à t'aider !

Alors, la maman redresse le buste, parle d'une voix forte :

– Oui, Fatih, il faut que tu sois courageux !

Et le papa, humblement, me demande :

– Qu'est-ce qu'il a ?

Il demande comme s'il pouvait encore attendre un miracle, comme si moi, la seule ici à ne rien connaître de la médecine, j'allais pouvoir le rassurer :

– Ça n'est qu'un rhume, Monsieur, ça va aller.

Mais non, Ils sont maladroits tous les deux. Maladroits dans leurs mots, comme dans leurs silences. La maman a les doigts crochetés au bord de la couveuse ouverte ; le papa garde les poignets comme ligotés dans le dos. J'invite la mère à toucher son petit garçon. Du bout des doigts, d'abord légèrement et puis un peu fort et de plus en plus fort, jusqu'à trop fort, elle essaie d'écarter les paupières du bébé.

Mais, les mots restent noués dans sa gorge, et Fatih, corps livide, inerte, n'est actif qu'à maintenir ses yeux fermés. Je pense au regard de Deuxième bébé qui avait fixé sa mère pour emporter son image dans la mort ; à celui de Troisième bébé qu'elle n'a pas vu, qu'elle ne peut imaginer. Et voilà que je sens monter en moi une bouffée de colère. Elle monte du bas du ventre, s'enfile dans ma gorge qu'elle noue, monte jusqu'à la tête qu'elle emplit comme d'une fumée épaisse. Me voici habitée par ces mots d'une rage silencieuse contre lui : « Salopiot de bébé ! Tu ne peux pas leur faire ça ! Tu ne peux pas leur refuser cette rencontre ! Tu ne peux pas jouer déjà le mort ! » (C'était quand même la première, l'unique fois, où j'ai pu penser avec des mots aussi violents à l'encontre d'un bébé !)

Alors, comme une vague qui retombe, tout redevient calme, simple. Je revois le tableau de Berthe Morisot : une mère qui contemple son bébé endormi dans un berceau à col de cygne.

Et, c'est « comme si », comme si une pensée qui n'attendait que cela venait de se poser en moi. Je n'ai rien fait, rien cherché ; non, c'est la pensée qui est venue à moi. A trouvé un nid en moi...

Je m'entends interroger les parents :

– Comment vous parlez-vous à la maison ? Dans quelle langue ?

– En arabe ! disent-ils tous les deux à la fois.

– Alors, parlez-lui en arabe ! C'est sa langue maternelle. C'est celle qu'il connaît !

Ils me regardent, ou plutôt, ils prennent appui sur mon regard. La maman commence doucement. D'abord timidement, et puis, les mots se mettent à couler. J'entends qu'elle prononce « Fatih... Fatah... », et voilà que la tête de Fatih roule à gauche, du côté de sa mère. Ses lèvres s'écartent et quelques sons roulent, eux aussi, vers elle. C'est comme un doux gémissement en réponse à sa mélopée.

Le père avance. Enroule son bras autour des épaules de sa femme. Il la soutient dans sa place de maman et peut-être aussi, se tient-il à elle. Il me fixe, ses yeux trouvent mes lèvres qui sourient (oh ! le soulagement ! Merci Saint Bion, Sainte Mélanie Klein et tous les miens !) et lui aussi se met à parler. Les deux voix se rejoignent au-dessus de

Fatih, se tressent. J'entends : « Fatah ! Fatah !... » et je sais qu'ils parlent d'Espoir.

Tout est étrangement devenu calme dans la salle des couveuses : les infirmières, le pédiatre aux yeux qui parlent, et qui vient juste d'arriver, et même tous les bébés dans leurs couveuses, tous se sont immobilisés.

La voix du père se retire. La mère se penche alors sur le bébé et, faisant fi de la poche à urine, de l'aiguille piquée au creux de son bras, elle enveloppe son bébé de ses deux bras, elle le pétrit de mots et de caresses. C'est très doux. Je réalise que ce doit être une prière ou une bénédiction. Et voilà que Fatih, peu à peu devient rose. Ses yeux s'ouvrent, se dirigent vers les lèvres de sa mère. Il ouvre la bouche et lui aussi roucoule.

Coup de sonnette : le Samu de Lyon arrive. Équipe muette. Un ballet de gestes précis, silencieux. L'équipe de Roanne se glisse en retrait. Celle de Lyon agit. Le médecin réanimateur soulève Fatih, une main en collier sous sa nuque, l'autre sous ses genoux. Les bras et les jambes du bébé se resserrent.

Le médecin avance vers la couveuse, qui servira au transport dans l'hélicoptère. Je souffle à la maman :

– Votre foulard ! Donnez-lui votre foulard pour qu'il emporte votre odeur avec lui !

C'est le père qui, d'un geste rapide, enlève le foulard de sa femme, le dépose au creux du cou de Fatih, et tout le corps du bébé s'enroule autour de cette douceur-là.

Du plus fort que je peux, dans le silence de la pièce et du moment, je lance :

– On ne te laisse pas tomber Fatih ! On te confie aux médecins de Lyon pour que tu sois soigné ! Au revoir Fatih !

Son père implore :

– Reviens chez nous Fatih, nous avons tant besoin de toi !

Les parents sont retournés à la maternité. La plus jeune des puéricultrices a cessé de retenir ses larmes, et j'ai dit que nous avions tous besoin d'un bon café. C'est le pédiatre aux yeux qui parlent qui nous l'a préparé, lui-même. Et puis, je suis allée à la maternité ; à l'office, j'ai fait chauffer l'eau, j'ai préparé du thé pour la sage-femme qui avait fait naître Fatih et qui aurait tellement voulu « qu'il n'ait pas la maladie ».

Mais, quand je suis allée saluer les parents dans la chambre de la maman, je me suis trouvée au bled : il y avait les amis, les pâtisseries au miel et même du thé à la menthe que l'on m'a servi de très haut. Belle, maquillée, trônant dans son lit, la jeune mère m'a dit fièrement :

– Mon bébé m'a regardée ! Il va vivre, ça, je le sais. Fatih : l'espoir !

Il y a parfois de belles histoires. Fatih est resté hospitalisé quatre mois et demi sur Lyon et ses parents ont pu être logés non loin de lui. J'avais maintenu un contact téléphonique avec eux, qui n'étaient plus Monsieur et Madame « Cinquième bébé », mais « Les parents de Fatih ».

Lorsque Fatih a eu cinq mois, son papa m'a annoncé leur retour à Roanne.

– Vous verrez, a-t-il dit, il parle le langage international des bébés : il gazouille à présent !

« Vous verrez » avait-il dit, laissant entendre que, effectivement, je viendrai les voir à leur retour.

Et, tout naturellement, pendant des années, chaque quinze jours, je suis venue au domicile de la famille. Fatih grandissait comme un enfant ordinaire dans la maison qui sentait bon la délicieuse cuisine de sa maman, mais lui, n'était nourri que de farines venues du bout du monde et qui lui étaient administrées par une sonde de gavage, placée dans une narine.

Le temps a passé, sa maman revendiquait d'avoir quatre enfants vivants pour réparer la mort des quatre premiers. La Nature lui a donné encore deux petites filles, qui n'ont pas la maladie. À la naissance de la seconde, Madame Maman est partie en Algérie présenter ses deux filles à toute la famille. Fatih, qui ne pouvait s'éloigner des hôpitaux, est resté à Roanne avec son papa.

Lorsqu'elle est revenue du pays, la maman avait ramené pour moi une petite clef en or :

– Pour que tu n'oublies jamais : Fatih, c'est celui qui ouvre la porte de l'espoir !

La clef au revers de ma veste, j'ai repris les escaliers qui montent au quatrième. Ouvrir la porte de l'espoir, qui pourrait imaginer plus riche programme pour la psy-harpe de la néonat ?

Aujourd'hui encore, trop rarement sans doute, je m'arrête devant la porte de leur maison. Je sonne. Fatih arrive en courant :

– Tata ! crie-t-il, du nom dont il m'a baptisée.

Les sœurs suivent, un peu plus réservées, belles comme le jour.

La maman vient s'asseoir à côté de moi :

– Il y avait trop longtemps qu'on ne t'avait pas vue. Viens, je vais te raconter la famille.

Le papa aussi nous rejoint :

– Un café, comme d'habitude, ma grande ?

Belles et douces retrouvailles.

LES LARMES QUI CONSOLENT

Le bébé sans prénom est arrivé dans le service de néonat cette après-midi-là, dans la bousculade, dans la cascade des événements de cette journée de printemps. Quelques heures plus tôt, sa maman et lui prenaient le temps de flâner encore à leur rythme. Il aurait pu venir au monde trois ou quatre jours plus tôt, mais voilà, ça ne s'était pas fait. Et sa maman se promenait en ville, et lui était encore promené en elle. Un jour tout simple. Et puis, tout bascule : en pleine rue, la jeune femme s'écroule. Brouhaha. Affolement. On appelle le Samu.

– Écartez-vous ! Écartez-vous !

– Elle est morte ?

– Elle est morte !

– Mais non ! Elle respire !

– Quoi alors ?

– Malaise cardiaque. Écartez-vous !

Elle est transportée à la Clinique où elle aurait dû accoucher. Césarienne en urgence. Vite ! Vite ! Le ventre de la mère est ouvert. Deux mains saisissent le bébé, l'extirpent hors de son nid. Un monde de bruits, de lumières, d'odeurs se substitue au nid maternel. Et, de mère, il n'en connaîtra rien : anesthésie générale ; elle dort. Elle, donc, sera mutée à l'hôpital, dans le service de réanimation. Et lui ? Quelle place pour un bébé sans mère dans une clinique ? Lui aussi, sera muté à l'hôpital, cinq étages plus haut, en néonat.

Deux ambulances traversent la ville, sirènes hurlantes. Le bébé sans prénom, qui a quitté un ventre pour une couveuse de transport, est extrait une nouvelle fois. Laissé nu, une nouvelle fois, il est de nouveau examiné, pesé avant d'être installé dans une des couveuses du service. Le personnel s'affaire autour de lui, se plie aux consignes : remplir les étiquettes, mettre un collecteur d'urine, prendre la température, ponctionner du sang. Lorsqu'il sera bien installé, recouché et que les portes de la couveuse auront été refermées, alors, on fera appel au pédiatre. Il arrivera, lavera ses grandes mains ; du coude, il ouvrira les portes de plexiglas et, doucement, attentivement, il examinera le bébé.

Peut-être dira-t-il, peut-être aura-t-il dit quelques mots :

– Il va bien cet enfant. Allez, rendors-toi, je te laisse tranquille !

Et clic !... Et clac ! Les portes de la couveuse se referment. Le bébé sursaute. Et clic ! Et clac ! Une puéricultrice vient les rouvrir. Le bébé sursaute à nouveau. Elle lui met une couche :

– Cette fois, tu vas pouvoir dormir !

Referme la porte de la couveuse. Et clic ! Et clac ! Prévenu, l'époux, le père, laisse son travail. Il court dans le service de réanimation. Ne peut voir sa femme :

– État critique !

Prend l'ascenseur, arrive en néonatologie, se réjouit de découvrir ce beau petit garçon, de l'autre côté de la paroi vitrée :

– On avait décidé de l'appeler Robin, répond-il à l'infirmière chargée de remplir le dossier.

Il parle à son bébé avec tendresse, avec aussi une pointe d'humour. Il est à deux pas de la couveuse, dont on lui propose d'ouvrir le hublot.

– Non ! Non ! Je ne le touche pas ! J'ai peur de lui faire mal !

Il se recule, s'excuse :

– Je vais voir ma femme, je reviendrai bientôt.

En pensée, il est déjà cinq étages plus bas. Il fait demi-tour. La porte du couloir bat. Le bébé sursaute.

Robin est devenu un bébé du service, le sixième bébé de la salle des couveuses. Ici, on s'occupe d'un petit patient né à terme, et qui va plutôt bien. Là-bas, en « réa », nous n'en savons rien. Nous n'en saurons rien dans l'immédiat.

Cette scène, c'est Liliane, l'infirmière de pédopsy, qui me l'a racontée le soir même. Elle me dit comment Robin a déjà trouvé ses doigts pour essayer de tirer les fils des électrodes. Elle évoque le douloureux de cette rencontre en l'absence, non seulement de nouvelles, mais même d'une simple évocation de la maman. Liliane avait interrogé, mais personne ne semblait au courant. À chaque service de soigner son patient. Elle me dira sa colère lorsque la jeune interne[1], ce jour-là, à ce moment-là, est venue examiner Robin. Robin avait deux heures de vie post-natale et voilà son troisième examen médical. Regard au loin, mutique, la jeune femme ouvre les portes de la couveuse ; sans « préavis », la voilà qui pose le stéthoscope froid sur le buste du bébé. Il se raidit. Mais cela ne fait pas de bruit un bébé saisi d'angoisse ! Elle ne l'a pas vu. Elle ne s'adresse pas à Robin ; elle guette seulement les bruits du cœur d'un nouveau-né. Pour que le bras du bébé ne soit pas une entrave à son exploration, sa main à elle, crispée sur son poing à lui, cherche, avec obstination, à raccorder l'arrondi d'une main fermée avec le creux d'une bouche ouverte. Le regard toujours au loin, au-delà du bleu des Monts du Lyonnais, elle laisse sa main effectuer ce travail

1. Quant à moi, je n'ai pas rencontré cette interne qui s'était peut-être trompée de métier, ou à qui la vie aura enseigné à être autrement. Ce qui m'a semblé important dans ce récit, c'est de pouvoir pointer le meilleur et le pire de ce que peut vivre un patient dans un service médical.

de plomberie qui est le « raccordement » de deux objets séparés : poing et bouche. Il n'y aura pas de rencontre. Qu'en a vécu Robin ? Je ne le saurai que par l'émotion, que par la voix tremblante, les yeux humides de Liliane.

– Je ne pouvais rien faire, rien dire. Alors, pour Robin, je commentais ce qui se passait pour lui ; je disais les gestes de l'interne.

Et donc, le lendemain matin, c'est à mon tour de venir au quatrième. Robin a dix-sept heures de vie. Avant d'entrer dans la salle des couveuses, je demande si l'on a des nouvelles de la maman.

– Non, on ne sait rien.

Il est 9 heures ; ce n'est guère le moment de poser des questions : tout le monde s'affaire pour préparer la visite du pédiatre. Mais, Colombine-la-colombe, l'infirmière de ce matin, m'accueille en salle des couveuses :

– Annick, tu sais que nous avons un petit nouveau ? Il s'appelle Robin.

– Oui, Liliane m'a parlé de sa rencontre avec lui. Elle était très émue : pas de nouvelle de la maman ; ça devait être difficile pour vous de prendre soin du bébé sans rien savoir de sa mère ! Et c'était aussi difficile pour lui qui avait perdu ses repères et à qui on ne parlait pas de sa maman.

Colombine a froncé les sourcils.

– Bien sûr, pauvre p'tit Loup ! Mais, viens le voir. Il va bien.

Je m'approche de la couveuse. Un bébé tout rond, tout brun, le visage marqué de griffures sur la joue droite. Il dort. Lisse, sans vague, visage sans expression. Je le regarde. Je retiens mon souffle. Je me sens « en attente » avec lui. En attente du moment où il pourra enfin, retrouver sa maman. Tout doucement, j'ouvre la porte de la couveuse (pas de « Clic ! », une autre puéricultrice m'a appris comment faire pour ne pas les déranger). Et là, au creux de mon estomac, une douleur. Mon cœur qui s'emballe, à l'inverse de celui de la jeune femme qui s'était arrêté. Je décode pour lui :

– Ah oui ! Les médecins ont dit : « Malaise cardiaque » ; c'est tout ce que je sais. Je crois que c'est ce qui est arrivé à ta maman, Robin !

Lui, ne bronche pas. Ou plutôt, ne bronche plus, parce que les marques sur sa joue droite, attestent qu'il a cherché à s'accrocher, ou qu'il a été en colère, ou je ne sais pas. Je reste auprès de Robin, mais il n'aura pas le moindre plissement de front, pas le plus petit mouvement du plus petit orteil qui me dirait son attention à ma présence. Je lui murmure un :

– Au revoir. À tout à l'heure, Robin !

Tout doux, je referme la couveuse (pas de « Clac » !) et glisse vers celle d'Anaïs qui m'attend, elle, le regard tout rond ; elle ouvre la bouche, me gobe, me rejoint du bout de sa langue qui se pointe dans ma direction comme un doigt.

– Bonjour Anaïs ! Bonjour jeune fille !

Je m'éloigne encore, et puis, je reviens sur mes pas, contourne la couveuse de Robin. Et là... là, un pleur que je n'ai pas eu le temps de voir se préparer à surgir. Robin est tout rouge ; yeux et poings verrouillés ; rouge jusqu'à ses pieds tendus sur le cocon qui le contient, confortable. Et Robin crie. Ce ne sont pas vraiment des pleurs. Ce sont plutôt des cris et ils me renvoient à l'émotion, à la colère de Liliane, hier ; me renvoient à mon attente, tout à l'heure, auprès de lui, bébé dormant, lisse comme une page en attente d'écriture. J'épouse les intonations de ses pleurs pour m'adresser à lui :

– Oh ! Oui, Robin... Oh ! Oui... Tu attends ta maman. Tu ne sais rien d'elle, et nous non plus, ici. Personne qui puisse te parler d'elle.

Il crie. Sa voix m'a plongée dans le noir, a fait disparaître les murs de la salle des couveuses, et même Colombine, la douce colombe, penchée sur son cahier de relève. C'est tout noir. C'est tout cri, ça me vrille en dedans tandis que j'observe la bouche grande ouverte de Robin, ses bras repliés sur eux-mêmes, ses jambes relevées, pieds arc-boutés sur le bourrelet de tissu du cocon. J'essaie de trouver les mots qui épouseront la force, la cadence de ses cris. Je dis :

– Oh ! Comme c'est terrible, Robin ! Comme c'est terrible ce que tu vis !

Du blond qui bouge : Colombine a levé la tête. Elle nous regarde tous les deux et son regard me ramène à la lumière.

– Je pourrais appeler en « réa » pour prendre des nouvelles de sa maman ? demande-t-elle. Mais, c'est déjà une affirmation ; elle n'attend d'ailleurs pas ma réponse, va prendre le téléphone du bureau.

Je l'entends qui parle. Elle se présente :

– Je suis infirmière en néonat. Nous avons un petit Robin ici, dont la maman est chez vous.

Étonnement, sans doute, au bout du téléphone. On lui passe quelqu'un d'autre. Et Colombine-la-colombe recommence. Cette fois, elle va un peu plus loin, elle dit :

– Il est sans nouvelle de sa maman. Il n'est pas bien. Il a vraiment besoin qu'on lui parle d'elle.

Nouveau changement d'interlocuteur. Colombine reprend, souriante, gentille, mais déterminée. À chacun, elle explique :

– Robin a besoin qu'on lui parle de sa maman.

Et moi, émue à en avoir chaud jusque dans les oreilles, j'écoute l'infirmière reprendre pour un quatrième, pour un cinquième interlocuteur, cette demande qui, pour elle et moi, ici, va de soi, mais qui doit paraître étrange à ceux-là qui raniment des malades en grand danger physique. J'écoute Colombine, et je m'adresse au bébé :

– Robin, voilà : Colombine va prendre des nouvelles de ta maman.

Ça y est, quelqu'un se trouve auprès d'elle, comme nous deux, ici, nous sommes auprès de toi.

Et l'infirmière reprend, pour lui et moi :

–... Vous dîtes que sa maman va bien ?... On vient de l'extuber... Elle voudrait lui parler, mais elle a encore trop mal à la gorge... Elle ne peut pas... pas encore... Elle demande comment va Robin ?... Bien, il va très bien. Dites à sa maman qu'il va très bien, mais qu'il pleure parce qu'il est seul ici. Sa maman pleure ?... Oh oui, sûrement, c'est tellement douloureux pour elle aussi !

Et moi, je re-re-dis à Robin, ce que nous re-dit Colombine. Est-ce le ton de nos voix ? Est-ce notre chaîne qui, depuis la « réa », jusqu'à la néonat, lui rend sa maman présente ? Tout à coup, je réalise que Robin ne pleure plus. Ses yeux sont ouverts ; il a relevé ses deux poings de part et d'autre de son visage. Il est là, attentif, et même plus : « en attente ». L'infirmière va reposer le téléphone. Elle se lave les mains, s'approche de la couveuse. Sans bruit, elle ouvre le hublot (pas de « Clic » !).

– Robin ! Mon p'tit Loup, ta maman va bien, elle aurait voulu te parler, mais elle ne pouvait pas, elle avait trop mal à la gorge.

Et Colombine pose sa main sur la main de Robin. Elle le touche ; pose sa main de grande personne sur le petit poing... qui se détend, qui laisse place à l'index offert. Et, elle, répond à l'accueil de Robin, par une caresse au creux de sa paume. Alors, le visage du petit garçon s'anime... se tend... se plisse... Il a pleuré ? N'a pas pleuré ? J'étais trop émue pour l'entendre, je crois. Mais, j'ai vu les larmes qui se sont mises à rouler sur ses joues tandis que l'infirmière continuait de lui parler :

– P'tit Loup, tu vas bientôt rejoindre ta maman. Aujourd'hui peut-être.

Les larmes de Robin. La voix, les gestes de Colombine. Je les réunis :

– Oh ! Colombine ! Ces larmes, c'est toi qui les lui as données !

Oui, elle est sans doute la première, Colombine-la-colombe, qui ait touché le petit garçon, qui l'ait rejoint avec ses émotions. Le papa s'était défendu :

– Non ! Non ! Je ne le touche pas !

L'interne avait promené un stéthoscope froid sur un buste de nouveau-né, avait tâté un corps avec ses mains exploratrices. Mais elle, la jeune infirmière, touchée par les cris de Robin, touchée par cette maman sans voix, mais pleine de larmes, elle, Colombine, avec toutes ces émotions qu'elle a su accueillir, recueillir, elle a touché Robin, du bout de son doigt, sans doute, mais avec son cœur, surtout !

Robin, continue de pleurer. Il pleure ; mais, à présent, ses larmes, ce sont des larmes qui consolent. Il est rose. Ses jambes se laissent aller... puis ses bras... Il pleure... de plus en plus doucement. Enfin, comme repu par ces larmes venues en place de lait maternel, Robin se laisse aller, s'endort, calme, tout rond, tout brun.

Et Colombine-la-colombe ôte sa main, referme le hublot (pas de « Clac » !), va voir où en est le gavage d'Anaïs. Il y a Robin, Anaïs, les autres. Elle est là, tout simplement, entièrement pour « chaque un ».

Trois mois plus tard, le service a accueilli un autre petit passager dont la maman se trouvait en réanimation. Et, la « réa » a téléphoné, régulièrement, pour prendre et donner des nouvelles.

UNE « HISTOIRE COMME ÇA »

Nous avons tous eu un Livre-doudou qui aura accompagné notre enfance. Le mien, celui dans lequel j'ai eu le bonheur d'apprendre à lire, ça a été les « Histoires comme ça » de Rudyard Kipling, un livre que j'ai aimé parcourir en désordre, comme ça, comme ça me venait.

Tout au long de mes années de funambule auprès des bébés, j'ai eu le sentiment d'avancer d'« Histoire comme ça », en « Histoire comme ça ». J'étais éblouie, émerveillée par l'intelligence, l'infinie sensibilité de ces bébés qui savaient nous dire, nous répondre, pour autant que nous voulions bien croire en eux, nous montrer attentifs à leurs divers langages. Alors, voici encore une « Histoire comme ça », une de celles qui se sera déroulée en moins d'une heure certainement.

Ce mercredi après-midi, lorsque je suis arrivée en néonat, il y avait un silence inhabituel dans le couloir, un silence de tension ; pas le silence triste des drames. J'ai su qu'aucun bébé n'était mort, mais que « ça » n'allait pas. Alors, comme chaque fois, je suis allée déposer mon sac, mon vêtement dans le bureau du cadre. J'ai croisé deux ou trois personnes qui m'ont dit « Bonjour ! », comme si de rien n'était.

De plus en plus, j'étais sûre qu'il se passait quelque chose d'inhabituel, de grave, mais, je n'en savais pas davantage. Et puis un médecin est arrivé dans le bureau. C'était le pédiatre-poète, le seul qui me tutoie. Vêtu du sarrau de la salle des couveuses, encore ganté, coiffé d'un calot, il est venu pianoter sur l'ordinateur. Là, j'ai compris que ce qui n'allait pas, avait lieu en salle des couveuses. Je n'ai pas bougé. J'ai attendu. C'est lui qui a cherché mon regard :

– Annick, on a des parents qui vont avoir besoin de toi.

– Oui ?

Il s'assoit :

– Je t'explique : cette maman avait été mutée à l'Hôpital de X à vingt-huit semaines d'aménorrhée pour une rupture de la poche des eaux. Là, ils l'ont gardée dans le service des Grossesses pathologiques pendant huit jours. Et puis, elle a eu des contractions, mais, à X, il n'y avait pas de place pour un préma en réanimation. Alors, ils l'ont mutée, en hélicoptère, à l'Hôpital de Y. La maman a accouché ; le bébé n'allait pas trop mal. Seulement, voilà, hier, il avait dix jours de vie et la néonat de « Y » avait besoin de place. Alors, ils ont décidé de le muter chez nous. Mais, les parents ont cru comprendre qu'ici, nous n'étions pas un hôpital assez fiable pour un si petit bébé. Pierrick est arrivé hier, dans l'après-midi, et eux ne nous font pas vraiment confiance. Depuis ce matin, son état s'aggrave. Il est sous « CPAP[1] ». On va devoir l'intuber.

1. Le « CPAP » (en anglais « Continuous Positive Airway Pressure ») est un mode de respiration assistée. Lorsque le dispositif n'est pas suffisant, il faut intuber le patient pour le mettre sous un matériel plus puissant. L'hôpital doit posséder un dispositif important qui n'est pas agréé pour une petite structure ; c'est ce qui a motivé la nouvelle mutation de Pierrick.

Le pédiatre marque un temps.

– Et là, il faut qu'il soit muté dans un plus grand hôpital, poursuit-il. Les parents ne veulent surtout pas de retour sur Y. Je cherche une place sur X, mais je ne suis sûr de rien !

Le pédiatre-poète a un petit sourire, un demi-rire gêné.

– Tu vois, ils vont avoir bien besoin de toi.

Tout le monde me regarde ; tout le monde, c'est-à-dire deux médecins, l'interne, le cadre et trois infirmières. Je dis seulement :

– Quand est-ce qu'on comprendra que les bébés, ça n'est pas des boîtes de petits pois ? Quand est-ce qu'on arrêtera de malmener les parents et les bébés ? Bon, j'y vais.

– Ça, c'est l'administration ! renchérit l'autre médecin dans un haussement d'épaules désabusé.

Nous avons tous des visages navrés. Je traverse le couloir qui nous sépare de la salle des couveuses. J'attrape un sarrau, l'enfile, me harnache. De part et d'autre de la couveuse « A », deux infirmières, Tourterelle, la blonde, Merlette, la brune.

Dans la couveuse, tout petit, si petit avec son petit kilo, gris, plus que gris, le regard enfoncé, comme marqué de deux coups de poing, Pierrick laisse le respirateur cadencer son souffle. Je vois monter, descendre sa poitrine. Ses jambes sont tendues, raides. Les bras, pliés, raides aussi, et, j'imagine qu'à l'intérieur des petites moufles de tissu coloré, ses minuscules poings sont crispés.

– Bonjour Pierrick ! Bonjour petit Bonhomme. Oui, c'est dur en ce moment pour toi, et c'est dur aussi pour ton papa et ta maman. On va vous aider, Pierrick, tu vas voir ! Et là, je regarde les deux puéricultrices :

– Où sont ses parents ? Je viens les voir. On m'a dit qu'ils sont très en colère.

Les quatre mains des puéricultrices dans la couveuse. Je pense : « Piano à quatre mains ! » Elles ont leurs gestes précis, que je ne comprends jamais et, comme chaque fois, je suis saisie par l'intelligence et la douceur de ces mains-là. La voix de Merlette, rien que sa voix (ses mains, son attention restent branchées sur le bébé) :

– Tu fais comme tu veux, moi, je ne te conseille pas. C'est pas le moment !

Mes yeux quittent la couveuse, remontent le long du sarrau de l'infirmière brune, arrivent à son visage, chevelure coiffée d'une charlotte pour les soins. Elle pleure. Elle est bouleversée, rouge d'émotion. Merlette est une jeune femme qui a beaucoup d'expérience et de sang-froid. Jamais je ne l'ai vue pleurer. Elle ajoute :

– J'ai pris une de ces charges !

Je reste plantée au pied de la couveuse. Qui a besoin de moi en ce moment ? Les parents ? Les infirmières ? Le bébé ? Pierrick est très crispé, de la mousse borde ses lèvres noires ; elle enfle, enfle.

– Il est encombré, dit doucement Tourterelle. Aide-moi à l'aspirer.

J'ai ma réponse : c'est Pierrick qui a besoin de moi. Lui, qui a besoin de nous trois. Je resterai auprès de lui ; il m'en coûte, oui. C'est la place la plus difficile, mais là, j'en suis sûre, c'est ma juste place !

Un coup d'œil à Merlette. Un coup d'œil à Tourterelle. Curieuse coïncidence : l'une et l'autre rentrent d'un congé maternité. Un coup d'œil à Pierrick. Il est toujours aussi gris. La chamade de mon cœur se fige : et s'il était en train de mourir ? Je prends une grande respiration. Au travail !

Au pied de la couveuse, mains dans le dos (pour me tenir à moi), je lui parle :

– Petit Bonhomme, Pierrick, Merlette et Tourterelle sont là, ton papa et ta maman ne sont pas loin. Ils vont revenir. Ils pensent à toi !

La mousse n'en finit pas de mousser sur ses lèvres. Je ne vois que ces bulles sur le fond gris du visage qui se défait. La voix hésitante de Merlette à Tourterelle :

– J'avais préparé un cocon pour qu'il soit mieux installé. Tu crois ?

Nous nous regardons toutes les trois. Je souffle :

– Oh ! C'est une bonne idée !

– Je le soulève, dit Tourterelle qui ajuste un geste si léger, si doux, si précis.

La porte du fond de la salle des couveuses, s'ouvre. Sur le seuil, les deux parents. Une voix renfrognée, exaspérée demande :

– On peut entrer ?

Ils n'attendent pas la réponse. Ils nous rejoignent. Je me présente.

– Ah ? dit le papa avec indifférence.

Demi-sourire de la maman (sans doute soulagée que je ne sois pas encore un nouveau médecin ?). Ils sont là, et toute leur colère remonte. À la psychologue, ils déversent tout ce qui ne va pas. Tout.

– C'est contre personne, mais...

« mais... », tout y passe : reviennent les trois mutations en hélicoptère et la quatrième annoncée. Reviennent la solitude et la colère de la maman qui se plaint de n'avoir vu personne les premiers jours de vie de Pierrick.

– Personne ne s'intéressait à moi ! Personne ne me parlait de ce qui m'arrivait !

Un médecin entre dans la salle des couveuses (un autre !), entend la colère des parents, jette un regard à Pierrick, que je vois se déliter.

– On fait tout pour sauver votre enfant, laissez-nous faire, au moins ! dit-il, le ton bougon.

Je pense très vite :

– Zut ! Il a raté une occasion de se taire !

Maladroite, je tente de rattraper la situation en proposant une chaise à la maman, qui nous repousse la chaise et moi (et tous les autres avec !) :

– Ça va, j'aime mieux rester debout !

À ce moment, j'ai la conviction, que Pierrick peut mourir de cette colère ; qu'il peut mourir de la colère qui mousse et envahit toute la pièce. Les infirmières, penchées sur le bébé, échangent des consignes à voix basse.

– Tu me tiens le tuyau ?

– OK !

– J'aspire.

Je regarde Pierrick. Je lui parle aussi :

– Pierrick, voilà ton papa, voilà ta maman. Tu n'es pas seul !

Alors, le papa avance d'un pas, ouvre la porte à l'extrémité de la couveuse.

De la main, il caresse la toute petite jambe... va se placer au bout du pied. Et le petit pied se tend... va chercher la grosse main... colle ses orteils minuscules contre la paume rebondie. La maman ouvre, elle aussi, le volet de la couveuse, prend la petite main. Huit mains dans la couveuse. Quatre qui savent les gestes professionnels. Quatre qui osent ceux de la tendresse.

Il me semble que ça a duré très longtemps, infiniment longtemps. Et puis, la mousse s'est effacée... du rose est revenu... D'abord, un point au creux des joues ; le point est devenu petit rond... s'est élargi... et Pierrick s'est coloré de rose jusqu'au plus petit bout de son petit pied. J'ai entendu mon petit rire (j'en ai même été surprise !) :

– Toi, tu aimes les câlins. On voit que tu connais ça !

Le papa a levé les yeux sur moi, avec un large sourire :

– On a fait de l'haptonomie[1] !

– Et il sait venir vous chercher ! Dis donc Pierrick, c'est formidable ! Vous avez du talent tous les trois !

Et là, j'ai vu la colère quitter la salle des couveuses. J'ai senti le dos de Merlette, à ma droite, qui se détendait. Le rose revenait à Pierrick, tout entier, un rose plus dense...

Je me suis tournée vers la maman :

– Je peux vous proposer un thé ? Un café ?

– Oh ! Un café, oui ! Ça me ferait plaisir.

À l'office, on m'a préparé un plateau avec du café, des biscuits. Quand je suis revenue, ils étaient tous les quatre autour de la couveuse, mais Pierrick semblait dormir à présent, accompagné du CPAP. Les deux puéricultrices avaient toujours les mains dans la couveuse. Les parents se sont écartés, en confiance. En confiance, ils ont bu le café, mangé les biscuits. Et alors, ils se sont mis à parler de leur petit garçon, comme d'un vrai bébé. J'ai questionné sur le choix de « Pierrick ». Ils m'ont raconté la course au prénom, quand ils avaient compris que la naissance était imminente.

– On a choisi de l'appeler Pierrick, avec i.c.k. à la fin, parce qu'on a trouvé que ça faisait un joli graphisme, m'a expliqué la maman.

La coïncidence a fait que j'ai parlé de moi :

1. L'Haptonomie est, selon son concepteur, le Néerlandais Frans Veldman, la science des interactions et des relations affectives humaines. Elle permet, en particulier, d'entrer en contact avec le bébé en exerçant de petites pressions sur le ventre de la maman.

– C'est drôle, je m'appelle Annick et c'est vrai que j'ai toujours aimé mon prénom, à cause, justement, du dessin des dernières lettres : i.c.k.

– Vous aussi ? s'est-elle écriée. C'est vraiment pour ça que nous avons choisi son prénom !

Pierrick, i.c.k., gardait ses couleurs et Tourterelle et Merlette, la blonde et la brune, s'étaient écartées de la couveuse. Dans le ciel, j'ai aperçu la grosse libellule blanche qui commençait de descendre vers la piste d'atterrissage :

– Voilà l'hélicoptère !

Comme chaque fois quand arrive le Samu-des-airs, c'est une bousculade un peu joyeuse. Les parents demandent à quel étage se trouvera Pierrick dans le service de Pédiatrie de X. Je recommande à la maman de laisser son doudou au bébé, pour le voyage. Elle attrape la peluche, la cale au creux de ses seins :

– Ça sentira encore plus mon odeur !

Et puis, elle se tourne vers moi :

– Il a été bien soigné ici. Mais, même si ça doit durer trois mois, je préfère qu'il reste là-bas. On a eu trop peur. Et puis, vous voyez, ce qui est terrible avec les mutations, c'est qu'on rencontre des personnes, et après, on ne les voit plus. On les perd.

J'ai sauté sur l'occasion :

– Et si je vous demandais votre numéro de téléphone ? Si vous le voulez, je vous appellerai chaque semaine.

Elle est devenue toute rose. Son mari s'est placé derrière elle, mains sur ses épaules, souriant :

– Oh oui ! Ça me ferait plaisir !

Les mêmes mots que pour le café.

L'équipe du Samu est arrivée. C'est le médecin réanimateur, lui-même, qui a pris soin de placer le doudou contre la joue de Pierrick. Les parents sont partis : larmes et sourires, nous ont remerciés, chacun, chacune à notre tour. Merlette et Tourterelle ont remis de l'ordre dans la salle des couveuses.

– À un moment, a dit Tourterelle, j'ai bien cru qu'il allait mourir.

– Moi aussi, a confirmé Merlette.

– Vous aussi ? Moi, j'y ai pensé, mais je ne connais rien à la médecine ; objectivement, je ne savais pas. Mais, vous avez vu ? C'est quand la colère est retombée que Pierrick a repris des couleurs.

– Oui, a ponctué Merlette, et c'est à ce moment-là que les parents nous ont laissées travailler en confiance ; et alors, Pierrick s'est détendu.

Cette « Histoire comme ça » s'était déroulée sur le fil d'un mercredi après-midi. Par la suite, chaque mercredi, à l'heure où avait eu lieu notre rencontre, j'appelais. La maman répondait, me donnait des nouvelles, bonnes nouvelles de leur petit garçon et je ne manquais pas de lui demander comment elle allait, elle ; comment allait le papa, contraint de faire plus de deux cents kilomètres, chaque fois qu'il leur rendait visite.

Quand est arrivée la période de mes vacances d'été, je ne me suis pas même posé la question, tant il était évident, pour moi, que je continuerais d'appeler la famille, chaque mercredi, jusqu'au retour à domicile. Et la maman, gentille, vive, me répondait, de semaine en semaine, me disait que l'on commençait à envisager de quitter le service. Déjà, Pierrick n'était plus en couveuse. Il apprenait à boire ses biberons.

Me voilà de retour. Tout naturellement, je reprends l'ascension des cinq étages qui vont me conduire en néonat, au quatrième. Retrouver l'équipe. Bavardage léger : petites et grandes personnes vont plutôt bien. Sur mon fil de funambule, j'ai repris mon pas de danse, allant de couveuse en couveuse, et de box en box. Un lundi ordinaire, donc. Je pousse encore une porte, et là... !

Là, un éclat de rire : c'est la maman ! La maman de Pierrick qui tient fièrement son bébé dans les bras, et qui vient vers moi. Sourires complices de l'équipe. La jeune femme m'accueille dans leur box, m'offre une chaise et me raconte :

– Pierrick est revenu sur Roanne, à la fin du mois de juillet. J'ai demandé à vous voir ; on m'a répondu que vous veniez juste de partir en vacances. Mais, vous continuiez de nous appeler chaque mercredi, alors, avec mon mari, nous avons décidé de vous faire la surprise. L'équipe, ici, a bien joué le jeu ! Et puis, chaque mercredi, j'attendais votre appel. Vous savez la nouvelle ? Ce mercredi, nous rentrons chez nous !

Quelques semaines après leur retour au domicile, nous avons convenu que je cesserais de les appeler régulièrement. Ils étaient entrés dans leur vie de famille ; l'hôpital devait savoir se faire oublier.

Tout de même, le jour du premier anniversaire de Pierrick, j'ai appelé. C'est le papa qui a répondu :

– Ma femme savait que vous alliez nous téléphoner aujourd'hui. Elle a une grande nouvelle à vous annoncer. Attendez, je vais la chercher.

Quelques instants plus tard, la voix vive de la jeune femme :

– J'étais sûre que vous alliez appeler aujourd'hui. Vous savez la nouvelle ? Ce matin, Pierrick a fait ses premiers pas ! Cette fois, la page de la prématurité est tournée !

Oui, tournée la page de la prématurité. J'ai reposé le téléphone. M'est venue l'image de l'avion-mère qui tracte le planeur dans le ciel. Aussi longtemps que le petit voilier des cieux en a besoin, il reste là, à lui ouvrir la voie. Mais, lorsqu'il sent qu'il n'est plus utile, il décroche le câble qui les relie : « Bon vent le planeur ! »

Aujourd'hui, je peux m'effacer : Bon vent à Pierrick et à ses parents !

LE RÉVEIL DE JULES

D'« Histoire comme ça », en « Histoire comme ça », de bébé incroyablement sensible, en bébé incroyablement attentif, de parents qui trouvent leur juste place, en parents qui trouvent le juste mot, le temps se déroulait, les années passaient.

Nous sommes le 1er avril 2010. Il va être l'heure. J'ai vu son regard sur la pendulette du bureau. Pour moi aussi, le compte à rebours a fini de s'égrener.

– Eh voilà Jules, nous allons nous quitter. Nous allons ranger une dernière fois ta boîte de jeux.

Jules se lève. Docile, il rassemble les personnages qu'il a utilisés pour cette dernière séance. Il regarde le monstre oublié au fond de sa boîte, oublié depuis qu'il ne se reconnaît plus dans ce personnage qui pouvait se permettre de tyranniser sa famille, au prix d'être un monstre. Il replace les petits personnages : un père contre lequel il s'est beaucoup battu, avant de renoncer à lui dérober son épouse ; une mère, épouse du père, présente à tous ses enfants, sans marquer de préférence ; un garçon qui cherche à apprendre de ses aînés. Il range ses crayons, garde pour la fin Nounours, la petite peluche qu'il aimait et qui représentait tantôt lui, tantôt moi. Il le prend dans ses mains, le regarde. Deux baisers sur les joues (Nounours, c'est donc moi, en ce moment, moi, qu'il embrasse au moment de me quitter). Il le recouche doucement dans la boîte. Rabat le couvercle. C'est fini.

Je me dirige vers la porte pour une dernière poignée de mains ; mais lui, il a bondi, s'est jeté dans mon fauteuil, se carre, ferme les yeux, fait mine de dormir. J'éclate de rire :

– Ah ! Celle-là, mon vieux Jules, celle-là, tu nous l'as déjà faite ! On ne recommencera plus. Et puis, tu sais bien que si tu me gardes dans tes pensées, on ne se quittera jamais !

Il ouvre un œil, s'assure de ma bonne humeur. Ouvre l'autre. Éclate de rire, et se lève. Nous échangeons une dernière poignée de mains. J'ouvre la porte. Nous descendons. Fin. The end. Happy end.

Tandis qu'il descend l'escalier devant moi, avec un port de tête souple, une démarche déliée, je me dis une fois encore :

– Là, personne ne peut deviner.

Sa maman, en salle d'attente, deux mots échangés que je ne retiendrai sans doute pas plus qu'elle, tant l'émotion de cette dernière fois nous brouille les yeux, les oreilles. Je remonte vers mon bureau. Un peu de vague à l'âme. Une si longue aventure pour ses parents, pour Jules et pour moi !

Arrivée devant la porte, je lève les yeux. Inscrits sur la porte, mon nom, mon titre :

A. Simon – Psychologue

Et puis, tout en haut, à gauche du chambranle, un numéro inscrit en caractères blancs sur un tout petit carré noir : T 21.

– T 21, ça alors ! s'était exclamé le Papa, lorsqu'il était venu me rencontrer.

Frappée d'idiotie, comme souvent dans ces moments où je n'ai pas envie de comprendre mon interlocuteur, je remarque :

– Toutes les portes ont un numéro.

– Oui, mais, T 21, insiste le Papa. T 21, quand même : trisomie 21 !

Je le regarde : un petit écart pour aller de l'étiquette T 21 jusqu'à trisomie 21. Un grand écart pour aller de trisomie 21 jusqu'à Jules. J'éclate de rire (tant de rires avec et à propos de Jules tout au long de ces années !) :

– C'est bien la preuve que sa trisomie s'arrête là, qu'elle n'entre pas dans mon bureau !

Et, tous les trois, le papa, la maman et moi, franchissons le seuil du bureau, avec ce même rire ; soulagés. Nous nous étions connus au lendemain de la naissance de Jules.

Aujourd'hui, seule dans mon bureau, replaçant la boîte de jouets que Jules n'ouvrira plus, glissant la chaise devant le bureau et le pot des crayons près d'une feuille blanche, pour le prochain petit patient, bref, m'agitant d'ici à là, histoire de secouer les émotions de cette fin de thérapie, je laisse remonter les souvenirs. Vieux souvenirs.

Je n'ai aucune note de cette première rencontre, seulement, dans la cire de mes pensées, dans celle de mon cœur, l'écriture gravée au stylet de ce jour-là. Il allait être midi. C'était un jour de printemps. Un vendredi matin, plein de bourgeons, de ciel bleu. Le pédiatre aux yeux qui parlent m'appelle dans mon service. À la tonalité de sa voix, je sais que son regard est éteint, que son visage est tout chiffonné. Aujourd'hui, c'est un petit garçon terriblement malheureux qui me demande :

– Annick, c'est pour des parents. Ils sont tellement tristes. On a été maladroits, sans doute. La maman a accouché hier matin ; le bébé est trisomique. Je l'ai confirmé dès la salle d'accouchement. Je n'aurais peut-être pas dû... J'avais pensé que ce serait moins dur pour eux de l'entendre dès ce moment-là. Vous savez, ils connaissent le milieu médical. La maman s'en était doutée au premier regard. Sûrement, je n'ai pas trouvé les bons mots pour en parler.

Ce pédiatre, comme bien d'autres d'ailleurs, me touche par la gentillesse avec laquelle il s'adresse à ses petits patients, les bébés endoloris, par la sensibilité dont il fait preuve pour entourer la souffrance des parents. Aussi, c'est d'abord lui que je voudrais pouvoir consoler, à mesure que je l'entends me raconter, me déverser avec trop de détails, la scène qui a eu lieu en salle d'accouchement. Le désespoir des parents, l'impuissance de l'équipe, son chagrin à lui, médecin, qui a porté le poids d'être celui qui assénait pareille vérité. J'écoute en silence.

Lui, insiste :

– Il faut que vous alliez les voir.

Je propose :

– Demain matin ?

– Non ! Aujourd'hui. Vous ne pouvez pas les laisser comme ça. Ça fait plus de 24 heures. Ils sont tellement malheureux !

(Et dire que certains prétendent que, pour les psys, il n'y a pas d'urgence !)

– Alors, ça sera, tout de suite !

Il est midi, je laisse la petite bande de mes collègues se rendre au self. Moi, je continue mon chemin.

Dans ce temps-là, il y avait tout le jardin de l'hôpital à traverser pour aller de la pédopsychiatrie à la maternité. Une promenade de dix minutes environ, avec des arbres que je connaissais par cœur, quelques massifs qui changeaient parfois de fleurs, au décours des saisons, les bâtiments qui racontaient l'histoire de notre Hôpital et, tout cela piqueté des criaillements des corbeaux, des pies et de quelques timides passereaux.

J'avance le long de l'allée qui serpente. Mes yeux vont du bleu du ciel, au vert des pelouses qui s'éveillent sous les premières primevères. D'ordinaire, au moment de monter au quatrième, ou d'accueillir un patient, il m'est devenu tout à fait naturel de faire « tabula rasa », comme disait Bion, faire table rase de tout ce que je sais, ou dont je me souviens. Faire le vide, ne penser à rien de précis de façon à pouvoir accueillir ce qui naîtra de notre rencontre. Mais, ce jour-là, peut-être à cause du chagrin du pédiatre, me voici tendue, préoccupée. Et, tout d'un coup, je me trouve happée par le souvenir de cette petite fille, Laure, que ses parents appelaient leur Petite Princesse.

À mon retour de vacances, cette année-là, les médecins avaient insisté pour que je rencontre les parents de Laure. Dans le service, on disait d'eux qu'ils étaient limités (expression que je déteste !), sans doute parce qu'ils ne semblaient pas entendre le diagnostic de trisomie 21 qui leur avait été révélé, explications à l'appui. Les médecins, les infirmières insistaient :

– Je t'assure, on le leur a expliqué au moins vingt fois. Ils nous regardent avec de grands yeux, et on a l'impression qu'ils ne nous comprennent pas, ou qu'ils ne veulent pas comprendre !

– Le docteur *** leur a demandé de venir te rencontrer cette après-midi.

Et donc, à mon arrivée dans le service, le couple m'attendait. Un couple d'agriculteurs. Visages fermés, colère rentrée. Je me présente. Je dis que voilà déjà toute une longue semaine que leur bébé est né et...

Le papa me fixe :

– Vous l'avez vue ?

– Pas encore. J'arrive juste.

En quelques enjambées, ils me conduisent auprès de leur petite fille. Je la salue :

– Bonjour Laure, petite Laure !

La mère ne me quitte pas des yeux et j'ai l'impression que plus que mes mots, elle guette ce qu'elle pourra déchiffrer sur mon visage. Silence. C'est à nouveau le père qui prend la parole :

– Dites, vous ne croyez pas qu'elle serait un peu mongolienne ?

Un coup d'œil à Laure, une petite Laure aux yeux bridés, au visage incontestablement d'une petite fille porteuse d'une trisomie 21, un coup d'œil à ses deux parents qui me fixent avec insistance. Je choisis de reprendre leurs mots :

– Un peu mongolienne... oui... je crois bien.

– Mais, c'est la nôtre ! On a bien le droit de l'aimer, non ?

– Mais, Laure, elle est surtout votre petite fille à vous, et je vois combien vous l'aimez !

– Ah, ben voilà : elle est mongolienne ! Ils auraient pu le dire, au lieu de tous leurs chichis. C'est qu'ils nous en ont dit, qu'elle est trisomique, qu'elle marchera tard, qu'elle parlera peut-être pas, qu'on n'en voudra pas à l'école, mais qu'elle aimera la musique. Comme si on allait lui acheter un piano pour mettre dans sa chambre ! Non, mais, n'importe quoi ! À c't'âge, quand elle vient juste de naître ! C'est la nôtre, quoi. Après, on verra bien, pas vrai ma Princesse ? conclut-il.

D'un geste vif, il écarte le drap, soulève très délicatement la petite fille et la dépose, avec une si grande douceur, dans les bras de sa maman.

Ce souvenir en fait renaître toute une bouffée de plus anciens encore. Je revois ces autres parents, ceux d'un adolescent porteur d'un lourd handicap et qui m'avaient dit, un jour : « Les médecins n'ont eu qu'un tort, c'est d'avoir eu raison trop tôt. Ils nous ont privés de chaque moment présent en nous annonçant trop tôt ce qui allait arriver, ou ne pas arriver, justement. » Phrase que je n'oublierai jamais.

Me revient aussi, le récit de mon père disant qu'en Chine, en 1930 environ, on ne parlait pas de « mongoliens », mais d'« idiots européens ». Et, du coup, je n'avais jamais été choquée par le terme « mongolien » qui disait seulement l'étrangeté physique de ces gens-là, étrangeté seulement pour nous, personnes justes ordinaires. Petite fille, les Mongoliens, je les imaginais fiers, et chevauchant à cru, comme Gengis Khan. Des gens bien supérieurs à nous, à moi qui avais encore besoin de roulettes pour ne pas tomber de mon vélo !

La trisomie 21, le chromosome supplémentaire, je les laisse volontiers aux savants. Les parents de la petite Princesse Laure m'auront appris à utiliser le langage de chaque famille plutôt que les termes médicaux.

Et ainsi, tandis que mes pas me conduisent à l'autre bout de l'hôpital, je me laisse porter par ma rêverie. Me voici arrivée devant le bâtiment de la maternité. Je pousse la porte, monte l'escalier. Retour brutal à la réalité. On m'attend avec trop d'impatience. On veut me dire, me raconter ce qui se vit de dur, là, dans le service, depuis la veille, autant dire depuis une éternité !

L'équipe est partagée, déchirée en deux parts à peu près égales. D'un côté, ceux qui se sont identifiés aux parents et à leur souffrance.

– Les pauvres. Et gentils comme tout. Ils n'ont pas mérité ça !

« Ça » : cette chose à part, à peine humaine, si ce n'est contre nature. « Ça » : un enfant trisomique.

D'autre part, il y a ceux qui se sont rangés du côté du bébé :

– Le pauvre ! Pourtant, il est mignon, à part « ça ». Quel accueil : les parents n'arrêtent pas de pleurer ! Ils le regardent à peine.

Qu'aurait-elle fait, cette équipe si ce drame-là s'était joué pour quelqu'un d'ici ? Les parents de cet autre enfant, n'auraient-ils pas pleuré ? N'auraient-ils pas dit, pas montré leur détresse ? Malmenés par la dureté de la réalité, l'équipe et moi avons de la peine à penser. Tout comme ceux d'ici, je me mets à cliver, séparer, les services entre « bon » et « mauvais ». Mauvaise, l'équipe de la maternité, qui juge, qui jauge, qui condamne. Bon, mon bon service de néonat qui m'a habituée à plus de douceur, de bienveillance. Et pourtant, pourtant...

Pourtant si, voilà que remonte en moi le relent d'un mauvais souvenir. Un jour, alors que je venais d'arriver en néonat, je trouve cinq personnes penchés sur une couveuse. Cinq : un médecin, deux puéricultrices et deux auxiliaires. L'une d'elles soupire :

– Pauvre petit, il vaudrait mieux qu'il s'en aille !

– Oui, renchérit la seconde. Avec toutes ces malformations, ça ne sera pas une vie !

Et, la troisième d'enfoncer le clou :

– La mère, avec ce qu'elle a bu pendant sa grossesse, on ne va pas la plaindre !

C'étaient leurs mots, juste au-dessus de la couveuse, tout contre les parois de plexiglas. Ils parlaient entre eux, comme si le bébé n'avait pas été là. Et lui, faisait déjà le mort, respirait à peine, à grand-peine. J'avais fait marche arrière, étais partie en pleurant. Et j'avais pleuré, reniflé jusque sur mon divan d'analysante. La voix qui m'est parvenue derrière mon oreiller disait :

– Une équipe inhumaine, comme vous dites, composée d'humains, tout simplement.

Quelques jours plus tard, à l'occasion d'une supervision avec James Gammill, son regard malicieux et plein de bonté, son sourire, son léger rire :

– Ah ! Tu sors de l'idéalisation. Tu vas pouvoir commencer à travailler avec ton équipe !

Là non plus, je n'ai pas oublié.

Ce vendredi matin, lorsque j'arrive à la maternité et que je demande que l'on me conduise à la chambre de Madame Sombre Matin, c'est donc la voix de James Gammill que j'entends monter du fond de ma besace. Voilà, je ne suis plus seule, et surtout, grâce à lui, je sais que je n'ai pas à choisir mon camp : je viens pour « chaque un » : le papa ; la maman ; le bébé ; le bébé dont, mais oui, au fait, dont je ne sais même pas le prénom !

Je frappe. Une voix éteinte m'invite à entrer. Je pousse la porte. La pièce n'est pas sombre. Elle est noire. Noire de leur désespoir. On manque d'air. On étouffe. Je ne les vois pas nettement. Mais, Elle, elle, toute brune, c'est le masque des tragédies grecques. Mais, Lui, grand, immense, lui, c'est le grand chêne déraciné. Le bébé, j'ai beau le chercher dans mes souvenirs, à ce moment précis, je ne sais pas où il est ; je ne le vois pas. La pièce est dévastée, comme ils le sont eux-mêmes.

Comme chaque fois, dans ces bourrasques d'intenses émotions, j'entends le poème de Rimbaud :

> « A noir, E blanc, I rouge, U vert, O bleu : voyelles
> Je dirai quelque jour vos naissances latentes... »

Comme chaque fois encore, giflée, fouettée par la violence du drame, je me trouve amputée de ma vision ordinaire, de ma capacité à penser. Je suis seulement habitée par des couleurs trop crues : il y a le « Tout noir » de la tristesse, le « Tout rouge » de la colère, le « Tout vert » de l'attente interminable.

Pourtant, ils prennent le temps de m'accueillir, me remercient d'être venue, me proposent un siège.

Mais, je ne vois rien d'autre que leurs yeux rougis de larmes, que leurs lèvres qui tracent des mots, mots que je n'entends pas. Je suis sourde, à demi-aveugle. Rester vivante, échapper à l'ouragan dévastateur ! Par-dessus leurs têtes, je lance mon fil de funambule ; je saute dessus. Petit pas de danse, je retrouve mon équilibre et glisse sur le fil. Dessous, ils me regardent. Je les vois qui aspirent un peu d'air frais. Leurs yeux s'accrochent à moi, comme si, bien au-delà de moi, ils percevaient un filet de lumière. Ils parlent. Je les entends. Ils se donnent la réplique. Je pense :

– Ces deux-là, ils s'aiment.

Et d'ailleurs, c'est ce qu'ils me racontent : leur amour, leur désir d'un enfant. Ils s'excusent pauvrement :

– Nous avions attendu un bébé, comme tous les bébés. Alors, quand le pédiatre nous a dit : « Il est trisomique », alors, c'était, c'était...

Leur voix s'étrangle, se brise. Oui, c'était, c'était ; j'imagine bien. C'était comme si la terre s'était dérobée sous leurs pieds, comme si le ciel leur était tombé sur la tête. La trisomie avait pris le devant de la scène, avait tout pris, y compris la place qui revenait à leur bébé. C'est à ce moment précis, que je l'ai vu, Lui, le bébé-cyclone, celui qui engouffre tout dans son tourbillon. Ses yeux bridés, oui ; son teint trop blanc, c'est vrai ; il dormait sans broncher. Je ne sais plus s'il était encore dans son berceau ou si sa mère l'avait déjà pris dans ses bras. Il était là. Immobile. Absent. Et pourtant, à cet instant, ses parents ont commencé à parler de Lui. Ils l'ont prénommé :

– Jules.

Le nuage noir s'était un peu dissipé, et je pouvais distinguer les contours de la pièce, la mère, assise au bord du lit. Le père disait :

– Il est trisomique. Nous, on peut l'accepter, mais c'est pour lui, plus tard. On s'interroge. Avec sa trisomie, qu'est-ce qu'il sera amené à vivre ?

Trisomie, trisomique. Je l'ai laissé nous abreuver de ces mots-là ; les mots-venin qui les avaient brisés, son épouse et lui. Et elle aussi, je l'ai laissée les dire, les redire les Gros mots. Assise sur mon fil, je laissais mes pieds battre une drôle de mesure, jusqu'à ce que me revienne la phrase du papa de Laure : « Elle est mongolienne, oui, mais c'est la nôtre. On a bien le droit de l'aimer, non ? »

D'une toute petite voix, qui les a obligés à tendre l'oreille pour se saisir de mes mots, j'ai dit :

– Jules n'est pas trisomique.

Stupeur des parents qui me regardent comme si je leur assénais la pire des contre-vérités. Je reprends :

– Jules n'est pas trisomique. Il est votre petit garçon d'abord. Ensuite seulement, il est un petit garçon porteur d'une trisomie 21. Porteur, pas réduit à cette trisomie.

Alors, je les ai vus pleurer l'un et l'autre. Ils pleuraient enfin ensemble. Enfin réunis dans leur amour autour de leur petit garçon. Ils pleuraient du même chagrin, mais de soulagement aussi, je crois. Plus rien ne les en empêchait : ils venaient de découvrir Jules derrière la trisomie et cet enfant-là, leur fils, ils venaient de l'adopter.

D'autres larmes sont venues et, c'est une maman blessée dans son amour maternel qui a levé sur moi des yeux de toute petite fille :

– Il est né hier, en fin de nuit. Depuis, il n'a pas ouvert les yeux. Il ne nous a pas regardés. J'ai peur qu'il ne nous en veuille.

Dans les bras de mes pensées, je l'ai pris, petit Jules ; dans les bras de mon cœur, je l'ai bercé. J'ai demandé à ses parents la permission de lui parler. Me sont venus les mots qui disaient leur chagrin à tous les trois, un par un, tout au long de cette longue journée, de ces trente longues heures. Alors, elle a serré ses bras autrement autour de lui, la maman. Elle a penché autrement son visage tout près du sien. Elle n'a pas dit son prénom. Non. Elle s'est adressée à lui, elle l'a prénommé, appelé :

– Jules !

Et Jules, leur fils Jules, a eu un petit sourire qui a glissé du côté du buste de sa maman. Son œil s'est ouvert... Il l'a regardée... Vraiment regardée. Elle a fondu en larmes, douces larmes, l'a baptisé de ces larmes-là. La lumière est revenue à mes yeux ; la chambre en a été inondée. Le battement de nos cœurs, nos souffles revenus composaient une symphonie. Je croyais entendre du Bach.

Tous les trois, nous avons éclaté du même rire. Et Jules, les yeux ouverts, regardait, dévorait sa mère. Il avait attendu le temps qu'il fallait, le temps, pour lui, d'être accueilli. C'était maintenant « son » moment pour s'éveiller. Sacré Jules ! Et dire que, dix ans plus tard, au moment où nous nous quittons, il me fait le coup de celui qui dort pour l'éternité !

Quelques semaines après ce jour de printemps, ils sont venus me rencontrer. C'était dans mon service, dans mon bureau. Le papa avait retrouvé son assise de solide chêne.

La maman était toujours aussi brune, mais elle secouait aujourd'hui des boucles rieuses. Et Jules, Jules, dans tout son langage de bébé, montrait que ces parents-là lui convenaient, qu'il les avait adoptés. Déjà, il était l'enfant confiant et joyeux que j'ai croisé par la suite, à chacune de nos rencontres.

Nous nous sommes revus, en effet, quelques années plus tard, à la naissance de Petite sœur. Je crois que Monsieur et Madame Matin Calme avaient envie de me présenter leur fille. Jules a servi de prétexte ou, peut-être les parents étaient-ils réellement inquiets de ce que pourrait lui faire vivre la naissance de cette petite personne ordinaire, venue au monde sans la charge d'aucun handicap ?

Les voici donc tous les quatre. Le père, la mère choisissent un fauteuil, Petite sœur est laissée dans son cosy et Jules mène sa vie, des genoux de l'un aux genoux de l'autre. Bien sûr, nous avons parlé de Petite sœur, mais, la maman a surtout raconté sa souffrance, son déchirement lorsque, poussée par les proches, harcelée par le monde médical, elle avait fini par accepter de se soumettre à l'amniocentèse.

– Mais, c'était terrible pour moi. Terrible aussi ce que j'allais faire vivre à Jules. Si l'amniocentèse disait – et elle l'a confirmé, en effet – que le bébé allait bien, tant mieux ! Par contre, si elle avait révélé que l'enfant était porteur d'une trisomie, alors, dans ce cas-là, c'était terrible pour moi. Terrible ce que j'allais faire. Terrible ce que j'allais faire vivre à Jules. Parce que, deux enfants porteurs d'une trisomie 21, c'est beaucoup, quand même, pour des parents. Mais, choisir l'avortement, autant dire à Jules qu'on aurait voulu se débarrasser de lui à la naissance ! Et puis, vous voyez, Jules, il est là, et nous l'aimons comme il est. Il nous comble !

Avait-elle vu le regard de Jules tandis qu'elle parlait ? Il l'écoutait de toute son attention, de tout son corps tendu. Quand elle a dit :

– Nous l'aimons comme il est. Il nous comble ! alors, il s'est élancé dans les bras qu'elle a refermés sur lui.

Le grand chêne pleurait des larmes qu'il ne cherchait même pas à dissimuler et, je me suis dit qu'il était un arbre fait pour accueillir les petits oiseaux, les écureuils et aussi, bien sûr, Petite sœur qui a ouvert un œil à ce moment-là, et qui a su montrer qu'elle aussi avait une place à prendre, et qu'elle entendait bien la tenir dans le nid.

Les parents de Jules sont revenus me rencontrer une fois encore, au moment où leur fils commençait à intégrer une structure scolaire spécialisée ; il avait environ huit ans. C'était leur crainte que Jules ne soit triste, déprimé. Pendant deux ans, nous avons fait, lui et moi, un petit bout de psychothérapie. Je crois qu'il était inquiet de l'inquiétude de ses parents, triste de leur tristesse. Lui, s'est montré ordinairement névrosé. Comme nous tous, il vivait son Œdipe, se questionnait sur la vie, la mort. Et surtout, surtout, il était extraordinairement confiant et joyeux. Il avait su butiner le bon de l'amour familial, et il en avait fait son miel à lui.

Porteur de quoi, au fait, Jules ? Ah oui ! Porteur de vie, Porteur d'espoir !

4

Au fil du temps...

UNE MAMAN OURDISSEUSE POUR NADIA

Certaines « Histoires comme ça » n'ont existé que sur le fil de quelques jours. D'autres, sur celui de quelques heures seulement. Et d'autres, enfin, que le temps d'un sourire, ou celui d'un soupir. Mais, pour certaines, nous avons eu des jours, des semaines et des mois pour dérouler la bobine d'une longue rencontre ; nous avons pu tisser un véritable châle, coloré de peines et de joies, d'espoirs fous et de désespoirs sombres.

La maman de Nadia, justement, lançait des fils de soie. Ourdisseuse, c'était son métier. C'est elle qui, dans une usine de tissage, préparait, nouait les fils qui deviendraient la chaîne de tissus somptueusement brochés. Aujourd'hui encore, je la revois dans mes souvenirs, au long, tout au long de ces après-midi où elle restait assise au chevet de sa petite fille. Parfois, elle s'évadait, me racontant son enfance. D'autres fois, avec une juste fierté, elle me faisait découvrir son métier d'ourdisseuse.

Nous nous étions rencontrées en 2006. C'était le premier jour de l'été. Il faisait chaud. Le service était rempli comme un gros œuf. J'étais dans le couloir. Je venais de quitter un box, j'allais entrer dans le suivant. Elles sont arrivées toutes les quatre : la puéricultrice qui les précédait, la maman avec ses larmes et son bébé verrouillé au creux de ses bras et, derrière, en robe du pays, digne et pleine de douceur, la grand-mère très certainement. Nous nous sommes regardées, je leur ai souri. L'infirmière les a installés dans le box, et moi, je suis retournée auprès des autres bébés.

Ici, tout au long du couloir, dans ces moments d'effervescence, on marche, on se croise, on a peu de temps pour s'arrêter. Une Dame-Oiselle a ralenti le pas, m'a glissé :

– On a une entrée : la maman pleure ; ça me fait de la peine !

Plus loin, j'ai arrêté une infirmière :

– Un bébé vient d'arriver. Tu sais son prénom ?

– Oui : Nadia. Elle a trois semaines ; c'est une cardiopathie et, peut-être autre chose. Tu devrais aller la voir.

Je suis allée voir, non pas la cardiopathie, mais Nadia, dont je n'ai aperçu qu'un petit visage, beaucoup de cheveux noirs et une grosse excroissance de chair au bord de l'oreille, comme le pied d'un champignon. J'ai vu surtout sa maman, ou plutôt, au-delà du flot de sa chevelure noire, au-delà du brûlant de son regard, j'ai entendu sa plainte :

– Le jour où ma première fille est née, mon père est mort. Aujourd'hui, ma mère avait un rendez-vous chez le gynécologue. Il a dit qu'il faut la réopérer : la maladie recommence. Après, ma petite avait une consultation chez le cardiologue ; et il me l'hospitalise. J'ai le malheur ! J'ai toujours le malheur !

Elle pleure. Elle est inconsolable.

Le règlement d'alors faisait que les grands-parents n'avaient pas le droit d'entrer dans les box. Je suis allée chercher une chaise pour la grand-mère et, dans le couloir, je suis restée un moment auprès d'elle. Avec beaucoup de pudeur, elle a dit sa souffrance de ne pas pouvoir soulager sa fille de sa peine. Elle m'a demandé de retourner auprès d'elle, de lui dire qu'elle devait faire confiance aux médecins :

– Ici, c'est pas comme chez nous : on soigne bien.

Nous avons un peu parlé d'elle. Elle n'a dit que quelques mots de sa maladie ; sa voix tremblait. Elle m'a remerciée de tout ce que tout le monde, ici et ailleurs, faisait pour eux.

J'ai dit « Au revoir » à la grand-mère, suis entrée à nouveau dans le box. Au creux du berceau, Nadia dormait, le visage tourné vers sa maman. La jeune mère a parlé du papa à qui elle allait devoir annoncer les mauvaises nouvelles de la journée et puis trouver une organisation par rapport à l'hospitalisation du bébé, d'autant plus que Nour, la grande sœur, n'avait que vingt-deux mois.

Nous nous sommes quittées pour ce soir-là. J'ai continué de rendre visite à chacun des bébés du service. Plus tard, encore, j'ai croisé le pédiatre aux yeux qui parlent. Il a grimacé :

– J'ai un souci, Annick. Il y a une maman qui a du chagrin et, ce n'est pas fini. J'ai bien peur que nous n'ayons que de mauvaises nouvelles à lui annoncer.

– Oui, l'équipe m'a dit. Je viens de les rencontrer toutes les trois, Nadia, sa maman et sa grand-mère.

Lundi, mercredi, vendredi, je retourne voir Nadia et sa maman. Mardi, jeudi, c'est Liliane qui monte au quatrième.

Chaque fois, je trouve la maman en larmes ; elle redit son « malheur » : la mort de son père à la naissance de Nour ; une grave maladie dont le pédiatre aux yeux qui parlent a su soigner la petite fille et dont elle s'est parfaitement remise ; l'annonce du cancer de sa mère, puis celle de la rechute, le jour de l'hospitalisation de Nadia.

– J'ai le malheur. Pourquoi moi ? Pourquoi nous ? On est religieux. On est honnêtes. Tout le monde s'aime bien dans ma famille. Alors, pourquoi moi ?

Je regarde Nadia. Parfois, il me semble que ses yeux suivent la voix de sa mère ; elle tire la langue à petits coups. Je souris. La maman regarde mon sourire, regarde son bébé, la serre dans ses bras :

– Ça va Nadia ? Ça va aller ?... Oui, ça va aller !

Et Nadia se détend, se love contre sa mère.

Huit jours plus tard, le diagnostic est posé : Nadia est porteuse de « la maladie du cri du chat », une maladie rare, terrible et qui doit son nom aux espèces de petits miaulements aigus que poussent les enfants qui en sont atteints.

Dans le service, nous sommes tous consternés. L'annonce a été faite aux deux parents, et, pourtant, je rencontre une maman plutôt souriante, tranquille et qui me dit combien Nadia a changé, combien elle progresse :

– Elle boit mieux, elle a grossi.

Or, le bébé boit si peu, son visage paraît de plus en plus étrange à mesure que le temps s'écoule. Je pense alors que la vérité est trop crue et que la maman ne peut pas l'entendre déjà. En équipe, nous parlerons de Nadia, du diagnostic et des réflexions qui nous viennent. Pour cette maman Ourdisseuse, qui tend les fils de l'ouvrage, c'est à nous de venir tisser une trame qui rendra pensable l'horreur de cette maladie.

Quelques jours plus tard, quand je pousse la porte du box, la jeune femme me tend une chaise :

– Je vous attendais.

Nadia dort. Elle dort, les yeux ouverts, ses grands cils bouclés adoucissent son regard que l'équipe décrit « en coucher de soleil », la pupille disparaissant à moitié sous la paupière inférieure. En outre, dans le service, nous commençons à nous demander si, en plus, elle n'est pas aveugle.

Et pourtant, sa maman m'annonce rayonnante :

– Tout va bien, nous sortons en fin de semaine !

Elle a son beau sourire, son regard pétillant, mais déjà, voilà les larmes qui se mettent à rouler sur ses joues. Elle me redit la mort de son père :

– Il était rentré au pays. Il est mort en quelques jours.

Elle venait d'accoucher de Nour :

– Je voyais bien à leur mine, ils savaient tous, mais, ils ne savaient pas comment me le dire !

Si nous nous étions trouvées dans le cadre d'une thérapie, si la jeune femme avait été ma patiente, j'aurais sûrement donné une interprétation, parlé de nos mines à nous qui savions tous ici ce qu'est « la maladie du cri du chat ». Mais, en néonat, ceux que je rencontrais n'étaient pas mes patients et, aujourd'hui encore, je reste convaincue que ce n'est ni le lieu, ni le temps des interprétations. J'ai bien entendu ce que disait la maman de Nour et de Nadia. Mais, pour « ici », pour « maintenant », je me suis contentée de souligner toute la souffrance de celui qui pressent ce que les autres savent déjà.

Le vendredi suivant, lorsque je suis arrivée au quatrième, je les ai vus partir tous les trois : Nadia dans les bras de sa maman, et sa maman tout contre son époux qui semblait alors les porter toutes les deux. J'étais soucieuse de tout ce qu'ils auraient à vivre, mais je sentais bien ce lien incroyablement tranquille, solide entre Nadia et sa maman.

Le temps s'égraine doucement. Juillet, août. À mon retour de vacances, je découvre une petite fille de deux ans environ, belle comme le jour, et qui va sautillant auprès des Dames-Oiseaux et des Dames-Oiselles du service. Belle comme le jour, elle porte bien son prénom, Nour (La maman m'avait dit que ça pouvait se traduire par « Aurore »).

L'équipe m'apprend que Nadia est hospitalisée depuis un peu plus d'une semaine ; la grand-mère étant trop faible pour prendre soin de la petite aînée, la maman est venue en Pédiatrie avec Nour et l'équipe a vite fait d'adopter cette petite fille vive, joyeuse. Elle réclame :

– Je peux venir avec toi ?

Ou bien, on la sollicite :

– Nour, tu ne viendrais pas m'aider à plier le linge des bébés ?

Et elle arrive, pérorant, dansant, riant. Sa maman la regarde s'éloigner, un sourire au bord des lèvres. Elle murmure :

– Elles sont tellement gentilles avec ma grande !

Nos retrouvailles sont presque joyeuses. La maman tient Nadia dans ses bras. Pour moi, elle rêve à voix haute :

– J'ai dit à son papa qu'elle aura plus de cœur que sa sœur. Elle est gentille, Nour, mais c'est pas pareil. Et puis, je vois bien que ma petite est très intelligente. Vous avez remarqué ? Elle a entendu votre voix et aussitôt, elle vous a regardée.

Or, l'infirmière vient de m'apprendre que l'on suspecte surdité et cécité totales chez Nadia. Nadia si calme, si bien, dans les bras de sa mère. Je leur souris. Je demande alors à la maman :

– Et vous ? Comment allez-vous ?

– Oh... ça va... ça va ! dit-elle, la voix lasse.

– Et votre maman ?

Elle me regarde, les yeux humides. Retient ses mots, ses larmes. Et puis laisse couler le flot de sa douleur :

– Maman, on l'a pas opérée, vous savez. Les docteurs ont dit que c'est trop tard. Ils ont fait la chimio. Maintenant, elle est à la maison avec de l'oxygène. Alors, un jour je suis avec elle, un jour avec Nadia. Un jour pour chacune.

Je crois bien que c'est à partir de ce moment-là, que nous avons commencé à tisser, elle et moi, ce qui pouvait ressembler à une psychothérapie. À plusieurs reprises, au fil de ses presque deux ans de vie, Nadia a été hospitalisée de longues semaines. Nous avions appris à grappiller les moments, les instants. Je cueillais ce que me disait la maman, mais cette fois, c'était moi l'ourdisseuse, et je nouais les mots, comme elle m'avait appris qu'elle le faisait avec les fils de soie. Je les nouais, les lui rendais. Elle terminait l'ouvrage avec des larmes, ou bien avec un sourire, une réflexion, un souvenir. Elle n'avait pas repris son travail dans l'usine de tissage, mais elle en entamait un autre, pas si différent, et avec le même talent : à présent, elle construisait la trame de pensées, pour elle, pour Nadia, pour nous tous qui l'accompagnions.

Nous tous, oui, parce que l'équipe, et « chaque un » dans l'équipe, chaque pédiatre, chaque infirmière, les auxiliaires, les personnes chargées du ménage, tous étaient d'une douceur, d'une attention toute particulière avec Nadia et sa maman. Chacun trouvait le temps de venir leur rendre visite dans le box de la petite fille. Tant d'attention, tant de douceur que l'on en venait à oublier que nous étions à l'hôpital ! En contrepartie, la maman ne manquait pas une occasion de nous offrir ces pâtisseries brillantes du miel qui racontaient son pays, qui disaient aussi sa reconnaissance. Aujourd'hui encore, lorsque je pense à Nadia et sa maman, il me semble que je déploie un de ses tissus brochés, broché de nos souvenirs.

Un jour, un autre jour encore, je revois le film se dérouler sous mes yeux. Lorsque j'entre dans le box, je me trouve en face d'une jeune femme qui porte une robe rouge, dont les cheveux sont joliment coiffés. Une beauté. Je m'écrie :

– Comme vous êtes jolie ! Nadia, comme elle s'est faite belle pour toi, ta maman ! Ça me fait plaisir !

– C'est vrai ? demande la mère. Vous savez, avant, j'aimais la vie. J'aimais danser, rire. Nour, elle tient ça de moi !

Elle prend son bébé dans les bras, elle caresse ses mains, son visage (et, comme chaque fois son doigt semble oublier le gros petit pied de champignon à la base de l'oreille). Elle lui raconte :

– Ta maman n'a pas toujours été comme ça, Nadia !

Elle parle, elle raconte, elle nous emmène en Algérie. L'école, ses maîtres qui l'aimaient malgré son attirance pour l'école buissonnière. Le mariage de sa tante préférée. Nadia lape l'air du petit bout de sa langue, roule son regard vide ou trop sombre. Nadia, les yeux ouverts, s'endort dans les bras de sa maman qui danse dans sa robe rouge.

Un autre jour, un matin, le pédiatre aux yeux qui parlent, entre dans le box, alors que nous bavardons, la maman et moi. Doucement autoritaire, il dit :

– Madame vous devez sortir, prendre du temps pour vous. Ce n'est pas bien pour votre petite si vous ne pensez qu'à elle ! et, me prenant à témoin :

– N'est-ce pas, Annick ? Vous qui êtes psy, dites-le lui.

Comme j'ai beaucoup d'estime pour lui, je me permets de le taquiner ouvertement :

– Oh, moi, vous savez bien que je ne dis jamais rien.

Le médecin sourit à son tour, nous laisse. Doucement, je demande :

– Mais vous, de quoi vous auriez envie ?

Alors, elle éclate en sanglots :

– Je ne peux pas... je ne veux pas sortir... je ne veux pas être ailleurs. J'ai besoin d'être avec elles deux. Quand je suis auprès de ma mère, Nadia me manque. Quand je suis auprès de Nadia, ma mère me manque. J'ai trop de souci pour elles deux. Vous savez, le 14 juillet, pour le feu d'artifice, mon mari a insisté pour que j'y aille avec Nour. Il m'a dit : « Va. Tu aimes bien. Ça te fera du bien ; moi, je reste avec Nadia. » J'y suis allée. Les autres riaient ; mais moi, je voyais mes larmes plein le ciel, mes larmes du cœur, parce que celles-là, personne ne les voit.

J'ai seulement dit :

– Personne, sauf ceux à qui vous les offrez !

À quelques semaines de là, une après-midi, j'ai été accueillie par des rires un peu excités et des cacahuètes que lançait, distribuait une jeune belle-sœur. Une boîte à musique égrenait une chanson que mon esprit a d'abord refusé de reconnaître. Mais la maman riait, chantait :

– C'est la mère Michel qui a perdu son chat. Où il est le chat, Nadia ? Où il est ?

Là, toute psy que je suis, je me suis trouvée sans voix ! Jusqu'à quand irions-nous ainsi ? Jusqu'où ce voyage pour accompagner le séjour de ce bébé, porteur de « la maladie du cri du chat » ? Jusqu'où et comment rendre supportable l'insupportable ?

Mais, le mercredi qui a suivi, j'ai été accueillie par une lionne qui secouait sa crinière :

– C'est trop dur ! C'est trop injuste ! Et pourquoi les médecins, ils ne savent rien sur cette maladie ? Pourquoi ils ne me disent rien ? Pourquoi ils disent que ça la fatiguerait trop de boire ses biberons et qu'ils lui ont mis une sonde dans le nez ? Et d'abord, pourquoi ils ont rien vu aux échographies ?

– S'ils avaient vu ?

– S'ils avaient vu... j'aurais... j'aurais...

Sa voix se casse :

– J'aurais, je sais pas.

J'insiste :

– S'ils avaient vu, ça aurait changé quelque chose ?

Elle s'arrête. Elle pleure. Pleure enfin l'histoire de Nadia. Pleure pour elle et pour son enfant. Elle se mouche, essuie ses yeux. Me regarde :

– Non... ça aurait rien changé. On la voulait, son père et moi.

Elle avait continué de pleurer. Puis, doucement, très doucement, elle avait recouché Nadia. Je lui avais proposé une tasse de thé. Et, comme bien souvent, à l'office, plus qu'une tasse de thé, on avait préparé pour elle un vrai goûter de petite fille avec des tartines, de la confiture, du miel. Et c'est une auxiliaire qui lui avait porté le plateau garni de ces douceurs.

À la fin de l'automne, Nadia a dû subir une opération. Le matin, elle avait été mutée sur Saint-Étienne et sa maman était dans l'ambulance auprès d'elle. Le soir, lorsque je suis arrivée dans le service, j'ai trouvé le papa faisant les cent pas dans le couloir. Avec son respect, sa réserve habituels, il s'est incliné à quelques pas de moi pour me saluer ; il a posé la main sur sa poitrine. Et là, je l'ai vu se figer, pâlir. Il fixait si fort quelque chose, derrière moi, que je me suis retournée :

Les portes de l'ascenseur venaient de s'ouvrir. Le brancard s'est avancé. Une petite masse sous les draps. Mais surtout « Elle », elle, sa maman, rayonnante, qui trottinait aux côtés des ambulanciers :

– Elle va bien ! Ça s'est bien passé ! Tout va bien !

J'ai eu l'image du Roi David dansant au-devant de l'Arche d'Alliance. Alors, le papa, lui, l'homme solide et discret, il m'a prise dans ses bras, il m'a serrée fort, fort. Il pleurait, il riait :

– Elle est vivante ! Elle est sauvée !

Non, malheureusement, Nadia n'était pas sauvée, mais, du moins, un cap avait été franchi.

L'équipe dit que la maman reste discrète. Elle parle peu, ne se plaint jamais. Les médecins la rencontrent régulièrement, font appel au papa chaque fois que se présente une information nouvelle. Tout le monde, ici, a des attentions particulières pour habiller Nadia avec des vêtements qui flatteront le plus son teint, qui la rendront petite fille.

La maman nomme à présent la maladie. Elle peut imaginer l'école spécialisée où elle conduira Nadia plus tard, même si elle ne sait pas marcher. Elle lui parle avec plus d'assurance :

– Nadia ! Rentre-moi cette langue !

– Nadia ! Tu me regardes !

La vie s'organise avec des alternances de séjours à l'hôpital et de courts passages au domicile. Dans ces périodes, chaque semaine, la maman vient me voir à mon bureau. Ce n'est pas une psychothérapie académique. Une fois, elle est même venue avec deux gros gâteaux :

– Ça vient de chez le meilleur pâtissier de la ville ! Vous prenez tellement soin de moi, j'essaie aussi de vous donner le meilleur.

Je continue d'avancer sur mon fil de funambule. Je vais vers l'une, je vais vers l'autre. J'essaie de les accompagner, de mettre des pensées et un peu de lumière dans le noir de leur nuit. La maman parle, pleure, rit, se met en colère, se plaint, se souvient des jours heureux, essaie d'imaginer un « après » plus léger.

Et Nadia ? Et d'abord, est-ce que Nadia entend ? Est-ce qu'elle voit ? Je ne sais pas. Mais, ce que je remarque, c'est qu'elle rentre sa langue quand sa maman le lui demande, qu'elle tourne les yeux vers le buste de sa mère lorsque celle-ci la prend dans ses bras. Alors, lorsque celle-ci n'est pas là, je continue d'aller rendre visite à la petite fille.

Je pose ma main sur sa poitrine, pour que cette main ajoute une présence à l'odeur de mon parfum. Et, je prends appui sur le savoir-faire de sa maman. Je lui parle, comme si elle m'entendait, je lui raconte les yeux de sa maman, ses cheveux, ses robes. Et je me penche sur elle comme si elle me voyait. Je mets du rouge à lèvres et des corsages colorés. Est-ce que Nadia m'entend ? Est-ce qu'elle me voit ? Je m'adresse à elle avec mes outils qui sont mon corps et ma voix. J'en ai besoin pour la rejoindre. La dernière fois que je l'ai vue, quand je suis entrée dans son box, elle pleurait avec une vraie larme qui roulait depuis son œil droit. Quand j'ai posé ma main sur sa poitrine, j'ai senti l'affolement de son cœur. Et puis, il s'est calmé. Elle a continué de pousser de petits cris. Avec l'oreille de son doudou, j'ai essuyé ses larmes. Elle a refermé son poing sur le doudou et s'est endormie, comme n'importe quel bébé.

Le matin des quatre ans de Nour, la maman s'est levée pour aller préparer son gâteau d'anniversaire. À ce moment, le téléphone a sonné.

– J'avais les mains dans la farine, je suis allée décrocher. Mais, je n'avais pas besoin. Je savais la nouvelle : les mamans savent avant tout le monde : Nadia, ma petite, elle était morte.

De semaine en semaine, pendant des mois, pendant deux ans, la maman de Nour et de Nadia est venue me voir à mon bureau. Des larmes et de la colère, mais du courage aussi, et toujours la même finesse, la même intelligence. Nous étions dans un réel travail de psychothérapie.

Parfois, elle se cabrait :

– Les gens, ils me disent que ça ne va pas, que je ne suis pas raisonnable. Ils disent que je n'ai pas fait mon deuil. C'est quoi faire son deuil ? Moi, j'ai pas envie de l'oublier Nadia ! Elle me manque et, même Nour, elle ne la remplace pas.

Je répondais :

– Faire son deuil ? Je ne sais pas ce que ça veut dire. Pour moi, c'est juste un gros mot ! Ça n'aide pas à penser.

Une fois, elle est venue me voir avec Nour. La petite fille a dessiné « Une maman qui pleure », puis elle m'a donné le dessin (et peut-être aussi son souci pour sa maman ?), et puis, elle est allée jouer.

Quelques semaines plus tard, la jeune femme m'a annoncé qu'elle allait reprendre le travail. Elle ne pourrait plus venir à nos rendez-vous. Ah ! Et puis, elle voulait encore me raconter un drôle de rêve. Ça commençait comme le rêve habituel, mais après, c'était bizarre. Le rêve habituel, c'était le défilé des amis et de la famille qui venaient à la maison se recueillir dans une pièce sombre qui avait été la chambre de Nadia.

– Mais, à côté de la chambre sombre, il y avait une grande chambre pleine de lumière, et Nadia était là. Elle est venue me prendre la main ; elle n'avait plus sa maladie, elle parlait comme tous les enfants de son âge. Elle m'a dit : « Viens, Maman ! On va les laisser pleurer dans le noir, et nous deux, on va jouer. »

Je me suis bien gardée de lui dire que le travail de deuil se faisait. Je lui ai juste souri :

– Vous l'avez retrouvée votre Nadia ! Elle est vivante en vous. Pour toujours maintenant !

Et, pour la première fois, au travers de ses larmes, je l'ai vu sourire, la belle ourdisseuse !

« LE TEMPS S'EN VA, LE TEMPS S'EN VA, MA DAME... »

Voilà que notre hôpital va s'agrandir, que l'on entend parler de travaux importants et, du coup, d'un service nouveau pour la néonat. Le quatrième ne restera plus longtemps au quatrième. Fièvre et nostalgie dans l'équipe.

À la même époque, Liliane évoque son prochain départ à la retraite :

– Je ne connaîtrai pas les nouveaux bâtiments. Place aux jeunes !

Mais moi, bien que plus âgée qu'elle, moi, je me sens toujours jeune ! Le départ prochain de la Dame blonde, sonne le glas de mon temps à moi.

J'entends les vers de mon vieil ami Pierre de Ronsard, à Marie :

> « Le temps s'en va, le temps s'en va ma Dame.
> Las le temps ! Non, mais nous nous en allons,
> Et tôt serons étendus sous la lame. »

Mourir, oui, certes. Mourir, puisque c'est ce qui donne la direction, le sens de la vie. Juste un passage. Je suis, j'aurai été passant parmi les passants. Et d'ailleurs, est-ce que je ne l'aurai pas assez seriné à ces bébés malmenés, cabossés par une naissance trop difficile ?

– Je te le promets, ça ne t'arrivera plus ! On ne vient au monde, et plus tard on ne quitte ce monde qu'une seule fois.

Mourir, oui. Mais, ne plus travailler, ne plus partager ce premier temps de la vie de ces bébés trop tôt ou trop brutalement nés, non ! Non, non ! Tant que mes jambes me portent, tant que ma tête fonctionne, je ne me sens pas prête à vivre cette sanction-là.

Et pourtant. Et pourtant, je me souviens de ce rêve qui annonçait la fin de mon analyse. Allongée sur mon divan et n'ayant rien vu venir, je raconte :

– C'était au printemps suivant. On s'était quittés à Noël.

Je déroule le rêve, les images. Derrière moi : silence. Terminé mon récit, je me tais. Et, dans ce silence-là, tombe sa voix :

– Bon. On se quittera donc à Noël !

Les larmes viennent noyer ma gorge. Leur goût de sel. Je pleurniche :

– On ne pourrait pas dire que je ne l'ai pas fait, ce rêve ?

– Non. On ne pourrait pas le dire.

Quelques mois plus tard, au Noël suivant, je me lève de mon divan. Dernière fois. Il fait noir dehors. Il fait nuit dedans. C'est l'irréversible. On ne revient pas en arrière. Je pleure. Pleure, non pas de la fin de l'analyse, mais pleure de l'irréversible : plus jamais !

Aujourd'hui, avec le départ de Liliane, je sais que le temps ne sera plus le même ; il a perdu de sa légèreté, de son innocence. Je marche tout doucement vers cette extrémité-là. Mais, curieusement, la tristesse s'est écartée de moi et, chaque jour, je vais savourer, davantage encore, ces derniers mois qui me conduisent au quatrième. En apparence, rien ne change. Rien, si ce n'est peut-être, ma façon de raconter ce quatrième, ma façon de parler de mon travail auprès des bébés et des leurs.

Elle est peut-être finie ma période des « Histoires tout simplement comme ça ». À présent, j'ai besoin de dire ce que vivent les bébés ; j'ai besoin de dire que, si je marche sur un fil, ce n'est pas pure poésie. Non, c'est une nécessité. Si je prends cette distance, si je m'élève au-dessus des couveuses et des berceaux, c'est pour survivre à la violence de ce temps-là, de ce lieu-là. Si je marche, faussement légère, un tantinet enjouée, c'est aussi pour protéger les bébés, les familles, et tout autant l'équipe, de la violence de mes émotions.

Pour aujourd'hui, Liliane s'en va, Marie-Françoise s'en vient. Une dernière fois, je vais transmettre ce travail que j'aurai tissé de la pédopsy à la néonat, ce travail que j'aurai tant aimé ! Et je vais, répétant ce que disait Catherine Druon au petit groupe qu'elle réunissait sous son aile dans les années 1990 :

– Pour travailler en néonat, pour accompagner la vie dans ce lieu où nos petits patients sont immatures, certes, mais où leurs pensées le sont davantage encore, pour accompagner ce temps, pour porter les bébés, leurs familles et l'équipe, il faut quelqu'un qui ait fait une analyse. Faute de cela, le psychologue ne résiste pas longtemps face à l'immaturité de la pensée. Il sombre et entraîne les autres dans sa noyade.

Non que l'analyse nous rende meilleurs ou plus compétents, mais, du moins, elle favorise cette respiration d'inconscient à inconscient qui permet, eh bien oui, qui permet le pas de danse du funambule. Un exercice un peu périlleux, certes, et justement, tout l'art de l'acrobate consiste à n'en rien laisser filtrer. Être ici ; être là ; être avec les uns ; être avec les autres ; ne prendre aucune place et surtout, ne prendre la place d'aucun !

Marie-Françoise est donc venue se joindre à moi. Plus grande, plus brune que moi, ses jambes, ses cheveux sont bien plus longs que les miens. Et, quand elle se penche sur un berceau, quand elle s'adresse à un bébé, il y a tant de douceur dans sa voix, tant d'attention dans ses moindres gestes, que, pour un peu, je serais jalouse. Quand elle parle aux parents, c'est avec tant de finesse, un tact si délicat, que ma spontanéité et moi nous avons parfois des allures d'éléphant dans un magasin de porcelaine ! Marie-Françoise est arrivée, et c'est comme si elle avait toujours été là. Pour elle, le chemin a dû être plus caillouteux.

Je me souviens de ce premier jour où nous sommes montées elle et moi au quatrième. Comme Liliane, Marie-Françoise est Infirmière-Psy ; comme Liliane, elle a une grande habitude du travail en équipe. Nous voici en salle des couveuses. Le téléphone sonne. Toutes les infirmières sont occupées. Je vois Marie-Françoise avancer la main pour décrocher et prendre la communication.

Ma main sur la sienne. Je retiens son geste. Surprise, elle murmure :

– Mais, les collègues sont occupées, il faut bien...

– Oui, mais nous ne sommes pas leurs collègues. Juste les dames de pédopsy en visite en néonat.

Un moment plus tard, nous voilà auprès d'une maman qui, au chevet de son bébé, tient tout juste sur ses jambes. Je vois bien que Marie-Françoise cherche du regard, une chaise, un tabouret.

Là encore, je coupe son élan. J'interpelle une puéricultrice :

– Sittèle, je te prie, je crois que la maman de Fabien aurait besoin d'une chaise.

– Oh ! mais bien sûr !

Et la Dame-Oiselle s'interrompt, s'en va chercher un siège qu'elle offre à la jeune femme. Du coup, c'est elle qui sera remerciée, elle qui recevra le sourire et le regard reconnaissants. Oui, l'expérience m'a appris que le personnel du quatrième a besoin de se sentir bon, prévenant. N'être pas seulement celui, celle qui annonce les mauvaises nouvelles, qui pique, qui intube. Nous, venues de pédopsy, nous devons veiller à ne pas prendre trop de place du côté du tendre et de l'attentif. C'est là aussi notre façon de glisser sur notre fil de funambule.

Ces premiers jours en compagnie de Marie-Françoise, m'auront permis de découvrir comment m'est venue, ici, une spontanéité particulière. Le moindre geste, le moindre mot ont appris à passer par le filtre de la réflexion. La grande Dame Brune a bien vite compris la leçon et, quelques jours plus tard, s'arrêtant derrière la porte vitrée d'un box, elle toquera doucement au carreau. D'un léger sourire elle se justifie :

– Je frappe pour bien montrer à la maman qu'elle est chez elle, ici, à l'hôpital. Je lui demande la permission de venir lui rendre visite !

Gagné ! Elle avait su rejoindre notre place !

Il y a parfois de curieuses coïncidences. Bonne coïncidence, à cette même période, un jour, Denis Mellier m'appelle et me propose d'écrire un article pour une revue sur le thème des souffrances précoces.

– Ce serait l'occasion de présenter ton travail en néonat.

Denis, celui qui m'a toujours donné envie de penser, celui qui a nourri ma façon de travailler au quatrième, voilà un nouveau cadeau de sa part. Je me suis assise à mon bureau. J'ai pensé à Marie-Françoise, et j'ai vu courir mon stylo sur la feuille de papier. Une feuille, deux feuilles, et encore une et encore une. Le stylo glissait sur le fil de l'encre comme nous sur notre fil de funambule, et mon cœur battait, comme il bat aujourd'hui où j'écris de nouveau. Et sur le blanc du papier, s'inscrivaient les mots.

Nous avons oublié, vous et moi, nous avons oublié et c'est bien dommage. Mais, je voudrais que nous puissions retrouver « comment c'était ». « Comment c'était » pour vous, pour moi, aux abords de notre sixième mois de gestation. Nous avions de la place, encore, pour bouger, mais déjà, nous nous sentions fermement tenus, contenus par le claustrum maternel. Et c'était bon. Bon, de nous déplacer encore un peu. Bon, d'être portés par le mouvement que notre maman, dans sa démarche, dans ses gestes, imprimait à notre nid. Bon, le goût sucré du liquide amniotique que nous dégustions à petites gorgées, en suçant notre pouce. Nos yeux percevaient une lumière rose-orangée. Nos oreilles nous faisaient découvrir un univers de sons qui allaient devenir les repères de notre vie : la voix de Maman, celle de Papa... nos aînés et leurs cris, leurs rires, leurs pleurs ; la rue, la télé, la musique... et puis le sang de Maman en une course régulière, et tous ces gargouillis qui n'étaient pas étranges.

Il y avait les mains posées tout contre nous, mais de l'autre côté et qui étaient là, pour nous donner envie de jouer à cache-cache, ou bien de nous frotter, câlins, contre cette présence. Il y avait tous ces temps de sommeil qui commençaient à être habités par les rêves. Rêver de quoi ? De tout cela, peut-être. Et nous sommes nés. Et tous nos sens étaient prêts à rencontrer cette nouvelle forme de notre vie. Pourtant, ils ont été saisis lorsqu'un feu d'artifice nous a accueillis dehors, « extra-utero ». C'était le bon moment, et nous venions au monde au terme de neuf mois de gestation.

Ce temps-là, nous l'avons oublié, mais il a été. Nous l'avons vécu, « nous » ; « eux », ils en ont été privés. Alors qu'ils n'en étaient pas là de leur histoire, il s'est passé quelque chose dans ce temps de l'intime, entre leur corps en devenir et celui de leurs mères. Donc, ils sont nés, privés d'une part de leur vie anténatale. Ils sont nés, et cette naissance a privé leurs mamans de ce temps à la fois long et tendre, de leur fin de grossesse. Ils sont nés, alors que leurs papas étaient encore bien loin de se sentir pères. Et, les voilà, visibles derrière la vitre indiscrète de leur couveuse.

Ils pèsent le poids d'une boîte de sucre, plus quelques morceaux, alors qu'ils avaient été rêvés ronds, roses, affichant les trois kilos et demi environ que doit peser tout honnête bébé. Ils ont perdu leur ventre-maman, pour se trouver dans un bocal-ventre où les mains des infirmières, où les mains des médecins, où des mains mille-pattes, toujours différentes, vont les toucher, les bousculer, percer leur peau, pénétrer en eux par diverses sondes, par des tuyaux intrusifs. Ils ne connaissaient pas les limites de leur peau, ils n'avaient pas la notion d'un dedans auquel s'opposerait un dehors et les voilà « piqués » (comme disent les infirmières), « intubés », « aspirés », « sondés ». Au milieu de ces gestes, dans l'urgence vitale de leur arrivée au monde, ils n'ont, bien souvent, comme accompagnement sonore, que le bruit des machines, celui des instruments, des bruits de pas aussi, des ordres brefs : « La sonde ! »... « Ciseaux ! »... « Pinces ! » Des bruits, des mots au-dessus d'eux et qui résonnent bruyamment au travers du plexiglas de la couveuse. Bien peu de paroles qui leur soient adressées dans ce temps de cette naissance-bousculade.

Et le personnel, qui est, pour la très grande majorité, un personnel non seulement compétent, mais tendre aussi, et attentif, eh bien, il se centre autour de l'« agir » et du « faire ». Il en vient à oublier que la musique de nos voix, que nos intonations ont le pouvoir de « tenir », de « porter » ces bébés trop tôt nés dans ce temps incompréhensible des soins physiques, soins donnés loin de leurs mères qui seules auraient pu trouver, dans ces premiers instants, les bons gestes, les justes mots. Souvent, médecins et infirmières (infirmiers parfois) oublient, ou plutôt n'osent pas, ou n'arrivent pas vraiment à croire à la force de leurs mots, de leurs pensées, comme s'ils voulaient se convaincre qu'ils sont l'apanage des psy !

Ici, ils « font », parce que c'est leur métier de sauver des vies avec ces gestes-là, des gestes savants, justes, précis. Mais derrière chaque intervention de leur part, il y a la culpabilité de « faire mal », de « faire souffrir ». Je les entends bien quand ils disent :

– Attention ! Je vais te faire mal !

– Oui, je sais, je suis méchante, je vais te piquer.

Les soins qu'ils dispensent sont parfois douloureux, toujours dérangeants. Ils « bourreaudent » comme on dit dans la région. Mais, ce ne sont surtout pas des bourreaux ces soignants qui maintiennent en vie les bébés de la néonat ! Et eux, ces petits patients, ils ne sont pas des martyrs eux qui, le plus souvent, s'accrochent à cette vie pour laquelle médecins et puéricultrices se battent à leurs côtés.

Ces bébés, ils sont quand même un peu étranges. Pour que nous puissions les soigner, aller vers eux, pour que nous échappions à la routine face à leur souffrance, il nous faut avoir gardé le regard vigilant, le cœur assez naïf.

Comment se préoccuper du bébé si l'on n'a pas le souci de l'équipe ? Comment se soucier de l'équipe si l'on oublie les parents ? Ici, « Chaque un » est important. « Chaque un » doit occuper la première place, au cœur de nos pensées. Nos places à nous, les Dames Blondes ou Brunes, notre organisation, ont été pensées par l'équipe « Petite enfance » de notre service de pédopsy. Et là, en tête de notre petit groupe, une autre Dame Brune, le médecin pédopsychiatre. Le travail sous sa houlette m'aura été facile parce que, dès le premier jour, elle m'a fait le cadeau de sa confiance. Elle m'a fait ce cadeau-là, mais aussi, dans son sourire, j'ai retrouvé celui de l'aînée de mes filleules (chut ! C'est mon secret !). Alors, alors, le chemin a été léger à ses côtés : chaque fois que je montais au quatrième, je l'emportais dans ma besace et, lorsque je me présentais aux familles, à quelque nouveau venu dans l'équipe, je disais :

– Je travaille à la Villa des Iris, sous la responsabilité de Madame le Docteur Marie-Françoise Faucher.

Et donc, c'est notre équipe qui a pensé la présence de deux intervenants de pédopsy en néonat. Une psychologue, « Psy et Logos », celle qui aide à parler des pensées. Et puis, une autre. Cette autre, a été assistante sociale, comme Chantal ; pour veiller à inscrire l'enfant dans le cadre et dans les pensées de la société. A été psychomotricienne, à une autre époque, comme pour souligner l'importance de relier corps et pensées.

Et puis, il y a eu Liliane et Marie-Françoise, infirmières sans doute, mais ce ne sont pas les infirmières du quatrième ! Elles, « infirmières-psy », elles touchent, elles soignent les corps immatures ou meurtris, certes, mais seulement par leur attention, par leurs mots.

Nous venons à deux, en alternance, et notre travail est différent, même si nos analyses personnelles ont rendu nos écoutes assez semblables. Pourquoi viendrions-nous à deux si c'était pour être l'ombre l'une de l'autre ? Non ! La richesse de notre travail réside dans nos différences, dans notre complémentarité. À chacune de poursuivre sa route particulière, délimitée par sa fonction.

Nous venons chaque jour. Chaque jour, parce que c'est cette régularité qui rythme la vie du service. Notre présence bat ici un peu comme un métronome. Parce que, nous le savons bien, un jour sans notre présence, et nos pas s'effacent, comme happés par quelque vague invisible. Enfin, nous allons, chaque jour, rendre visite à « chaque un » des bébés. S'il est avec ses parents, ce sera comme ceci ; s'il est seul, ce sera autrement. Il garde la même importance pour nous. Il y a la même urgence à le nourrir par nos pensées, à lui donner cette envie de vivre que nous cherchons à rendre contagieuse dans ce service où rôde trop souvent la mort.

L'équipe de néonat se trouve comme à la pointe d'un promontoire, fouettée par les événements, par les émotions. Trop de bébés hospitalisés : l'équipe est débordée. Pas assez de bébés : elle est un ventre vide, une mère esseulée ; elle déprime. Le train-train, la routine : l'équipe s'ennuie ; elle se distrait en regardant certaines familles d'un œil sans indulgence, ou bien se met à faire mousser d'anciens conflits. Trop, ou pas assez de pression : le service devient une cocotte-minute d'une extrême sensibilité ! Un mot, un geste maladroits et tout pourrait basculer en cet instant. Mais, que soit muté un bébé, que se produise un drame, tout le groupe se resserre.

Notre place, ici, est de n'en revendiquer aucune et, si nous n'avions qu'une seule fonction à maintenir, ce serait de rester en vie, de continuer à animer ce qui pourrait tomber sous l'emprise du morbide. Nous qui ne touchons pas les bébés, nous venons les envelopper de notre attention, de nos regards et de nos voix. Nous qui ne les nourrissons pas, nous leur donnons à boire nos pensées, nos rêveries. Nous qui ne faisons pas de « change », nous venons les débarrasser, les « détoxiquer » comme dirait W. Bion, de leurs angoisses primitives. Nos regards, nos mots, toute notre attention tendus vers eux, travaillent, dans une espèce de rêverie continue, à donner un sens, une raison d'être à leur présence « ici et maintenant ».

Chaque fois que je monte au quatrième, je sens bien que je ne suis que moi. Mais, je sais bien que chacun, ici, du médecin-chef, au jeune interne, de la puéricultrice la plus confirmée à la plus jeune aide-soignante, chacun ici se sent tout petit. Notre force, c'est d'être une équipe, faite de nos complémentarités et de nos différences. À chacun sa petite place, à nous tous, toute la place. Chacune des « Histoires comme ça » qui me reviennent, c'est vraiment l'ouvrage que nous avons tissé ensemble, nous tous : les bébés, leurs familles, l'équipe et nous, nous deux venues des Iris.

Je me souviens encore, ce mardi après-midi, c'était du temps où je travaillais avec Liliane. C'était son jour de visite en néonat. Il m'avait été demandé de participer à une réunion institutionnelle qui avait lieu à quelques pas de là, en Pédiatrie. J'arrive donc. Il me faudra un moment pour comprendre ce qui se passe : les mamans-chats, les papas-chats, que je connais d'ordinaire sous des minois de chats bien léchés, sont devenus des panthères, des tigres. Babines retroussées, en ce que j'avais pris pour des sourires, ils sont en train de déchiqueter un malheureux bouc émissaire, lequel fait front le plus courageusement qu'il le peut, telle la petite chèvre de Monsieur Seguin. Abasourdie, je regarde, j'écarquille les yeux et ne comprends pas, et ne comprends rien de rien au film qui se joue sous mes yeux. J'ai beau savoir que tout groupe est habité par des pulsions de mort, par ce que nous appelons des « attaques envieuses », je ne l'attendais pas là, ma belle équipe de néonat ! Pas comme cela. Pas avec cette violence-là. Je pense très vite et confusément que oui, le service est malmené par les événements ; l'un des bébés va particulièrement mal ; la charge de travail est très lourde en cette période hivernale ; des restructurations annoncées inquiètent l'équipe. Oui, mais, mais quand même !

Je repère certains leaders, et puis tous les malheureux moutons de Panurge qui ont été manipulés et entraînés dans le conflit. J'ai la gorge un peu sèche, l'esprit un peu vide. Je sens bien ce qui est à l'œuvre, mais je dois reconnaître que j'ai du mal à m'en débrouiller. Et, dans cette « embrouille », justement, il faudra qu'une puéricultrice vienne me chercher pour que je réalise que d'autres ont été appelés avant moi.

– Monsieur *** voudrait que tu viennes. Yilmaz va très mal !

Yilmaz est ce bébé porteur d'une maladie grave et dont nous savions tous qu'il ne vivrait pas plus que quelques jours. Mais, hier encore, il n'allait pas si mal que ça et, j'étais restée auprès de son berceau chauffant, et j'avais chanté pour lui une comptine en italien, parce que les sonorités se rapprochent de celles de sa langue maternelle.

En salle des couveuses, ils sont deux pédiatres. Celui aux yeux qui parlent et un autre, à petites lunettes rondes. Les infirmières sont beaucoup plus nombreuses qu'en temps ordinaire. Un nuage de fourmis ouvrières. Il y a aussi Liliane. Nous échangeons un regard. Le pédiatre aux yeux qui parlent est penché sur la couveuse ouverte dans laquelle a été installé Yilmaz, un Yilmaz que je ne vois d'abord pas. D'une voix inhabituellement bourrue, le médecin me demande :

– Annick, que savent les parents de Yilmaz de son état ?

La réponse me vient avant que je ne l'aie pensée :

– Ils savent que ses jours sont comptés.

– Il a fait un malaise.

Ses yeux au fond des miens, des yeux douloureux :

– Annick, qu'est ce que je fais ?

Mon regard cherche celui de Liliane ; elle est très pâle.

– Monsieur, vous faites ce qui est bien pour lui.

Le pédiatre à petites lunettes, décide :

– On ranime ! On pensera après.

– On ranime ! reprend le médecin aux yeux qui parlent, et tout son corps dit que, déjà, il est entré en action.

Là encore, nos regards se croisent. Je sais que si le pédiatre a fait appel à nous deux, ce n'est pas parce que seul il n'aurait pas su prendre une décision. Mais, aujourd'hui, il a besoin de trouver un appui dans notre présence. Ne pas être seul, puisque nous sommes là, et que c'est possible. Cette fois encore, je cherche le regard de Liliane qui, paisible à présent, soutient le mien.

– Je pense que vous avez raison, Monsieur.

Alors, ils intubent Yilmaz. Des bruits d'une violence insoutenable. Le corps du bébé qui se cabre dans des convulsions inouïes, des râles qui montent de sa gorge obstruée par la sonde. Je nous entends, Liliane et moi psalmodier doucement :

– Yilmaz !... Yilmaz !

Et là, je reconnais l'une des infirmières les plus virulentes dans la réunion ; avec la même fougue, elle est auprès des médecins et du bébé. Elle tend le matériel ; elle est habile, efficace. Une autre puéricultrice s'accroche à nos yeux et, à son tour, elle prénomme tendrement le bébé. Une troisième lui prend la main, la caresse, tend une compresse au pédiatre. Le pédiatre aux yeux qui parlent se démène comme un diable. Tout à coup, il tourne vers nous son visage mouillé de transpiration, labouré de rides que je ne lui connaissais pas :

– Il convulse... Il ne s'en sortira pas... Qu'est-ce que je fais ?

Un regard à Liliane. Elle cligne des paupières. Oui, nous sommes bien d'accord.

– Monsieur, vous faites ce qui est bien pour lui !

– Alors... J'arrête !

Il me fixe, me lance un ordre bref :

– Venez !

Je me suis vue contourner la couveuse, j'ai senti mes pieds qui me portaient de l'autre côté, j'ai deviné les infirmières qui s'effaçaient. Le pédiatre aux yeux qui parlent m'a regardée, et son regard est devenu doux, celui du petit garçon qui a retrouvé la main de sa maman. (Je l'appelle « Monsieur » et non pas « Docteur », histoire de souligner que, au-delà du médecin, j'ai de l'estime pour l'homme, ce grand Monsieur.) Nous nous sommes ajustés. J'ai pris la main de Yilmaz. J'ai dit :

– Yilmaz, tu n'es pas seul. Nous sommes tous là. Ta maman, ton papa vont arriver. On les a appelés. Ils vont venir.

Et Liliane de le supplier :

– Attends-les, Yilmaz !

J'ai glissé un bémol :

– Ou bien, fais comme tu veux, comme tu peux.

Alors, le pédiatre aux yeux qui parlent, doucement, presque tendrement, a retiré la sonde. Et, à mesure qu'elle s'élevait... le poing de Yilmaz se refermait sur mon index. Liliane est venue se placer à mes côtés, et j'ai chanté la comptine en italien :

Si dice che i papaveri,	On dit que les pavots,
Son'alti, alti,	sont grands, grands,
e tu sei piccolino, piccolino…	et toi, tu es tout petit, tout petit…
che cosa ci puoi far' ?	Qu'est-ce que tu peux y faire ?
Che cosa ci puoi far' ?…	Qu'est-ce que tu peux y faire ?…

Yilmaz, doucement, a lâché mon doigt... Quand les mots se sont arrêtés au fond de ma gorge... Liliane, avec toute sa délicatesse, a pris le relais, a chanté une autre berceuse. Et, les puéricultrices, autour de nous, ont commencé à remettre de l'ordre dans la salle des couveuses.

– Sa maman va arriver, disait doucement la tigresse de tout à l'heure.

Dans le noir de mon cœur, dans l'obscurité qui enveloppait pour moi la salle des couveuses, je la voyais, cette maman, venue de l'autre bout de la ville. Cette maman qui n'avait ni voiture, ni même un ticket pour prendre l'autobus, je la voyais, courir, traverser les faubourgs, ne pas ralentir aux carrefours. Je la voyais venir, et mon cœur battait, et mon cœur se figeait. Arriverait-elle à temps ?

Elle est arrivée, la maman voilée ; elle nous a regardés avant d'oser le regarder. J'ai murmuré :

– Je crois qu'il vous a attendue.

Yilmaz, voici ta maman. Elle a couru pour toi ; elle est là !

Elle s'est penchée, elle a posé sa main sur le petit visage. Il a ouvert les yeux... l'a regardée, je crois. J'ai entendu son soupir.

La maman a caressé, fermé doucement les paupières de Yilmaz. J'ai dit :

– Il vous a attendue !

Les infirmières ont entouré avec une juste attention. Les pédiatres ont dit les justes mots. Le cadre de santé avait quitté la réunion pour nous rejoindre, pour être auprès de la maman (le papa était sur un chantier loin d'ici), pour accompagner son équipe.

Le ballet du service a repris, juste, bien accordé. Alors, toute cette énergie à « être ensemble » m'est apparue bien plus authentique que la scène précédente, elle, n'avait réussi à être destructrice. Et nous deux, la Dame Blonde, la Dame Brune, sommes allées dire aux autres bébés, un par un, qu'ils comptaient autant que Yilmaz et que leur vie était précieuse pour tous, ici.

J'ai rebouché mon stylo. J'ai réécrit l'article sur mon ordinateur, je l'ai envoyé à mon ami Denis Mellier.

Yilmaz, c'était il y a un peu plus d'une année. Jamais encore je n'avais écrit notre histoire. Il faut croire qu'elle était restée gravée en moi.

L'article a mené sa vie d'article. A été refusé. A été accepté. Est paru un jour, dans la revue. Curieusement, je ne reconnaissais plus tout à fait mon écriture dans ces colonnes étroites qui avaient fait disparaître la sculpture des paragraphes.

Et puis, Marie-Françoise et moi, nous étions plus loin déjà. Un autre ballet se dansait sur notre fil à deux funambules, les Dames Brunes, la grande et la petite. Mais, ce que je ne savais pas, ce que je ne pouvais pas savoir, c'est qu'une jeune étudiante en psychologie, du haut de ses vingt ans, allait lire l'article sur notre service et, avec un entêtement de petite fille, elle voudrait, elle déciderait que, un jour, elle viendrait en stage, chez nous, au quatrième.

L'OGRE ET LE PETIT POUCET

Au printemps 2007, un matin, la jeune étudiante a appelé. Petite voix, mais assurance tranquille, elle a dit que le travail en néonat l'intéressait, qu'elle aurait aimé faire son stage de Master 1 dans notre équipe.

La néonat vivait un temps un peu difficile. Ballet des infirmières, changement de cadre de santé. Je n'ai pas senti le moment opportun pour accueillir une stagiaire. Et donc, j'ai refusé. Petite voix paisible, elle m'a remerciée de l'avoir écoutée.

Au Printemps 2008, la jeune étudiante a appelé. C'était en fin d'après-midi. Petite voix, mais assurance tranquille, elle a renouvelé sa demande. En septembre prochain, elle allait entamer sa deuxième année de Master 1 et, vraiment, elle aurait aimé faire son stage dans notre équipe.

Le service était en pleine restructuration, les travaux de l'Hôpital avançaient et nous commencions déjà à penser aux prochains locaux, au déménagement. J'ai eu peur, à nouveau, de déstabiliser l'équipe. Et donc, j'ai refusé.

Elle m'a remerciée, mais elle a légèrement insisté :

– Je voudrais tellement faire un stage à Roanne, j'aurais tant à apprendre !

J'ai noté son nom sur une feuille ; je l'ai glissé dans mon sous-main. En vérité, à ce moment-là, mon esprit n'était pas très disponible pour accueillir une stagiaire. Quelques semaines plus tôt, nous avions appris la mort de Lorenzo. Il avait dix-huit mois. La nouvelle nous avait rejoints très vite, bien que le drame ait eu lieu chez lui, à une cinquantaine de kilomètres du service. Dans la matinée, sa maman avait appelé le médecin qui comptait le plus pour elle, un pédiatre dont, moi aussi, j'appréciais la sagesse, la discrétion et l'humilité :

– Lorenzo vient de mourir.

Elle lui avait demandé de prévenir l'équipe. Toute la journée, la nouvelle avait couru au quatrième. Quand j'étais arrivée, en fin d'après-midi, les infirmières, les auxiliaires-de-puériculture, le pédiatre aussi, tous étaient venus me trouver :

– Lorenzo... Tu as su ?

Et je l'avais revu, lors de sa dernière hospitalisation, en décembre dernier ; il était assis sur les genoux de sa maman. Elle chantonnait pour accompagner leur exercice de gymnastique et lui, suivait le mouvement d'être redressé, allongé, redressé, allongé... Il avait un grand sourire.

– Il rit ! Vous avez vu ? Il rit ! m'avait-elle dit avec fierté.

Et puis, comme chaque fois, ses yeux s'étaient embués :

– Vous savez, des fois, je me dis que je suis bien jeune pour vivre tout ça. Je n'ai pas encore vingt-et-un ans !

Je revoyais aussi, en pensées, son jeune papa, tout juste vingt ans, lui, ce jour de juillet, quand Lorenzo était venu au monde (dix-neuf pour la maman, vingt pour lui). Un papa routier, qui me racontait ses longs trajets dans son camion :

– La nuit, je roule. Je ne peux pas dormir. Je pense à Lorenzo. Il me manque.

Ce soir de février, nous avions écrit une lettre à ses parents. Une collecte s'était improvisée : « Pour Lorenzo ». Quelques jours plus tard, quelqu'un m'avait dit :

– Tu sais, avec ce que tout le monde a donné, il y a de quoi payer la tombe.

Dans la tirelire qui sert à réunir de petites sommes destinées à fêter les naissances, les mariages de l'équipe, nous nous étions montrés généreux pour enterrer cet enfant dont la vie avait fait violence à chacun, ici. Nous éprouvions le besoin de le border une dernière fois, non plus avec les draps de son berceau, mais avec celui de son linceul. Pour lui, ce geste ? Sans doute. Pour ses parents ? Assurément. Pour nous aussi. Pour enterrer la violence née de l'Institution, pour enterrer celle venue de « chaque un » de nous.

Quelques jours après l'appel de la jeune étudiante, c'est Cléopâtre Athanassiou qui me téléphone. Elle me parle d'un colloque qui aura lieu, fin octobre 2008 en Roumanie et dont le thème sera : « Penser la Haine et la Violence ». Elle me propose de venir : ce seront des journées intéressantes.

– Oui, sans doute.

J'hésite. Mais, elle me connaît ; elle sait bien que je ne résiste pas à certaines tentations et, en particulier, à celle d'écrire. Écrire, c'est mettre de la distance et donc du sens, à la violence de notre quotidien en néonat. Elle insiste donc, ô, si légèrement :

– Vous pourriez écrire à propos de la néonat ; vous auriez des choses à dire.

J'ai pensé à Lorenzo. Le titre de la communication s'est imposé à moi : « L'Ogre et le Petit Poucet ». J'ai accepté. Mon bureau m'attendait. Mon stylo Parker, celui qui écrit « par le cœur », a commencé de galoper sur la ramette de papier.

« Il était une fois... » écrit Charles Perrault, « Il était une fois, un bûcheron et une bûcheronne qui avaient sept enfants, tous garçons... Ils étaient fort pauvres et leurs sept enfants les incommodaient beaucoup... »

« Ce qui les chagrinait encore, c'est que le plus jeune était fort délicat et ne disait mot... Il était fort petit, et, quand il vint au monde, il n'était pas plus gros que le pouce, ce qui fit que l'on l'appela le petit Poucet... »

Il était une fois, il était bien des fois, une Dame-psy qui travaillait dans le service des Petits Poucet. Il était une fois, bien des fois, l'ogre qui se glisse dans le service (à moins que le service ne soit la maison de l'ogre ?). Il vient à pas feutrés, et, jour après jour, il mange le temps. Celui des retrouvailles entre le petit Poucet et ses parents.

Ils ont couru pour être ici, auprès de leur enfant. Ils ont laissé la maison en désordre, n'ont pas pris le temps de faire un minimum de courses pour eux. Le papa a « posé » des jours de congés (pris sur les vacances à venir). Ils ont tout négligé, hormis lui, ce bébé-là, qui est devenu leur centre du monde. Les voilà qui sonnent à la porte du sas contigu à la salle des couveuses. L'ogre emprunte alors l'aspect de la jeune et jolie infirmière (blonde aux yeux bleus de préférence). D'une voix d'ange, l'ogre, travesti en Dame-Oiseau, en Dame-Oiselle, énonce :

– Le docteur fait LA visite. Il faut attendre un peu.

Et ils attendent. Ou bien, elle explique :

– On vient d'avoir une Entrée. Revenez dans un moment !

Ils restent. Ils attendent. Parfois, le verdict est sans appel :

– On fait le ménage. On viendra vous chercher quand ça sera sec !

Ils attendent, attendent celle qui, prise par d'autres impératifs, oubliera de revenir leur ouvrir la porte. Voilà l'ogre à l'œuvre : il mange le temps, ce temps qu'ils attendaient, sur lequel ils comptaient, dont ils avaient tant besoin. Tristesse, colère pour les parents. Solitude pour leur petit Poucet. Et le personnel, pris par le quotidien, oublie qu'il est en train de « traiter mal » (à défaut de

« maltraiter ») familles et patients. Sous le couvert du bon ordre de l'Institution, voici à l'œuvre des mouvements de haine et une violence insoupçonnée, derrière la douceur de chacun. Car, ici, tout est violence : la prématurité, la maladie, la douleur insupportable des parents (et qu'ils sont bien obligés de supporter !), celle des corps souffrants des bébés. Et, pour eux, nos petits patients, que dire de leur monde psychique en construction, qui se trouve malmené, maltraité, stimulé, encore, et trop encore ? Alors, sans en être consciente, l'équipe s'enveloppe des défenses terribles, afin de résister à tout ce qui fait mal ici. Et c'est ainsi que tous, à être maltraités, maltraitent à leur tour.

Mais il y a plus d'un ogre dans le service ! Parfois, le bébé en rencontre un, habillé en papa, et qui est trop grand pour sa petite taille à lui. Ou bien c'est un autre encore, déguisé en une maman monstrueuse pour lui, cet enfant-miniature, si petit, tellement tout petit. Leurs mains sont trop larges, leurs visages énormes lorsqu'ils se penchent sur ces quelques mille grammes (et souvent moins !) de leur chair, appelée ici : « prématuré ».

Que dire, certaines fois, des seins des mamans ? Quand le rond, le tendre de leur corps est plus gros que la tête de l'enfant ? Quand les mamelons distendus s'inclinent, monstrueux, sur la trop petite bouche qui ne sait pas téter encore ?

Qui est l'ogre ? Qui est le monstre ? Les parents, monstrueusement trop grands ? Ou le bébé tout aussi monstrueusement trop petit ? Comment les approcher ces bébés, porteurs de leur trop petit poids, ou de quelque maladie hideuse qui tord, déchire, déforme leurs corps ? Bien souvent, ils ont pour leurs parents sidérés, le visage de Méduse. Alors, l'ogre, mais qui est l'ogre ? Le petit Poucet, lequel ? Qui fait peur à qui ?

Lorsque j'arrive dans le service, j'ai parfois le sentiment d'assister à un curieux ballet de marionnettes. Les poupées dansent, puis basculent et, par un effet de leur jupe qui se renverse sur un de leur visage, elles se retournent et apparaissent en leur contraire. Alors, le petit chaperon rouge devient le loup ; la fée sera sorcière ; et le petit Poucet se fait ogre ! Ainsi, en néonat, le rire a vite fait de se fondre en larmes, la douceur de déraper en colère, et les bons de devenir les méchants.

Je me souviens ici, de quelques malheureux ogres, et d'un si petit, si malade Poucet. Ce jour de juillet, petit Poucet était venu au monde dans une maternité proche de Roanne. Ses parents l'avaient prénommé Lorenzo. Sans doute avait-il fait, dès les premières minutes de sa vie, une hémorragie cérébrale, aussi avait-il été muté en néonat, dans notre quatrième. C'est Liliane qui a rencontré Poucet-Lorenzo la première. Elle m'avait raconté un bébé absent, hypotonique, en effet, mais qui avait totalement changé quand sa maman l'avait pris dans ses bras. Alors, son corps s'était comme rassemblé. Il avait pleuré, s'était laissé consoler. À quelques pas de là, dos tourné, le papa pleurait en silence.

Le lendemain, lorsque je pénètre dans la salle des couveuses, je vois en premier, ce grand, si jeune papa. De ses bras, il enveloppe son casque de motard qu'il a posé sur un plan de travail, contre la vitre, face à nos monts du Lyonnais, paysage doucement vallonné. Il a le regard lointain, le visage noyé de larmes qu'il ne cherche ni à dissimuler, ni même à essuyer. Je sais aussitôt que c'est lui, le papa de Lorenzo.

De l'autre côté de l'allée, blonde, menue, une jeune femme, toute petite sur ses hauts talons ; elle regarde en souriant ce bébé-là qui semble dormir, tout petit, abandonné dans le sommeil, alors qu'il est pourtant secoué par un gros hoquet.

Je me présente :

– Bonjour ! Je suis la dame qui vient dire bonjour aux bébés ; aux bébés et à leurs parents. Je viens du service de psychologie de l'enfant. Hier, vous avez rencontré ma collègue, je crois ?

Le papa s'est retourné ; esquisse un sourire-grimace ; replonge dans le vide de sa contemplation du paysage. La maman lève les yeux, sourit d'un trop grand sourire, parle, parle.

Lorenzo, dans sa couveuse hoquète. Elle le quitte des yeux, se tourne vers moi :

– Il est joli son prénom, vous ne trouvez pas ? C'est à cause de mes arrière-grands-parents !

Elle s'évade, me raconte ses vacances de petite fille en Sardaigne chez les grands-parents de sa mère. Elle revoit la plage, les repas de poissons ; elle redit les mots incompréhensibles pour elle, mais la voix chaude et tendre de son arrière-grand-père.

– C'est pour ça que j'ai voulu l'appeler Lorenzo. Je voulais absolument un prénom italien.

Le regard de la jeune femme sautille au-dessus du corps de son bébé, lui, trop blanc, comme certaines porcelaines, et toujours secoué par le gros hoquet. Elle parle, elle piaille comme une volée de moineaux à elle seule. Je regarde le bébé et, je sens peser sur moi, tout ce que je sais de l'inquiétude du service. Je voudrais partir, trouver un prétexte pour aller vers les autres bébés.

Partir. Comme le papa qui s'accroche au paysage ? Comme la maman qui prend la fuite en retrouvant la Sardaigne et ses vacances de petite fille ? Partir, comme l'équipe qui prend la fuite dans des gestes techniques, alors que les parents et moi tentions de nouer une relation autour de leur enfant malade ? Partir ? Eh bien non ! Ce sont toutes ces fuites qui me conduiront à rester. Rester ici ; rester maintenant.

Alors, je ne parle plus de Lorenzo, mais je m'adresse à Lorenzo :

– Bonjour Lorenzo ! Ta maman est là, ton papa est là. Dis-moi, qu'est-ce que c'est ce gros hoquet ? Tu veux que j'aille chercher le loup du service pour qu'il le chasse en te faisant peur ?

Le papa s'est retourné. A souri. La maman a eu son petit rire. A ouvert la porte de la couveuse :

– Oh non ! On ne va pas aller chercher le gros loup ! Moi, je ne le laisserai pas venir !

Sa main caresse le ventre du bébé, son estomac... remonte jusqu'à la tête. Je souris dans mes moustaches (de loup !) : Lorenzo n'a plus le hoquet !

Son papa s'est glissé près de nous, un bras entourant les épaules de sa compagne. Tous les trois, nous regardons le bébé qui se rendort. La maman nous rassure (se rassure ?) :

– Il va bien, il dort bien, tète bien. Il est là juste parce qu'il est arrivé trop tôt, c'est tout !

À ce moment, une infirmière demandera aux parents de quitter la salle des couveuses :

– Le pédiatre va venir placer un cathéter ombilical à Lorenzo ; c'est pour lui permettre de recevoir les traitements dont il a besoin ; c'est un geste médical, vous ne pouvez pas rester ; on viendra vous chercher lorsque ce sera fini.

Ils quittent la salle des couveuses. Lorenzo ouvre les yeux... fronce les sourcils... grimace... s'agite un peu... se met à pleurer. Inconsolable, il pleure. Je reste auprès de lui, jusqu'à ce que commence l'intervention du médecin. Mais, d'abord, le pédiatre, les infirmières me questionnent : comment ai-je trouvé les parents ? Ici, tous ceux qui les ont rencontrés, ont l'impression qu'ils ne comprennent pas bien. Pourtant, on leur a dit que l'état du bébé est inquiétant. On a énuméré tout ce qui ne fonctionne pas, ou fonctionne mal. La maman agace par son petit rire incessant. Le papa est jugé fragile par ceux qui l'ont vu pleurer ; il est étiqueté indifférent par d'autres qui l'ont trouvé, dos tourné à la couveuse, et regardant par la fenêtre.

Je sais que je dois les laisser parler. J'ai appris à me taire lorsqu'ils jugent, critiquent, parce que, après de longues années passées auprès de cette équipe pour laquelle j'ai beaucoup d'estime, j'ai enfin compris que cette réaction n'est qu'épidermique. Elle leur vient dans ces moments difficiles où leur savoir leur a permis de découvrir une malformation importante, une maladie grave. L'équipe éprouve de la colère, mais celle-ci n'est pas vraiment adressée aux parents (même s'ils en font les frais !) Non, elle est contre la maladie ; elle est là, aussi, parce qu'il va incomber au médecin d'annoncer la mauvaise nouvelle et que celle-ci va faire basculer toute la famille dans le drame. Je laisse parler les uns et les autres. Il y a longtemps que je n'ai plus de colère, plus de critique envers eux ; aussi, en guise de réponse, je demande que l'on me parle un peu de Lorenzo, que l'on m'explique.

Oui, moi aussi, je le trouve très pâle. Oui, je m'inquiète de ce qu'il ne semble pas vouloir se réveiller, et pourtant, tout comme Liliane, je l'ai trouvé sensible à la voix de sa maman. Le pédiatre fait la moue. Il dit :

– Tout ça n'a pas l'air très normal. On va faire une recherche génétique.

Un moment plus tard, je quitte la salle des couveuses pour aller rencontrer les autres bébés. Mais, cette fois encore, quelqu'un vient me chercher. Un petit groupe m'entoure, me décrit ce papa qui pleurait hier, cette maman qui rit toujours et ne semble pas comprendre. On pointe, petit sourire moqueur au bord des babines, ses cheveux longs et trop blonds, sa façon de s'habiller, talons trop hauts, jean hyper-moulant appuyé au bas des hanches.

Je souris :

– Oui, c'est vrai ; ils sont jeunes. Ce sont des adolescents. Qu'est-ce qui aurait pu les préparer à rencontrer un bébé aussi malade ?

Le groupe se tait. J'en profite pour demander :

– Les grands-parents, vous les avez vus ?

On s'interroge... Non, personne n'a vu les grands parents, ni aucune famille. Pas d'amis non plus.

Je dis encore :

– Alors, ils sont seuls ? Ils n'ont que nous pour les accompagner ?

Petit silence tendu. Aïe ! Est-ce que je n'ai pas parlé trop tôt ? Le petit groupe a bien senti que je touchais à ses défenses face à la venue des bébés-monstrueux du service. Monstrueux, pourquoi ? Monstrueux, parce que l'équipe a besoin de se persuader que ces « bébés ratés » ne sont que le fruit des amours de parents, ogres-monstrueux eux-mêmes. Et cette croyance permet à chacun, ici, de pouvoir ne pas s'identifier tant aux parents qu'aux bébés ! Ogre et petit Poucet sont, pour nous, d'étranges étrangers.

Les minutes s'écoulent. Beaucoup de minutes. Les parents s'impatientent à la porte de la salle des couveuses. Ils demandent s'ils peuvent entrer. On leur dit :

– Pas encore !

Ils retournent attendre. Ils sentent bien nos regards sur eux. Et c'est vrai que le temps s'allonge. Le papa retourne sonner. Cette fois, je propose à l'équipe d'aller leur répondre. Je m'approche :

– Oh ! Comme c'est long pour vous, cette attente !

Il explose :

– C'est surtout qu'on se fout de nous ! On ne sait rien, on ne nous dit rien. Moi, je vais devoir partir, reprendre mon camion : je roule cette nuit !

– Pourquoi on veut rien nous dire ? piaille la maman de sa voix larmoyante, mais surtout très en colère.

Leur colère ! Enfin de la colère ! C'est moi qui ai pu la recevoir cette colère ; peut-être moi, parce que, ne portant pas la blouse du service, n'appartenant pas au personnel médical, ils se sentent moins en otage avec moi ; ils craignent moins les représailles. Allez donc hurler contre une infirmière au moment où elle va vous faire une injection ; contre le chirurgien quand vous entrez en salle d'opération !

Leur colère est enfin venue, venue contre celle qui ne pouvait en être démolie. Il était temps ! Bonne et juste colère, qui leur permet de sortir de leur carapace-anti-douleur ! Les parents se plaignent de ce que rien ne leur est dit, alors que l'équipe leur reproche de ne rien demander, de ne rien vouloir entendre. Je dis que je vais aller me renseigner.

– Ce n'est pas trop tôt ! éructe le papa.

Sur la pointe des pieds, je vais donc voir « où ils en sont ». L'infirmière me fait signe :

– Encore un petit moment !

J'insiste légèrement :

– Je crois qu'ils sont vraiment inquiets. À présent, ils ont besoin de vous entendre.

Les mains du pédiatre sur le ventre de Lorenzo, son bonnet vissé au ras des sourcils, et derrière ses lunettes, son regard vif : message reçu !

– Dites-leur que j'irai les voir dès que nous aurons fini.

Je vais rejoindre les parents. Je raconte l'attention du médecin, le bébé qui semble dormir.

– Il ne pleure pas. Il n'est pas tendu. Je n'ai pas eu l'impression qu'il avait mal.

En silence, un peu boudeur, le papa est retourné s'asseoir sur le banc, dans le couloir qui longe la salle des couveuses. La maman l'a rejoint, visage chiffonné de larmes. Plus tard, plus tard enfin, l'infirmière viendra les chercher. Le médecin, comme il l'avait dit, prendra le temps de parler avec eux, puisque ce soir, ils sont arrivés à ce point-là de leur inquiétude où ils ne peuvent plus faire semblant de ne pas avoir compris. Bas les masques : ce soir, ils ont besoin d'entendre les mots qui vont détricoter les mailles d'un espoir qu'ils savaient fou. Ce soir, humblement, ils demandent à entendre la vérité qu'ils connaissent depuis... le premier jour. Moi, je leur ai fait un petit signe ; suis partie auprès des autres bébés.

Lorenzo est resté trois semaines dans le service. Ses parents nous déroutaient. Nous déroutaient souvent par leurs bouffées d'espoir ; ils pouvaient évoquer un avenir, comme si de rien n'était, ou bien, basculer dans une colère noire contre tel ou tel médecin qui ne disait pas, qui n'expliquait pas. Il y avait les bonnes et les mauvaises infirmières. La maman recherchait ma présence. Le papa boudait visiblement Liliane. Nous laissions venir ce qui venait. Accueillions ce qu'il y avait à accueillir.

Du côté de l'équipe, on se demandait toujours si les parents comprenaient ; on continuait de pointer, en riant, les tenues de la maman. Il est vrai qu'elle ne nous épargnait rien du provoquant de ses décolletés qui rejoignaient presque l'ourlet de ses jupettes ultra-courtes ou de ses pantalons taille basse-plus-que-basse.

Je répondais en riant, que nous avions eu vingt ans, mais que nous, à vingt ans, nous n'étions peut-être pas les mamans d'un bébé malade, si malade. Nous savions, Liliane et moi, qu'il avait été important que je puisse recevoir la colère des parents contre l'équipe, sans en être détruite, sans en éprouver, par la suite de la rancune. De la même manière, nous sentions qu'il était important que nous puissions accueillir les jugements et les critiques de l'équipe contre le papa et surtout contre la maman de Lorenzo. Ce n'était qu'une colère détournée et qui, à l'insu de chacun, s'adressait, en vérité, à ce bébé « insuffisamment bon[1] », qui mettait la médecine et les soignants en échec.

Lorenzo avait fini par quitter sa couveuse pour un berceau. Il continuait de dormir, beaucoup. De réagir, si peu. Mais, quand son papa ou sa maman arrivaient, il se mettait à froncer les sourcils, à bouger. Enfin, il pleurait, jusqu'à ce qu'il soit pris dans leurs bras. Alors, il s'apaisait, se détendait. Je l'ai même vu sourire. Il a fallu ces presque trois semaines à la maman pour qu'un soir, enfin, caressant la main de Lorenzo qui venait de terminer son biberon, elle me dise :

– Au début, vous savez, c'était terrible. On avait peur au moment d'entrer dans le service. Chaque fois, on nous apprenait une mauvaise nouvelle. Alors, il fallait tenir.

1. « Le bébé insuffisamment bon », reprise du titre de la Thèse de Francine André-Fustier et clin d'œil à D.W. Winnicott à qui l'on doit la notion de « Mère suffisamment bonne ».

Pour lui, on ne pouvait pas s'effondrer. Si on avait commencé à pleurer, on n'aurait plus pu venir. Lorenzo, il n'a que nous deux. Nos familles ne viennent pas, n'appellent pas.

J'ai revu alors, les images de notre première rencontre : le papa qui regardait le paysage vallonné par la fenêtre de la salle des couveuses. La maman qui pérorait. Et moi, habitée par leur envie de fuir. Quelques jours plus tard, Lorenzo rentrait chez lui.

Mais, voici qu'à mon retour de vacances, un mois plus tard, à peine arrivée en Pédiatrie, je croise la maman de Lorenzo. Elle vient vers moi, avec un large sourire, ses talons aiguille, son décolleté profond, profond et sa jupette courte, si courte.

– Je vous cherchais ! On est là pour de nouveaux examens : on lui a trouvé, rajouté à tout le reste, un diabète insipide !

Je la regarde, incrédule.

– Expliquez-moi. Je ne connais rien à la médecine, vous savez. Je ne connais que les sentiments et les mots. Que vous arrive-t-il ?

Alors, elle m'entraîne dans la petite chambre de Lorenzo. Il a si peu changé. Reste toujours aussi pâle. Je le retrouve dormant, comme je l'avais quitté dormant. Elle ne me parlera pas du diabète insipide. Non, elle dira sa peur de chaque jour qu'un matin, il ne se réveille pas, ou qu'il ne guérisse jamais ; qu'il reste comme ça. Et toujours sa plainte :

– Je n'ai pas vingt ans. Je suis bien jeune pour vivre ça !

Ce n'est pas le lieu d'interpréter. Je la laisse parler. Je reçois sa colère contre la pédiatrie « qui n'avait même pas vu son diabète » lors du premier séjour. Elle enchaîne :

– Je n'ai pas de chance. Je n'ai jamais eu de chance. Mes parents ne se sont jamais occupés de moi. Ils se sont séparés. Je n'ai pas connu mon père. Ma mère, elle prend même pas des nouvelles de Lorenzo ! Il n'y avait que mon arrière-grand-père. Lui, il était gentil avec moi, mais je ne comprenais pas quand il parlait.

Quand la puéricultrice est entrée dans la chambre, à cet instant-là, et qu'elle a vu les larmes de la maman, elle s'est d'abord excusée de nous avoir dérangées.

– Non ! Non ! Vous ne nous dérangez pas ! a dit la jeune femme.

J'ai juste glissé mon grain de sel :

– La maman de Lorenzo me disait son chagrin. Ça fait beaucoup de choses, et ce diabète en plus.

L'infirmière a eu un regard humide. Qu'a-t-elle dit à l'équipe ? Toujours est-il que, plus jamais je n'ai entendu, plus jamais je n'ai senti de colère ni de moquerie contre le couple. Peut-être avait-il fallu que quelqu'un, dans le service, soit le témoin d'un moment d'authentique émotion, pour que l'on cesse de ne s'attacher qu'à des apparences ? Peut-être avait-il fallu ces larmes, pour que l'équipe ne se sente plus seule à porter l'inquiétude des médecins ?

Au bout de huit jours, la famille a quitté le quatrième pour se rendre à Lyon où devaient avoir lieu d'autres examens et un test génétique pour les parents.

– C'est pour le deuxième ! disait la maman en touchant son ventre. Je ne veux pas lui donner la même chose qu'à Lorenzo !

Parce que, oui, c'était bien cela la crainte et la culpabilité de la maman : être une mauvaise mère, un mauvais donneur, avoir abîmé le bébé qu'ils avaient attendu avec tant d'impatience, un bébé qui aurait réparé leurs propres enfances. Et, tout au contraire, elle avait le sentiment que son douloureux passé avait endommagé leur enfant. Là encore, ce n'était ni le temps, ni le lieu d'interpréter. J'avais seulement dit :

– Ça vous fait du chagrin d'avoir pu donner du mauvais à Lorenzo.

Alors, elle avait pleuré. Je les revois tous les trois : elle et son compagnon, assis, face à face sur la banquette, en chaussettes, jambes allongées, emmêlées. Le papa, casquette de rappeur sur la tête, tenait Lorenzo assis, dos contre son buste, face à sa maman. Et le bébé tenait (presque) sa tête, se montrait bien éveillé. La maman pleurait. Le papa la regardait avec un sourire timide. De son pied à lui, il caressait son pied à elle. Et puis, elle me regarde, et commence à parler, la voix vibrante de colère :

– Votre collègue, vous savez pourquoi on lui parle pas ? Jamais je n'oublierai ce qu'elle a dit de mon copain ! On l'a entendue, elle disait aux infirmières : « J'ai jamais vu un homme pleurer comme ça ! » Et alors ? Lui, c'est pas un mou ! Elle avait pas le droit de le mépriser comme ça ! Nous, on venait d'apprendre tout ce qui n'allait pas. C'était normal qu'il pleure. Moi, c'est pas pareil, une mère, elle trouve toujours que son enfant est beau ; moi, je pouvais le regarder.

Je n'ai pas dit que Liliane m'avait rapporté les larmes du papa avec émotion, sans aucun mépris. À quoi bon ? Ils avaient peut-être encore besoin d'un monde clivé avec, des petits Poucet gentils et des ogres méchants.

Nous approchions de Noël. Ce soir-là, un soir encore, quand j'arrive au quatrième, je reconnais ses jambes, haut perchées, la masse de ses cheveux blonds. Qu'a-t-elle senti de ma présence ? Elle s'est retournée, a éclaté de rire :

– Coucou ! Nous revoilà ! On est au 428. Vous viendrez nous voir ?

Une puéricultrice, croisée dans le couloir, m'apprendra que Lorenzo est venu, cette fois, pour des crises convulsives. Me voici à la porte de la chambre. Je frappe. J'entends sa voix qui me dit d'entrer. Lorenzo est assis sur les genoux de sa maman, face à moi. Je m'accroupis, selon mon habitude, pour être à la hauteur de son regard :

– Bonjour Lorenzo !

Elle éclate à nouveau d'un rire crispé :

– C'est pas la peine de vous mettre comme ça. En plus du reste, il est aveugle !

Là, j'ai cru recevoir un coup de poing en pleine figure. Un instant, c'est moi qui, aveuglée, ai vu trente-six-mille chandelles. À demi groggy, je pousse un cri :

– Nooon !

Elle prend la main de Lorenzo et l'anime comme s'il s'agissait d'une marionnette :

– Eh bien si ! Ils nous ont dit ça à Lyon. Ils pensaient qu'à Roanne, ils y auraient vu ; même pas ! Pas plus que le diabète insipide.

Je suis restée accroupie devant Lorenzo. Je lui ai raconté ce qu'il ne pouvait pas voir. Les yeux de sa maman, son joli sourire. Son papa si grand, avec, lui, son air timide. Et Lorenzo, ses mains tenues par celles de sa maman, Lorenzo se redressait un peu, battait des jambes. Lorsque je me suis adressée au bébé pour lui raconter ses jeunes parents, il m'a semblé que la mère retrouvait « figure humaine », et c'est de cette place-là qu'elle a pu soutenir son petit garçon. Alors, Lorenzo, a pris appui sur cette maman restaurée, et il a pu se tenir plus solidement et manifester du plaisir.

Ce séjour a été plus long que les précédents ; le traitement contre l'épilepsie était difficile à équilibrer. Je voyais la maman chaque fois que je montais au quatrième et le papa chaque fois que ses trajets le lui permettaient. Lorenzo bien calé au creux des bras de son père, celui-ci racontait ses itinéraires au volant de son camion :

– Demain, à cette heure-ci, je passerai le viaduc de Millau.

L'équipe accompagnait ce nouveau temps d'hospitalisation. Certaines Dames-Oiseaux commençaient à se montrer plus familières. Je sentais bien que les médecins comptaient sur mes visites à Lorenzo et à sa maman. J'allais les voir, tous les deux, sachant que, oui, nos bavardages avaient un effet contenant, apaisant pour cette grande adolescente sans parent. Et le service en était rassuré.

Un matin, elle m'attendait. Elle finissait ses tartines de petite fille dans son bol de chocolat.

– Elles vous ont dit pour hier ?

– Non. Qu'est-ce qu'elles auraient pu, ou dû me dire ?

– Hier soir... je suis sortie. Je suis rentrée à 4 heures du matin... J'étais « en boîte ».

– Oui. Elles n'avaient rien à m'en dire. Elles ont bien fait.

Et là encore, la poupée Barbie est redevenue vivante. S'est mise à pleurer.

– La nuit d'avant, j'avais rêvé que je dormais à côté de mon copain. Et, je touchais mon ventre, et je me disais : c'est demain que j'accouche : cette fois, il sera normal ! Ça m'avait réveillée ; j'avais mes mains sur mon ventre, mais Lorenzo, il était là, dans le lit à côté, avec sa sale maladie. J'ai pleuré. J'ai tellement pleuré. Hier soir, je pouvais pas aller me coucher. J'avais tellement peur de refaire le rêve. Alors, je suis partie ; je suis allée « en boîte ». J'ai dansé ; j'ai bu, je me suis saoulée de musique. Mais quand je suis revenue, il était là. Il était le même.

En l'entendant raconter son rêve, je revoyais les mains du papa enveloppant son casque de motard, comme un gros ventre rond, un ventre qui permettrait de rêver encore, d'espérer encore.

La dernière fois que j'ai vu Lorenzo, après bien d'autres hospitalisations, c'était peu après ce dernier Noël ; il avait donc dix-sept mois. Sa maman me croise dans le couloir :

– Lorenzo va avoir sa leçon de gymnastique. Vous viendrez nous voir ?

Quand j'entre dans la chambre, ils sont là qui m'attendent. La maman est installée sur la banquette, jambes allongées ; elle maintient Lorenzo assis à la pointe de ses genoux. Elle le tient par les mains, le tire doucement vers elle :

– Allez, tu viens.

Puis, elle le repousse tout aussi doucement, jusqu'à ce qu'il soit allongé sur ses jambes :

– En arrière... et en avant... On recommence... En arrière.

Elle chantonne pour l'accompagner. Avec quelle fierté, elle me montre comment il tient enfin sa tête, comment il cherche à se redresser ! Je les regarde, lui... elle ; elle... lui. Je suis admirative, émerveillée. Heureuse, oui, vraiment. La jeune femme me regarde, et je vois qu'elle se nourrit de mon enthousiasme joyeux.

– Il rit ! Vous avez vu ?

Et je souris :

– Oui, il a l'air d'aimer !

En fait, il n'a ri que dans le cœur de sa maman. Je crois n'avoir jamais entendu la voix de Lorenzo. Peu importe puisque, pour elle, il a ri. À ce moment-là, on a frappé à la porte. Une auxiliaire de puériculture, un peu âgée, est entrée, brandissant une aiguillée de fil :

– Je vous avais bien dit que je viendrais recoudre la doublure de votre manteau ! J'ai trouvé du fil, et j'ai cinq minutes !

– Elles sont super dans le service ! s'est exclamée la maman, me prenant à témoin, avant d'ajouter :

– Moi, je ne sais pas coudre.

J'ai ri aussi :

– Eh bien, vous voyez, ici chacun donne ce qu'il a. Ça fait de bons échanges.

Je les ai quittés dans ce moment de belle et bonne humeur. En partant, je me disais que la médecine n'avait sans doute pas été en capacité de réparer ce petit garçon-là, mais du moins, une auxiliaire avait recousu le vêtement et sûrement aussi, un peu du cœur de cette maman. Ce soir-là, il n'y avait plus d'ogre dans le service.

Malheureusement, une fois encore, les contes de fées, ce n'était pas pour nous. Quelqu'un du service est allé à l'enterrement de Lorenzo. L'ogre était revenu, avait pris la place, toute la place de la famille. Une famille absente. Personne, ni parents, ni frères et sœurs. Une poignée de copains, une voisine âgée, et puis, eux deux, petits Poucet perdus dans la forêt de leur drame.

Un an plus tard, au début du printemps 2009, une lettre m'attendait en néonat : écriture maladroite, orthographe plus qu'incertaine, la maman de Lorenzo m'écrivait. Elle avait quitté son compagnon. Lui, en représailles, jetait les fleurs qu'elle venait déposer sur la tombe de leur enfant. Elle avait rencontré quelqu'un. Elle allait le suivre au bout de la France. Elle me demandait si elle avait été une bonne mère pour Lorenzo. Comment allait-elle pouvoir vivre loin de sa tombe ? « C'est tout ce qui me reste de lui », écrivait-elle.

J'ai pris une feuille à l'en-tête du service. J'ai débouché mon stylo Parker, celui qui écrit par le cœur. La plume a couru sur la feuille, a retrouvé les mots pour dessiner tous ces instants où Lorenzo avait été tellement porté, accompagné, aimé par ses deux parents. J'ai remercié, pour nous tous ici, de cette belle lettre qu'elle nous avait écrite. Je lui ai redit combien toute l'équipe lui souhaitait d'être heureuse, avec, pour toujours, Lorenzo, non pas dans une tombe, mais dans son cœur, où elle le garderait aussi longtemps qu'elle vivrait. D'autres personnes du service, et le médecin qu'elle préférait parmi eux, ont mis un mot, ont signé. La lettre est partie. Nous n'avons plus eu de nouvelle.

Et, quelques jours plus tard, « elle » a appelé. « Elle », la jeune étudiante, petite voix, mais assurance tranquille. J'ai dit que, vraiment j'étais désolée, mais voilà cette fois-ci, c'était trop tard : nous allions déménager en septembre prochain.

– Oh ! Mais ce serait une expérience très riche pour moi.

– Et puis, surtout, je prends ma retraite le 1er avril. Je ne peux plus accueillir de stagiaire.

– Mais si ! Si je viens régulièrement, j'aurai mon compte d'heures. Pour moi, c'est tout à fait possible !

Petite voix, mais assurance tranquille. Elle avait balayé ma morosité de psy sur le point de partir. Tout d'un coup, c'est le souffle vivant de son envie qui frappait à ma fenêtre. Je n'ai pensé à rien. J'ai entendu ma voix qui lui disait :

– Je reprends le lundi 31 août. Je vous attendrai aux Iris, à 17 heures.

Et sa voix à elle, si joyeuse, même pas étonnée :

– Lundi 31 août à 17 heures, aux Iris : j'ai bien noté. Je vous remercie vraiment, vraiment !

QUAND ÇA DÉMÉNAGE...

Le 31 août, à 17 heures, elle était là. Petite bonne femme brune, simple, assurance tranquille. Elle était telle que sa voix m'avait permis de l'imaginer. Elle a évoqué son parcours, ses stages, son envie de se former dans notre équipe. Nous avons bavardé, à propos des bébés, à propos du travail en néonat, et il m'a semblé qu'elle en connaissait déjà un rayon. À un moment de notre conversation, j'ai évoqué l'étymologie de je ne sais plus quel mot. Elle a souri :

– Je m'appelle Mélanie : en grec, l'obscurité, le noir.

Elle était si vive, si lumineuse que, dépitée, il m'a échappé un :

– Ooooh !

Alors, elle a eu un petit rebondissement, une capacité à transformer le dur en doux, le sombre en lumineux, capacité dont je me régalerai tout au long de son stage :

– Mais, c'est dans le noir que se construisent les rêves !

Gagné ! Elle était adoptée, Mélanie, la jeune fille qui saurait, dans le sombre de certaines de nos journées de néonat, apporter la lumière de ses rêves. Elle et moi, nous avons construit notre calendrier pour ces six mois que nous allions partager. Il lui restait encore un peu de travail à boucler pour cette dernière année universitaire. Elle commencerait donc son stage le vendredi 25 septembre, qui se trouverait être le jour du déménagement du quatrième, pour le premier étage des nouveaux bâtiments.

Marie-Françoise et moi, avions repris nos visites alternées en néonat.

Ça a été une période un peu irréelle. Après vingt-cinq ans dans ces murs-là, le service allait déménager. Après vingt ans passés à leurs côtés, j'allais bientôt cesser de venir. Leurs cartons s'entassaient. Mes souvenirs défilaient. Un peu de nostalgie ici et là. Mais le quotidien. Mais les nouveaux venus. Et cet ordinaire-là, qui savait prendre le devant de la scène.

Autour des bébés, auprès de leurs familles, se tissaient nos attentions réunies. Chacun de nous tous continuait d'apporter son eau, son savoir faire à notre moulin-néonat. Rossignolette-Pénélope, le cadre de santé, vive et enjouée, accompagnait son équipe comme l'aurait fait le barreur pour une compétition de « huit barré ». Ça avançait, ça filait dans la bonne humeur.

Marie-Françoise prenait une place qui allait devenir son empreinte, tandis que moi, tout en continuant mon chemin, je laissais de plus en plus les vagues de chaque jour effacer la trace de mes pas. C'était volontaire : le temps ne m'appartenait plus.

Et puis, voilà, nous sommes arrivés au jour du déménagement. Déjà ? Seulement ? Ce 25 septembre, j'ai eu envie de m'habiller en Dame qui vient en visite : petits talons, petit tailleur. « Petit ailleurs » pour découvrir notre nouvel « Ailleurs » ?

Mélanie m'attendait. Nous sommes parties toutes les deux, avons traversé la rue, sommes passées par les Urgences, avons monté les cinq étages à pied (elle a dû penser que son maître de stage n'y allait pas par quatre chemins !).

Dernière fois. J'ai poussé la porte de la néonat, et Mélanie est entrée dans un univers de caisses, de cartons, de boîtes. Le quatrième qui avait su rester feutré jusqu'à la veille du déménagement, venait de se transformer en ruche zonzonnante. Mais, ça zonzonnait dans la bonne humeur, dans l'attention aux bébés qui allaient vivre la grande aventure de quitter ce lieu pour entrer dans cet inconnu qui nous attendait, un peu plus loin, dans des bâtiments neufs.

Nous avons été accueillies par des sourires. Oui, elles comptaient bien sur notre présence ce matin-là. Il aurait été incongru de les laisser seules avec leurs émotions, de ne pas les accompagner, au moins un peu, dans le tourbillon du déménagement.

On me disait :

– Tu es bien élégante aujourd'hui !

– C'est pour vous, pour ma dernière visite ici, pour notre première visite ce soir, là-bas, parce que, bien sûr, nous reviendrons Mélanie et moi !

J'en profitais pour leur présenter la jeune stagiaire qui arrivait ce jour si particulier. On l'accueillait, on lui demandait si elle était contente de vivre cette aventure avec nous.

– Oui, oui. Oh oui, bien sûr !

Dans la salle de soins, le tableau des consignes s'était libéré de tous les messages professionnels. Quelques graffitis, quelques dessins en guise d'adieu. J'ai attrapé un feutre, j'ai griffonné :

« Ici, nous avons pleuré, nous avons ri, nous avons vécu. Là-bas, nous allons continuer ce même chemin. »

Nous les avons laissés au travail de déménager. Nous sommes redescendues, Mélanie et moi : les cinq étages, les Urgences à longer, la rue à traverser. Notre journée de travail nous attendait aux Iris.

Fini !

Fini ce quatrième-là.

Ce soir, il serait muré.

Personne n'y viendrait plus.

Jamais plus.

Personne n'y viendrait plus.

Ce soir, il serait muré.

Fini, ce quatrième-là.

Fini !

À 18 heures, nous avons quitté les Iris, Mélanie et moi. Traverser la rue, longer les Urgences, prendre à gauche, et non plus à droite, suivre une longue enfilade de couloirs, bouder les portes qui s'offraient à nous pour prendre, tout au bout, tout au fond de ce long tunnel, un escalier. Un étage, rien qu'un seul étage. Nous voici sur un grand palier. Tant d'ouvertures se présentent, et moi qui tourne sur place, comme une toupie.

Petite voix tranquille de Mélanie :

– C'est peut-être par là ? Il y a écrit : « Néonatologie ».

J'ouvre les yeux. Si je le pouvais, je prendrais sa main, je la laisserais me conduire jusqu'au bout du chemin. Mais, elle me sourit, s'efface, me laisse la place de la psychologue en titre. Nous sonnons. Une porte s'ouvre, nous voici dans un espace pensé pour accueillir les visiteurs : penderie pour les vêtements ; sarraus pour pénétrer en salle des couveuses ; un lavabo pour les mains.

Rossignolette-Pénélope[1], est là. Les yeux pétillants, heureuse visiblement, elle nous accompagne dans le

1. Le Rossignol auquel, Corinne, le cadre de santé m'a fait penser, s'appelle le « Rossignol Philomène » ; j'ai transformé son nom en « Rossignolette-Pénélope », parce que, tout comme Pénélope, l'épouse d'Ulysse, Rossignolette avait l'art de reprendre chaque jour son ouvrage, et je pense que son délicat tissage participait largement au bon esprit de toute l'équipe...

nouveau service. Mêmes regards, mêmes sourires des filles. Des yeux, je cherche les cartons qui s'empilaient ce matin, au quatrième. Je les réclame presque :

– Les cartons ?

Elle rit :

– Il n'y en a plus ! Tout est rangé, tout a trouvé sa place. Venez voir.

Une salle des couveuses ronde, feutrée, avec une lumière douce. Une salle-des-couveuses-ventre-de-maman. Plus de box, mais des petites chambres avec de vrais lits pour les mamans. Les Dames-Oiseaux, les Dames-Oiselles sourient, évoluent doucement, légères, dans leur nouveau service. On dirait qu'elles ont toujours été là.

– Et ce n'est pas tout !

Fièrement, Pénélope ouvre une porte :

– Ton bureau ! Tu as enfin un bureau ! On écrira : « Psychologue », sur la porte !

J'entends ma voix, petite voix :

– Oh non ! Pas ça. Et Marie-Françoise qui n'est pas psychologue ? Pas ça, s'il te plaît, non ; un bureau polyvalent, pour tous ceux qui en auront besoin. J'ai tant aimé n'avoir aucune place, vous m'en donniez une si grande en contrepartie ! J'avais tant de liberté !

Elle m'a regardée, avec sa finesse et sa gentillesse habituelles :

– Si tu veux. On écrira : « Bureau Polyvalent », mais, quand vous serez là, on vous le réservera.

Un peu rassurée, je suis allée enfiler un sarrau. J'ai aidé Mélanie à se harnacher. Mais, elle savait déjà faire ! Nous voici en salle des couveuses. Ils ne sont pas nombreux, ce soir. Trois, peut-être quatre. Je m'approche de la première couveuse, et je présente ma jeune stagiaire au bébé :

– Bonjour Noé ! Voici Mélanie. À présent, tu nous verras venir toutes les deux, ensemble.

Une petite voix qui s'élève à mon côté :

– Bonjour Noé ! Oh, dis donc, tu nous as bien vues arriver ! Te voici tout réveillé ! Et ce doudou, je suis sûre qu'il te tient bien compagnie !

Je recule d'un pas ; regarde Mélanie qui parle au bébé, comme me regardent les parents lorsque je m'adresse à leur enfant. Me voici spectatrice de leurs mimiques échangées, du plaisir que ces deux-là ont à tailler une petite bavette ensemble. Je m'approche, et nous voici bavardant à trois. Je réalise, émue, que se reproduit, ici, exactement le même scénario que le mien avec les parents, lorsque je travaille à les tenter, à leur donner envie de parler à leurs bébés.

Deuxième couveuse : même saynète. Troisième couveuse : encore la même. Je me tourne vers Mélanie :

– Vous, vous êtes comme Obélix ! Vous êtes tombée dans la marmite de la néonat quand vous étiez toute petite ?!

Tout naturellement elle me répond dans un sourire :

– On pourrait le dire comme ça. C'est à la fac, j'ai lu un article de vous. Vous racontiez comment vous parlez aux bébés. Je me suis dit que c'était de cette façon-là que je voulais travailler. C'est pour ça que je vous ai un peu harcelée pour venir en stage : je voulais tellement venir apprendre avec vous !

– Eh bien, je crois que vous savez déjà faire !

J'ai pensé, mais je l'ai gardé pour moi, que, si elle m'avait parlé plus tôt de l'article, je ne l'aurais sans doute pas prise en stage. Ça aurait été une pression trop forte pour moi. Décidément, dès le premier jour Mélanie commençait à additionner les bons points !

Le lundi qui a suivi, s'est trouvé être son baptême du feu. Lorsque nous sommes arrivées dans le service, en fin d'après-midi, nous avons aperçu un bébé en salle d'examen. À ses côtés, vêtu d'un sarrau, un monsieur, pas très jeune, très ému, son papa. Il demandait :

– Mais, ça va aller ? Il va s'en remettre ?

Nous sommes allées saluer le bébé et Monsieur Papa qui nous a appris que son petit garçon était venu au monde à domicile, alors que la maman était seule. Elle avait appelé les pompiers pour Quentin et pour elle.

– Quentin, c'est moi qui ai choisi son prénom ! disait-il.

Ce père-là, ému, attentif, nous ne l'avons jamais revu. Il n'avait pas fait la démarche de reconnaître son bébé à l'état-civil, ne lui avait pas donné son nom. Les différents services ne l'ont pas autorisé à rendre visite à son fils.

Ainsi, dès le premier jour, Mélanie découvrait les règles d'un jeu qu'elle n'aurait pas pu imaginer. Bien souvent, en effet, nous avons à nous soumettre à des décisions qui ne nous appartiennent pas, qui ne nous conviennent pas toujours.

Le mercredi, la maman était auprès de la couveuse. Elle hurlait si fort, gesticulait tant et tant, que les autres mamans allaient se mettre à l'abri de sa furie, à l'autre bout du service. Elle hurlait, cette maman écorchée vive, beuglait qu'« ils » allaient lui prendre Quentin, comme « ils » lui avaient pris les quatre aînés. Difficile de parler avec cette jeune femme, de la rejoindre avec nos mots, tant elle était hors d'elle. Silencieuse, discrète, Mélanie, s'est décollée légèrement de notre petite grappe et, très doucement, elle, la première, s'est adressée à Quentin. Elle lui a parlé de toute cette colère qui venait prendre tant de place jusqu'ici, seulement parce qu'il y avait tant de souffrance précisément !

Le lundi d'après, nous avons rencontré une maman demeurée dans la même fureur, et qui se vivait déjà amputée de son bébé. D'un geste brusque, comme elle aurait épluché une banane, elle avait relevé la manche de son sarrau. Elle avait exhibé un bras couvert de tatouages : une série de prénoms.

– Ils peuvent bien me les prendre ; ils peuvent bien me les placer en familles d'accueil. Ici, ils ne me les prendront pas. Je les ai dans la peau !

Sidérée, je déchiffrais de bas en haut :

Quentin
Dylan
Brandon
Cassandra
Kévin

Et, au-dessus du coude, la liste reprenait :

Marcel
André
J-P.
Michels

Comme je m'étonnais :

– Michels, avec un s ?

Elle m'avait répondu :

– Ben oui ! C'est cher, les tatouages, vous savez. Alors, comme j'ai eu deux hommes qui s'appelaient Michel, pour le deuxième, j'ai seulement ajouté un s.

Quentin a rencontré sa maman jusqu'à son huitième jour. Au matin du neuvième, alors qu'elle quittait la maternité, les services sociaux ont décidé que les visites lui seraient désormais interdites. Quentin ne voyait plus son père. Il allait être privé de sa mère.

Ce jour-là, Mélanie et moi avons rencontré un bébé inconsolable, qui pleurait avec fureur, cette même fureur que nous avions perçue dans les cris de sa mère. L'équipe était inquiète : depuis, trois jours, depuis la dernière visite de Madame Maman, Quentin refusait de s'alimenter. Mélanie débutait son stage en rencontrant l'une des situations que nous redoutions le plus : celle des placements d'enfant. Mais, là encore, elle a navigué avec souplesse et tact. Je ne l'ai jamais vue, jamais entendue critiquer qui que ce soit, pas plus qu'elle n'a fait de commentaire à propos de l'équipe, prise dans ce conflit particulier et qui se divisait en condamnant ou bien la mère, ou bien les services sociaux.

Après chaque week-end, Mélanie se dirigeait directement vers la petite chambre où se trouvait Quentin. Elle me faisait remarquer :

– Il a maigri ! Regarde comme il a maigri ! (Nous avions rapidement basculé dans le tutoiement, elle et moi).

Certaines puéricultrices prenaient appui sur nous :

– Je vais lui donner son biberon. Vous pourriez m'aider ? Quand nous lui parlons, quand nous nous intéressons à lui, il arrive qu'il boive un peu moins mal.

Alors, l'une ou l'autre, parfois les deux, prenions une chaise et, assises auprès de la Dame-Oiselle, nous parlions à Quentin[1]. Nous lui parlions de lui, de sa tristesse, de son appétit de vivre qui s'en était allé avec la disparition de ses parents.

---

1. Malheureusement, quelque trois ans plus tard, Quentin a fait son entrée à l'Hôpital de jour. Il ne parlait pas encore ; ne marchait toujours pas ; et surtout, à la première contrariété, il refusait de manger. Depuis, il a beaucoup progressé, mais le refus alimentaire persiste très souvent.

Et Mélanie, elle qui avait un si grand appétit d'apprendre, une si grande faim de vivre la vie de la néonat, continuait de m'accompagner. Tout au long du long couloir qui nous conduisait « Chez les bébés » (expression qui avait pris la suite de la précédente : « Le Quatrième »), je dévidais pour elle, l'histoire de notre fonctionnement en néonat. Je débobinais le fil de mes convictions : tous les changements, nous les avions réfléchis Chantal et moi. Ensuite, nous avions repris, retravaillé nos projets avec notre médecin référent (celle qui avait emprunté le sourire de ma grande filleule !). Alors seulement, nous en parlions avec le cadre de santé de la néonat. Et, quand le projet semblait un peu solidement ficelé, le Docteur Marie-Françoise Faucher, Chantal et moi, allions le présenter au médecin-chef et au cadre de la pédiatrie. Chaque année, nous nous retrouvions tous les cinq pour ajuster ensemble notre façon d'intervenir. Ah ! C'était simple ! C'était facile ! Un travail, avec pour base, la confiance.

Mélanie écoutait, questionnait. J'ai connu alors le bonheur de transmettre, de faire naître des « bébés-pensées ». Parfois, je commençais à évoquer un point de notre travail ; elle s'en saisissait, bondissait plus loin. Mercredi, vendredi, elle n'aurait jamais quitté la néonat sans avoir rendu visite à chacun des bébés, à chacune de leurs familles.

– Sinon, disait-elle, ce serait stigmatiser les uns en tant que malades et les autres comme personnes sans importance.

Jamais, je ne l'ai entendue jargonner comme une psychologue, histoire de se montrer savante. Non, au contraire, elle savait adapter ses mots, ses phrases à chaque interlocuteur.

– Et puis, se plaisait-elle à redire, le lieu des thérapies, c'est aux Iris, ou en ville. Ici, j'ai bien compris que nous sommes là pour accueillir, accompagner. Juste ça. Mais « ça » justement !

Mélanie allait de couveuse en couveuse, de chambre en chambre, avec le même sourire, la même courtoise attention que ce soit pour nos passagers ou pour l'équipe, depuis l'aide-soignante jusqu'au médecin-chef.

Prise dans le plaisir de transmettre, j'en venais à oublier que, bientôt, je partirais. Je cheminais entre deux personnes avec lesquelles j'avais tant de plaisir à travailler : d'une part, la petite Mélanie, que je voyais grandir de jour en jour et en qui je pressentais la grande Dame qu'elle deviendrait. D'autre part, Marie-Françoise, la grande Dame Brune, à la fois douce et vive. Entre elles deux, si différentes, mais qui s'immergeaient avec la même passion dans le tissage de notre travail en néonat, je vivais des heures, des jours précieux.

Aussi, j'ai triché ; un peu triché. Je suis allée voir le pédopsychiatre au sourire de ma grande filleule, et toutes les deux nous avons rencontré le médecin-chef. J'ai plaidé pour ne prendre ma retraite qu'à la mi-juillet, au moment où le service quitte l'organisation d'une année achevée, pour entamer de nouveaux projets. Et cette petite rallonge m'a été accordée. Comment dire le bonheur de ces mois que je n'avais pas imaginés ? J'ai donc vu fleurir les Iris dans le jardin de La villa des Iris, et j'ai vu s'épanouir les roses, et j'ai savouré tout ce temps-là.

NICOLAS ET NICOLETTE

Au fil de ces vingt ans, si vite passés, tant de bébés trop tôt nés, avaient été au cœur de mon travail. Et voici qu'il m'était donné de conduire Mélanie au bout de sa formation de psychologue, à son « terme ». Elle, ne serait pas lâchée prématurément. À petits pas, tranquillement, toutes les deux, nous avons cheminé. Alors, il lui est arrivé, à elle aussi, de vivre ici, chez nous, une « Histoire comme ça », la dernière pour moi.

Ce lundi, une après-midi de février, la salle des couveuses était paisible, avait son allure de bon ventre rond. Soleil dehors ; sourires des Dames-Oiseaux, dedans. Tandis que je noue mon sarrau, Bergeronnette, la puéricultrice d'aujourd'hui, m'interpelle :

– Annick, des petits jumeaux arrivent de Saint-Étienne. Ils sont nés à vingt-cinq semaines et six jours. À présent, ils ont deux mois et demi. Regarde, on a mis leurs deux couveuses là-bas, côte à côte.

– Et comment s'appellent-ils ?

– Lui, c'est Nicolas ; elle, Nicolette. Nicolas est devant toi ; Nicolette sur le côté.

Bergeronnette s'efface, s'éloigne, pour me laisser rencontrer les bébés ; je reconnais bien-là sa délicatesse.

Nicolas, bonnet de petit marin enfoncé jusqu'au bord des sourcils, petite frimousse ronde, bras relevés, dort sous son doudou qui est posé sur lui en guise de couverture : c'est un petit carré de tissu bleu, grand comme la main et surmonté d'une tête d'ourson. Le bébé est calme dans son sommeil, comme il doit être ordinairement calme. Du moins, c'est le sentiment qui vient m'habiter alors. Je reste à le regarder dormir, et c'est très doux : couveuse-ventre, néonat-bonne-mère. Tout est beau et paisible ; tout se conjugue dans le bon ordre des choses. Je me dis encore que, si les bébés sont de retour, c'est parce qu'ils vont bien.

Deux pas de côté, je me tourne vers la couveuse de Nicolette. Et là : souffle court ! Je reçois, en pleine figure, la vague fracassante, la lame que je n'attendais pas. Un peu de chair transparente recouvre des os. Et puis, le vacarme de la machine, le CPAP[1]. Comme à ma toute première visite en néonat, il y a précisément vingt ans, je ne vois que le respirateur, je n'entends que sa course essoufflée : « Pschitt-et-pschitt-Pschitt-et-re-pschitt ». J'aperçois le bonnet ficelé sur une tête pas plus grosse qu'un poing. Je vois le tuyau qui va de la machine à un trou noir, dont je ne perçois même plus qu'il s'agit d'une narine. Et, plus bas, un doudou carré, rose, surmonté d'une tête de petit lapin.

Je me jette en arrière ; retourne voir Nicolas, endormi dans sa couveuse. Mais, j'ai perçu mon mouvement fait de répulsion et de peur. Je crois n'avoir jamais été giflée aussi fortement à la vue d'un bébé. Que se passe-t-il ? Peu à peu, parce que je regarde Nicolas, parce que je prends appui sur sa silhouette de bébé plutôt bien portant, je refais surface. Alors, je peux revenir auprès de la jumelle en souffrance. Je sais bien que si j'ai eu peur, c'est parce qu'elle aussi, sans doute, éprouve de la peur, qu'elle ne se sent pas bien. Elle a besoin de ma visite, et bien plus encore que son frère ! Je reviens donc auprès d'elle.

Un petit visage si blanc que j'ai pu le confondre avec le bonnet blanc qui sert à fixer le CPAP. Les yeux fermés, sourcils froncés, la bouche entrouverte sur une petite caverne noire, pas plus grosse que certaines cerises ; les bras le long du corps et qui disparaissent sous le doudou. Mais je devine (j'imagine ?) les petits poings crispés.

Bergeronnette, la discrète, a dû suivre mon manège.

1. Le CPAP, mode de respiration assistée, cf. p. 147.

– Nicolette a beaucoup souffert, dit-elle. À Saint-Étienne, elle a fait un pneumothorax[1]. Elle a encore besoin d'oxygène alors que son frère est sevré.

Les explications, le calme de la puéricultrice, cette fois, je vais pouvoir rester auprès de la petite fille, que je commence à voir, à regarder. Je lance encore un coup d'œil, quelques mots à son frère :

– Tu te remets du voyage, Bonhomme ? Tu as besoin de dormir encore un peu ?

Pour Nicolette, à présent, il me semble qu'elle est moins tendue sous le CPAP, aussi, je peux la quitter pour aller rendre visite aux autres bébés du service. Lorsque je reviendrai, un moment plus tard, je trouverai la maman des jumeaux assise auprès de la couveuse de Nicolas, son petit garçon niché au creux de ses bras.

Rencontre souriante. Nicolas fixe sa mère d'un regard rond, confiant. Et elle, même regard, mais derrière des lunettes ; même bouche arrondie, elle lui parle avec beaucoup de gentillesse et de douceur :

– Tu vois, Nicolas, on est à Roanne ; Papa et Maman viendront te voir tous les jours ; ce sera plus facile qu'à Saint-Étienne. Et puis, tu vas grandir. Après, on rentrera à la maison.

Je me présente et, tout de suite, la jeune femme me happe, cherche visiblement à renouer un fil rompu par le changement d'hôpital. Elle me demande si je connais mes collègues de Saint-Étienne.

– Oui, oui, un petit peu ; nous nous rencontrons une à deux fois par an.

1. Pneumothorax : de l'air s'infiltre sous la plèvre. Il s'agit d'une complication pulmonaire, non seulement grave, mais aussi très douloureuse.

Comme rassurée, la maman se lève et, s'adresse à Nicolas :

– Mon gros, tu vas retourner dans ton dodo. Je vais voir ta petite sœur !

Le « gros » se laisse recoucher (petit gros, né à 863 grammes et qui doit atteindre aujourd'hui environ 1 kg 200, alors que la petite sœur est venue au monde à 880 grammes, mais elle a perdu beaucoup de poids et n'a pas rattrapé son frère !).

Bon Prince, il gobe sa mère d'un dernier regard, ferme les yeux et l'emporte dans son sommeil. Elle se dirige vers la couveuse de Nicolette :

– Venez, je vais vous la présenter !

– Oui, je viens.

Je viens d'autant plus volontiers l'accompagner auprès de sa fille, que je sais, à présent, combien cette rencontre peut être difficile, violente. Comme bien d'autres mamans dans sa situation, la jeune femme me dit d'une petite voix qui chercherait à se faire pardonner d'une part son peu de fécondité et, d'autre part son travail inachevé (des bébés nés bien avant le terme !) :

– Vous savez, ils ont été conçus par FIV[1]. Ensuite, la grossesse a été difficile.

Elle parle de « ça », de « la » grossesse, comme si rien ne lui appartenait vraiment, et pas même les bébés. Ça ronronne un peu au-dessus de la couveuse où Nicolette continue d'être bien seule, nez-à-tuyau, face au CPAP. Comme j'ai le sentiment que la mère ne pourra pas se montrer attentive à sa petite fille tant que moi, je ne l'aurai

1. Fécondation In Vitro ; c'est une fécondation médicalement assistée, un parcours long et très coûteux psychiquement pour les deux parents.

pas été suffisamment pour elle, je me tourne vers Maman-FIV :

– Oh ! Une longue et douloureuse histoire, donc.

Les larmes lui montent aux yeux.

– Oui. On les a tant attendus ! Ça faisait huit ans. Quand j'ai été enceinte, nous étions si heureux ! Mais, c'était comme si je n'avais pas assez payé. Très tôt, il a fallu que je reste allongée. J'avais peur de les perdre. J'ai eu tellement peur pendant tout ce temps, et après encore ! Depuis, c'est ça : j'ai peur d'avoir peur ! La peur de la peur, croyez-moi, c'est pire que la peur ! À la vingt-cinquième semaine, j'ai eu des contractions. On m'a mutée à Saint-Étienne. Là-bas, ils m'ont fait des piqûres, pour que ça tienne. Mais ça n'a pas tenu. Ils sont nés à vingt-cinq semaines et six jours. Nous, on les attendait pour le 7 mars. Ils sont arrivés le 25 novembre. Vous voyez un peu ! Nicolas, lui, il a assez bien supporté, mais Nicolette a eu beaucoup de complications : la maladie des membranes hyalines[1], un pneumothorax.

Je glisse un mot :

– Le pneumothorax, c'est très douloureux, je crois ?

Toute à son récit, la jeune femme ne semble pas m'entendre. Elle enchaîne en évoquant l'annonce qui leur a été faite le 18 décembre (les bébés avaient trois semaines) que Nicolette serait morte dans moins de 72 heures !

– Alors, mon mari et moi, on lui a dit de se battre, qu'il fallait qu'elle se batte. On lui a dit qu'on était là, et qu'il y avait son frère aussi. Et elle s'est battue ! Ça n'était pas possible qu'elle meure : nous étions bientôt à Noël. Moi,

1. Maladie des membranes hyalines : elle est liée à un défaut de maturité des poumons. C'est une des causes principales de détresse respiratoire chez le bébé né prématurément.

je n'y croyais pas. Pourtant, j'ai perdu mon frère aîné à la naissance. Il est mort d'un pneumothorax. Moi aussi, j'en ai fait un, et deux arrêts cardiaques, comme Nicolette.

J'ai chaud, j'ai froid, du mal pour déglutir. Derrière ses lunettes colorées, derrière son sourire tracé au rouge-à-lèvres, que me confie donc Maman-FIV ? Lorsqu'elle évoque ce frère aîné qu'elle a perdu à la naissance, qui parle par sa bouche ? Est-elle la petite sœur venue au monde quelques années plus tard ? Ou plutôt la maman du petit garçon, sa propre mère, donc ? Et, du coup, lorsqu'elle se penche sur Nicolette, qui voit-elle ? Son petit grand frère, mort d'un pneumothorax ? Elle-même, nouveau-né, une petite fille presque miraculée ? Ou enfin, la jumelle, que les médecins avaient condamnée à mourir avant 72 heures ? Comment trouver les justes mots pour aider chacun à trouver sa juste place ?

Tandis que je cherche les mots qui vont aider chacun à trouver sa place dans l'ordre des générations, mes yeux se posent sur Nicolette ; ce n'est plus le matériel que je vois, mais bien elle, si petite, si fragile dans sa couveuse. Ces drames que je ne savais pas, ne seraient-ce pas eux, pourtant, qui m'ont rejointe ici, tout à l'heure, quand j'ai eu ce sentiment d'effroi en découvrant la petite fille ? Alors (enfin !), je m'adresse tout naturellement à elle :

– Nicolette, tu as entendu ? Ta maman raconte votre histoire, et combien tu as été courageuse, et combien vous avez vécu la même terrible aventure, elle et toi. Oh ! Tu as dû avoir tellement peur ! Tellement mal aussi ! Mais voilà, aujourd'hui, tu vas mieux, et tu nous as rejoints à Roanne, et Nicolas est à côté de toi.

La maman, sourire aux lèvres, mais larmes au bord des cils, ouvre alors la porte de la couveuse. Il me semble qu'elle a moins peur d'avoir peur de sa fille ; sa main glisse sur les minuscules petites jambes, vient chercher sous le doudou, les petits poings crispés. Le visage de Nicolette se détend, ses sourcils s'écartent doucement. Elle cesse de lutter contre le travail de la machine, se laisse porter par le CPAP, et cela au moment où, sa maman et moi pouvons nous adresser à elle, où nous commençons à lui faire une place dans nos pensées. Maman-FIV retire doucement sa main, referme la porte de la couveuse. Nicolette a gardé le bon, le doux nés de cette visite ; elle reste paisible.

À partir de ce premier soir, la jeune mère s'est mise à consacrer beaucoup de temps à Nicolette. Bien plus, en vérité, qu'à Nicolas. Et, l'équipe de néonat s'est trouvée partagée : il y avait ceux qui trouvaient que le papa ne venait pas beaucoup, vraiment pas assez ; et ceux qui pensaient que la maman délaissait Nicolas et qu'elle préférait ostensiblement Nicolette.

Marie-Françoise se rangeait dans ce second clan, et disait son inquiétude face à la passivité qu'elle observait chez le petit garçon. Et moi, curieusement peut-être, je n'étais pas inquiète du peu de présence du papa, un fermier, très occupé à mettre au monde des petits veaux. Dans l'attention qu'il portait à son troupeau, que cherchait-il, à son insu, à réparer de cette conception sous FIV, dont, comme tous les autres pères, il avait été un tantinet exclu ? Comment soignait-il, lui qui se trouvait écarté des soins donnés à ses bébés ? Et, que savions-nous de son histoire, nous qui portions un jugement sur lui ?

Une fois encore, un petit caillou se trouvait sur notre chemin (le caillou, « scrupulum » en latin, étymologie savoureuse qui nous renvoie à nos scrupules). Dans nos réunions aux Iris, je me saisissais de ce petit caillou pour transmettre mon enseignement à Mélanie, et redire à toute l'équipe de pédopsy, le point de vue que je défendais quant à notre travail en néonat :

– Peut-être, oui, le papa ne vient-il pas beaucoup. Peut-être, oui, la maman consacre-elle plus de temps à Nicolette qu'à Nicolas. Peut-être, oui, Nicolas est-il un peu passif. Oui. Et alors ? Alors, il nous faudrait saisir les services sociaux ? La PMI ? Faire un signalement pour enfant en danger ? Pointer des parents maltraitants ou insuffisamment bons ? Marie-Françoise, Mélanie et moi, nous avons la chance de travailler sous la responsabilité de médecins qui ont la charge, en pédiatrie aussi bien qu'aux Iris, de poser des diagnostics.

Est-ce que notre place, à nous, notre vocation ce n'est pas, avant tout, de venir dans le service, sans jugement, mais non pas sans jugeote ? Est-ce que nous ne sommes pas là pour apprivoiser les uns et les autres ? Là, pour donner envie à l'équipe d'épauler les parents et chacun des bébés ? Là, pour favoriser la rencontre entre la maman, le papa et leurs enfants ? Si nous n'étions pas là pour « accueillir » tout simplement, alors, qui serions-nous ? Des juges ? Des faiseuses de constat ? Ah non, je vous en prie !

Je voyais Mélanie qui buvait ma tirade, Marie-Françoise, l'inquiète, qui cherchait à sourire mais qui devait penser que j'y allais quand même un peu fort !

Je terminais par mon habituel :

« *Carthago delenda est !* », mais le latin se perd et nous étions peu à entendre le sens de l'exhortation du bon Caton l'ancien : « Il faut détruire Carthage ! »

Je n'avais rien à détruire, seulement à maintenir vivant ce qui me paraissait essentiel. Bienveillante, mon équipe continuait de sourire. En effet, lorsque la maman des jumeaux entrait dans le service, lorsqu'elle parlait à ses bébés, ou bien à nous, je voyais, j'entendais que son mari restait bien présent et qu'il était à la fois un père plein de confiance en ses bébés, et un époux sur lequel sa femme trouvait un appui solide. Je persistais donc à ne pas être en souci pour Nicolas, sans doute parce que je gardais vivant, en moi, le souvenir de cette première rencontre lorsque je les avais vus, sa maman et lui, se regardant amoureusement, fièrement. Forte de ces images-là, j'abordais joyeusement le gros Nicolas, qui avait vite grimpé jusqu'à deux kilos. Il ouvrait alors les yeux, esquissait un ou deux sourires, et puis se rendormait. Je concluais :

– Tu t'ennuies un peu chez nous, petit père !

Tout comme la maman, je passais davantage de temps auprès de Nicolette que je sentais fatiguée, et comme écrasée par un poids qui restait, pour moi, une interrogation.

Le temps passait. Nous campions tous sur nos positions. Une fois de plus, l'équipe se présentait comme un kaléidoscope aux multiples facettes ; nous avions tous raison, mais chacun d'entre nous s'accrochait à son pan de vérité et ne pouvait entendre, ne pouvait voir ce qui était évident pour d'autres. Et donc, j'allais répétant que je n'étais pas en souci au sujet du papa :

– Il saura être là quand ce sera le moment. Pour l'instant, il est bien présent, mais à l'arrière-plan. Ce n'est pas une place inutile, ni facile, croyez-moi !

Pas davantage, je n'étais en souci du lien mère-fils ; j'avais assisté à bien d'autres beaux et bons moments entre eux deux. Pour l'équipe, je venais évoquer nos propres souvenirs d'enfance :

– Rappelez-vous, quand nous étions petits et que l'un des enfants de la maison était malade, nos mamans laissaient les autres se débrouiller seuls, et elles prenaient soin de celui-là.

Le regard rêveur des puéricultrices, des pédiatres me disait qu'ils avaient retrouvé en eux ce petit enfant qu'ils avaient été, et je les sentais apaisés.

Pendant ce temps, les jumeaux grandissaient. Ils prenaient un peu ce visage soufflé de bébés-pop-corn, propre aux passagers de la néonat lorsqu'ils se mettent à grossir. Un jour, enfin, Nicolette a troqué le puissant CPAP pour de moins encombrantes lunettes à Oxygène[1], alors, il a été possible de les réunir dans la même couveuse. Décidément, le bon gros Nicolas prenait sa large place, tandis que Nicolette cherchait un appui, tantôt du bras, tantôt de la jambe, contre son frère. Ils ont quitté la salle des couveuses pour un grand berceau commun, dans une petite chambre.

Le passage de la salle des couveuses aux chambres est toujours un moment délicat. Très attendu par les familles, mais par l'équipe aussi, il s'avère que le départ des Soins Intensifs ramène les peurs des premiers jours. C'est souvent à cette occasion que les parents évoquent enfin leurs premières angoisses, la crainte qu'ils ont eue jusque-là, que l'enfant ne vive pas. Ils reparlent alors du temps de la couveuse en évoquant leurs appréhensions à venir au chevet du bébé. Et, ça n'a pas manqué.

Lorsque Nicolas et Nicolette ont fait chambre commune, la maman a repris le récit de la FIV, de sa grossesse difficile, du jour de la naissance, du séjour à Saint-Étienne avec la réanimation d'abord, puis les soins intensifs. Elle a redit comment il lui avait fallu s'arracher ensuite à Saint-Étienne pour venir dans notre petit hôpital de Roanne.

1. Les lunettes à Oxygène sont composées de deux petits tuyaux qui passent derrière les oreilles, comme des branches de lunettes, et qui viennent amener l'oxygène à chacune des narines.

S'habituer à la salle des couveuses, un peu rassurante quand même, et maintenant découvrir une chambre. Elle continuait d'avoir peur de l'instant suivant.

À la veille de leurs trois mois, je trouve Nicolette endormie dans leur petit lit, la tête sur l'épaule du bon gros Nicolas. Je souris, lève les yeux sur la maman, qui me répond par un sourire en miroir du mien.

– Vous avez vu comme ils dorment bien, maintenant qu'ils se sont retrouvés ? me dit-elle.

Puis, elle enchaîne :

– Cette nuit, j'ai fait un rêve. Non, pas un rêve, c'était un cauchemar. Je tenais un bébé sur mes genoux, c'était Nicolette, et ce n'était pas Nicolette. À un moment, son cœur s'est arrêté de battre. Je me suis mise à hurler ! Ça m'a réveillée.

La maman est passée du sourire aux larmes. Je lui demande :

– Ce bébé était petit comme Nicolette ?

– Non ! Non, moi je suis née à terme ! J'ai fait, comme elle, un pneumothorax et deux arrêts cardiaques. Mais moi, je n'étais pas prématurée.

Je me sens envahie par un flot de tendresse pour la jeune mère.

– Et, dans votre rêve, vous avez eu peur que ne meure ce bébé que vous avez été ! Vous avez eu peur, comme votre maman a dû avoir peur de vous perdre. Vous me l'avez bien dit : la peur de la peur, c'est pire que la peur !

Passée un instant plus tôt du rire aux larmes, la jeune femme est revenue alors des larmes au rire. Je me suis penchée sur les jumeaux endormis et j'ai dit :

– Alors toi, Nicolette, quand ta maman te regarde, c'est le bébé qu'elle a été qu'elle croit voir. Mais toi, ouvre les yeux ! Regarde-la, regarde comme elle est devenue grande, solide et jolie, ta maman. Et en plus, elle a rencontré un Prince Charmant, ton papa !

Nicolette a ouvert les yeux, m'a fixée avec intensité. Nicolas s'est réveillé à son tour. La maman riait :

– En plus c'est vrai ! Leur papa c'est vraiment mon Prince Charmant !

Comme je les ai trouvés beaux tous les trois ! Ce soir-là, un lundi, nous sommes restés longtemps ensemble. Je n'étais plus en souci pour Nicolette et, le regard bien planté de Nicolas, ses sourires à sa maman auraient suffi à me rassurer si j'avais été inquiète pour lui. Du temps des cauchemars, nous en étions venus à celui des rêves possibles. Chacun semblait trouver sa place.

Chaque semaine, mercredi après-midi, vendredi matin, je retrouve Mélanie et nous rendons visite aux bébés. Un matin du mois de mars, les puéricultrices nous disent que Nicolette commence à boire seule depuis qu'elle respire sans les lunettes à oxygène ; cependant sa pâleur est là pour nous redire sa fatigue. Avons-nous été négligentes ? Avons-nous tourné trop vite la page de sa douloureuse convalescence ?

Ce vendredi, nous nous contentons d'un rapide bonjour aux jumeaux et nous voici déjà dans la chambre voisine, où le pédiatre examine un bébé. Tout à coup, un jeune interne chinois fait irruption dans la chambre :

– Docteur, Nicolette n'est pas bien. Vous pouvez venir ?

Le pédiatre, l'interne, l'infirmière, une auxiliaire sortent précipitamment. Mélanie et moi restons au chevet de notre petit patient du moment. Cependant, nous voici branchées sur la chambre voisine. J'entends des pas, je reconnais la voix de Bergeronnette, celle qui avait accueilli les bébés à leur retour de Saint-Étienne. J'entends l'inquiétude dans sa voix à sa façon de dire, de répéter :

– Allons Nicolette ! Respire !

Ne pas courir. Ne pas s'affoler ; je me tourne vers Mélanie, elle-même tournée vers moi :

– Je crois que nous ne serons pas de trop, à côté !

Nous voici sur le pas de la porte, puis, un pied dans la chambre. De la main gauche, Bergeronnette maintient Nicolette en position assise, dans son berceau ; de sa main droite, elle présente sous son nez le petit tuyau à oxygène. Le pédiatre, l'interne, regardent la scène et je sens monter l'inquiétude dans leurs yeux à mesure que Nicolette devient d'un blanc de plus en plus cireux.

Je m'avance d'un pas ; de deux pas ; je m'approche d'elle ; je l'interpelle :

– Oh ! Nicolette ! Tu es en train d'avoir peur et de nous faire peur ! Allez ! Tu as entendu ce que t'a dit Bergeronnette ? Respire, Nicolette ! Tu sais le faire maintenant. Allez ! Tu respires !

Mon ton devait être à la fois autoritaire et un peu enjoué. Les adultes ont souri et, à cet instant, mes yeux ont croisé ceux de l'interne chinois. Ce grand gaillard, tout brun, a regardé Nicolette. Ce que j'ai déchiffré en lui, ce n'était pas notre inquiétude, mais du chagrin. J'ai vu ses yeux devenir humides. Il s'est approché de la petite fille, il lui a caressé la joue. Ensuite, très tendrement, il lui a murmuré :

– Allez, Nicolette !

Et le rose est revenu aux joues du bébé. Elle a retrouvé sa respiration. J'ai senti passer le souffle du soulagement sur chacun d'entre nous, un par un. Très vite, j'ai pensé que, cette fois, je ne devais pas lâcher Nicolette trop vite, mais il me fallait bien dire à tous et à l'interne en premier, qu'il avait montré, ici, maintenant, quel grand médecin il était.

Cette fois encore, j'ai choisi de dire quelques mots à notre petite patiente, histoire de m'adresser à « chaque un » :

– Eh bien, Nicolette, ton grand docteur a su trouver le meilleur des remèdes et, du coup, toi, tu as su respirer !

– Quel remède ? m'a demandé le pédiatre Sénior avec une pointe d'étonnement.

– Un geste tendre. C'est ce dont elle avait besoin pour retrouver, en elle, la capacité de respirer !

Plus tard, lorsque nous avons quitté le service, j'ai demandé à Mélanie, un peu pâle quand même :

– Ça va ? Ça ira ?

– Ça ira, mais j'ai eu peur, quand même. Et toi ?

– Moi ? J'ai toujours peur. J'essaie de ne pas le montrer, mais, je suis comme tout le monde ! Tu le sais bien, Mélanie, notre outil de travail le plus précis, le plus précieux aussi, ce sont nos émotions. Dans la théorie psychanalytique, on appelle ça notre « contre-transfert ». Ce qui nous apprend notre métier, c'est, pour une petite part seulement, nos études de psychologie. Pour une autre bonne part, si nous en avons fait le choix, c'est notre psychanalyse personnelle ; je t'ai dit que mon analyste appartenait à l'école de Mélanie Klein ; après, c'était comme une langue maternelle et, du coup, j'ai choisi de travailler essentiellement avec des psychanalystes kleiniens. Mais, j'ajoute que mon outil préféré, c'est vraiment ma formation à l'Observation du Nourrisson selon Esther Bick. C'est là que j'ai appris à ne pas me mettre en avant, à ne pas juger, ni même à donner des conseils ; appris à me mettre en creux, pour recevoir ce que mon patient aurait à déposer en moi. Mais, et tu le sais déjà, nous tous, psychologues, psychanalystes, nous sommes redevables à nos patients. Ce sont eux qui, au fil du temps, ont enrichi notre capacité à accueillir ce qu'ils avaient à dire ou à montrer. C'est eux qui nous ont « éduqués » patiemment. Il n'y a pas de clef des songes et pas davantage de manuel de la bonne interprétation psychologique. L'important, c'est ce qui vient entre le professionnel et le patient, c'est cette espèce de respiration d'inconscient à inconscient. Nous ne sommes que des « catalyseurs d'émotions », et, crois-moi, ce n'est pas rien ! Jamais je n'ai regretté d'avoir choisi ce métier-là, même si, comme ce soir, je suis sûre de ne pas bien dormir ! Sur ce, ma Mélanie, bonne soirée ; je vais te dire, comme à mes petits patients : « Et maintenant, fais de beaux rêves ou d'utiles cauchemars ! »

Bergeronnette, avec sa discrétion habituelle, a attendu quelques jours pour me dire :

– Tu sais, Chang, il a quand même ouvert le robinet d'oxygène en grand !

– Sûrement. Mais, c'est quand il a caressé la joue de Nicolette et qu'il lui a parlé, c'est à ce moment que les couleurs lui sont revenues. Chang sait que les humains, avec leurs mots, avec leurs gestes, soignent mieux que les tuyaux. Lui, il sera un grand médecin. En fait, tu sais, il n'y a que l'amour qui guérisse !

Elle a souri, la Dame-Oiselle :

– Ah, ça ! Je suis bien d'accord !

Un autre interne, qui avait écouté notre conversation, m'a dit quelques jours plus tard encore :

– Vous racontez souvent des histoires. Celle-ci m'a beaucoup appris.

Nicolas est rentré chez lui le 7 mars, un mois après son arrivée à Roanne, à la date où il aurait dû naître. Nicolette, l'a rejoint début avril. Monsieur et Madame

Tendres-Parents, avaient eu le temps de trouver les petits poissons en chocolat que, chaque année, je venais éparpiller dans tout le service à l'occasion du 1er avril. Nous étions au printemps.

Le 24 juin, à la Saint-Jean d'été, pour le jour le plus long de l'année, j'avais promis que nous ferions une petite fête. Ce 24 juin, petit groupe, boissons, pâtisseries. Nous bavardons. J'évoque les nuits dans le service, un rythme, une douceur qui ne peuvent pas se manifester aussi ouvertement dans la journée. Les Dames-Oiseaux, les Dames-Oiselles m'écoutent, sourient.

Mélanie, son verre à la main, petite voix, mais assurance tranquille, me regarde :

– Tiens ! Tu ne m'avais pas dit qu'on pourrait « faire une nuit » dans le service, avant ton départ ?

La tentation était trop belle :

– Demande à l'équipe. Si elles veulent bien, nous pourrions passer ma dernière nuit de travail en néonat !

Et, bien sûr, elles ont dit :

– Oui !

LA DERNIÈRE NUIT

Il me restait une poignée de jours à partager auprès des bébés. Officiellement, je quittais l'hôpital le 14 juillet 2010, aussi, Mélanie et moi avions convenu de venir en néonat, pour cette dernière nuit, le mardi 13, à 20 heures. À minuit, au dernier coup du carillon, telle Cendrillon, je me sauverais avant d'être transformée en potiron ou bien en souris.

24 juin : nous faisons la fête. 25 juin : une grande et belle nouvelle m'arrive de la maternité où une patiente

à moi vient de mettre au monde un petit garçon. C'est une jeune femme pour qui j'ai beaucoup d'estime et avec laquelle j'ai fait un long chemin de travail depuis la mort de son premier petit garçon, il y a neuf ans et demi. Cette naissance, ce jour tout particulièrement, c'est un cadeau pour moi, qui vois la vie revenir au moment où je pars.

Vers le bout de la semaine, alors que je compte sur les doigts d'une main les jours qui me restent à travailler, un coup de téléphone me rejoint dans un groupe. La voix triste du pédiatre aux yeux qui parlent. Pourquoi cette voix triste ? Pourquoi aujourd'hui ?

– Annick, vous allez avoir de la peine. Il est arrivé un grand drame : une maman que vous aimez beaucoup.

Gorge nouée pour demander :

– Qui ? Laquelle ?

– Son bébé est mort ; circulaire du cordon, il s'est étranglé. C'était une petite fille, elle était déjà morte quand la maman est arrivée à la maternité. Annick, c'est la maman de Nour et de Nadia.

Je raccroche le téléphone. Noir total ; je ne vois plus, je n'entends plus personne. Je quitte le petit groupe. Me voici à la maternité. Je me perds. Au détour d'un couloir, je me heurte presque contre un brancard dont un drap blanc recouvre une petite forme. Mes jambes ont compris avant moi ; elles me tiennent à grand-peine.

– C'est la petite Naïma, elle était pourtant bien belle ! dit la sage-femme, trop prise par sa propre émotion pour voir la mienne.

D'un geste rapide, elle fait glisser le drap. Naïma, jolie petite fille. Elle ressemble à Nour. Elle ressemble à Nadia. Le drap est remonté. Le brancard glisse plus loin. J'entre dans la salle d'accouchement. La maman ourdisseuse, allongée, elle aussi, sous un drap blanc.

Elle pleure ; pleure son bébé mort, pleure Nadia, pleure sa mère, son père, pleure toutes ces morts. Pour moi, c'était le jour de trop, le drame de trop. J'ai senti les larmes qui roulaient sur mes joues, toutes les larmes gardées en moi pendant ces vingt années. Trop tard. Je n'étais plus « La dame qui vient dire bonjour aux bébés ». Juste moi. Moi, infiniment triste.

Le 13 juillet est arrivé. Ce jour-là, ce soir-là, j'ai laissé Mélanie prendre soin de moi. Elle est venue me chercher. Nous avons dîné rapidement dans un petit restaurant proche de l'hôpital. À 20 heures, nous sonnions à la porte de la néonat. Elle est venue nous ouvrir la porte. Elle m'a embrassée. S'est exclamé, en bonne maîtresse de maison :

– Oh ! Il ne fallait pas ! et m'a pris des mains la boîte du gâteau qui m'encombrait un peu.

Elle nous a accompagnées jusqu'à la salle des couveuses. Elle, je sais que j'ai été heureuse que ce soit elle justement pour cette dernière nuit, mais je ne me souviens plus qui elle était. Et, j'ai oublié qui était l'autre puéricultrice pour cette dernière nuit. Elles étaient, à elles deux, toutes les équipes que j'avais aimées, toutes les Dames-Oiseaux, toutes les Dames-Oiselles avec qui il avait été si bon, si facile de travailler. Lumières douces, voix chuchotées, nos pas ont glissé dans le service.

À voix basse, j'ai raconté la nuit, les nuits à Mélanie, Mélanie qui au cours de ces presque dix mois de stage, nous avait enrichis de ses rêves, peints sur la toile sombre de certains jours. De couveuse en couveuse, de berceau en berceau, nous sommes allées dire bonsoir à tous les bébés, un par un ; sommes allées dire bonsoir aux mamans, un peu étonnées de nous trouver là, à cette heure-là. Une soirée douce, feutrée. Tous les bébés allaient bien. Il n'y a pas eu d'entrée cette nuit-là.

Quand il a été un peu plus de 11 heures, les puéricultrices ont mis un gentil petit couvert pour cinq convives. Et puis elles sont allées chercher le pédiatre de garde. Il est arrivé, et ce n'était pas le pédiatre aux yeux qui parlent, ce n'était pas mon ami le pédiatre poète, et pas davantage l'une des jeunes femmes pédiatres. Non, c'était le médecin-chef, un Monsieur tellement modeste, tellement humble que ses cheveux disent sa douceur en ondulant sur sa tête, boucles brunes autrefois, plus blanches aujourd'hui. Le pédiatre aux cheveux qui ondulent est un gourmand. Il souriait, et ses yeux rieurs se léchaient véritablement les babines tandis que sa main raclait le fond de son assiette d'où avait disparu le gâteau au chocolat.

Nous n'avons pas parlé du passé, nous n'avons pas mentionné cette bonne coïncidence qui avait fait que j'étais là, à son premier jour, et lui à mon dernier. Non, il a interrogé Mélanie sur ses études, sur ses projets. Nous avons parlé de nos métiers, de l'avenir du service. Nous étions bien dans le présent, dans l'après et c'était vivant, et c'était juste bien.

À minuit moins cinq, nous nous sommes levées, Mélanie et moi. Nous avons embrassé les deux puéricultrices, le pédiatre.

On m'a dit :

– Tu reviendras bien nous voir ?

J'ai dit :

– Bien sûr !

Mais je savais que je ne reviendrais plus, même en visite.

Je partais, J'étais partie.

Le service dormait, tranquille. Nous avons ouvert la porte. Elle s'est refermée sur nous. L'escalier, un seul étage, un couloir encore, la porte qui s'ouvre sur une petite esplanade. Dehors, il fait très doux, le ciel est clair comme un ciel de juillet. Mélanie, qui n'est plus ma stagiaire, mais ma jeune collègue, elle et moi, nous bavardons. Encore tant à nous dire. Les bébés, le travail, ses projets, les miens aussi.

À cet instant-là, je pense au bonheur que j'ai eu à accompagner tant de bébés vers la vie ou même, oui, vers leur mort. Bonheur renouvelé dans cette dernière transmission à Mélanie, de tout ce que j'ai aimé, compris de mon métier. Toute une vie pour butiner les fleurs de ceux qui m'auront précédée, guidée. En faire mon miel et puis, permettre à ceux qui l'auront trouvé bon de s'en inspirer.

Lorsque je monte dans la voiture, je me revois à l'époque où mon helléniste de grande sœur me racontait Platon :

– Tu sais, dans le Banquet, Platon reprend les explications de Socrate sur la transmission du savoir. Ça passe de l'un à l'autre, comme l'eau traverse une tige de cresson pour aller d'un verre à l'autre. Regarde, on va faire l'expérience.

Nous prenions alors deux verres, une branche de cresson qui plongeait de l'un dans l'autre. Elle mettait de l'eau dans le premier verre et, un moment plus tard, je découvrais, fascinée, qu'il y avait de l'eau dans les deux verres, au même niveau.

– Ça marche !

Ça avait vraiment bien marché la transmission entre Mélanie et moi !

Au matin du 14 juillet, à mon réveil, ce qui me revient, c'est une séquence de la presque dernière séance de thérapie avec Tom Pouce alors qu'il avait moins de neuf ans.

– Je ne te verrai plus ?

– Non !

– Tu vas mourir ?
– Peut-être pas tout de suite, mais oui.
– Et ma maman ? Elle aussi, elle va mourir un jour ?
– Oui !
– Et moi aussi ?
– Ma foi, oui.
– Et mes enfants, parce que j'aurai des enfants, eux aussi mourront ?
– Oui !

Il se tait, grave. Réfléchit. Son visage s'éclaire enfin :
– En fait, il n'y a que la vie qui ne meure jamais !

Oui : il n'y a que la vie qui ne meure jamais.
Merci, Tom Pouce !
Merci vous tous !

Riorges, 11 août 2015, 20 février 2016

Publications

« La Belle Patiente »

Les 7 et 8 mai 1998, Chantal Hache et moi avons présenté « La Belle Patiente », un texte peu différent de celui-ci, au Congrès de Brest, sur le thème des visites à domicile. Il a été publié dans les Actes du congrès.

P'tit Bonhomme

Le 16 octobre 1999, Chantal Hache et moi avons présenté le récit de « P'tit Bonhomme » à l'occasion du colloque de l'ADREN : « Repenser la Prévention ». Cette communication a fait l'objet d'une publication dans les Actes du colloque.

Aïcha

Le 14 octobre 2007, à Lille, à l'occasion du colloque francophone Esther Bick, « Aïcha » a fait l'objet d'une communication. Merci à Catherine Druon qui en a été le premier lecteur. Par la suite, le texte du colloque a été publié dans l'ouvrage de Pierre Delion, *La méthode d'observation des bébés selon Esther Bick*, Érès, 2008.

Le petit passager clandestin

Ce texte a été réécrit d'après une communication faite à la journée de l'ARIP sur « L'Observation du bébé selon Esther Bick », au CHS de Montfavet le 30 octobre 1999. Cette communication a été publiée chez Érès dans la collection « Mille et un bébés », dans le collectif *Observer un bébé : un soin*, sous le titre : « L'observation attentive du bébé en néonatologie ».

Les larmes qui consolent

Ce récit a fait l'objet d'une communication qui a été présentée à Avignon le 22 octobre 2004, à l'occasion d'un Congrès qui avait pour thème « Les émotions des bébés ». Je tiens à remercier Cléopâtre Athanassiou-Popesco dont une première lecture m'a aidée à penser cette situation et qui m'a soufflé le titre de ce texte.

« Le temps s'en va, le temps s'en va, Ma Dame… »

L'article dont l'idée m'a été insufflée par Denis Mellier, repris en grande partie dans le chapitre concerné, est paru dans la revue de l'université Lumière, Lyon 2, *Canal Psy*, n° 75, octobre-novembre 2006 : « Travail « Psy » dans un service de néonatologie ».

L'ogre et le petit Poucet

Ce travail a fait l'objet d'une communication au colloque de Bucarest les 30, 31 octobre et 1er novembre 2008. Il a été publié en roumain et en français dans la *Revista Românâ de Psyhanaliza*, n° 3, Année III. Traduit en anglais par Régine Prat – un grand merci à elle –, il a été publié aussi dans la revue *Infant Observation*, vol. 13, n° 2, août 2010.

Nicolas et Nicolette

Une première version de Nicolas et Nicolette a été publiée dans la revue *Enfances & psy*, n° 49, décembre 2010, chez Érès, sous le titre : « La peur de la peur, ou l'observation attentive en néonatologie ».

TABLE DES MATIÈRES

Tom Pouce III

1. FUNAMBULE AU-DESSUS DES COUVEUSES 1
   - Je me souviens 1
   - Drôle de Météo 9
   - La dame qui vient dire « Bonjour ! » aux bébés 15
   - D'Ali à Zoé 23
   - On m'a dit... 31
2. DE LA NÉONATALOGIE AUX « VISITES À DOMICILE » 43
   - Le bébé « IL » 43
   - « La Belle Patiente » 56
   - P'tit Bonhomme 71
   - ... et Aïcha 82
3. LES BÉBÉS DES COUVEUSES 99
   - Du « Dur », mais du « Doux » aussi 99
   - Le petit passager clandestin 110
   - Monsieur et Madame « Cinquième bébé » 120
   - Les larmes qui consolent 138
   - Une « Histoire comme ça » 146
   - Le réveil de Jules 156

4. AU FIL DU TEMPS... 171
Une maman ourdisseuse pour Nadia 171
« Le temps s'en va, le temps s'en va, Ma Dame... » 184
L'ogre et le petit Poucet 200
Quand ça déménage... 221
Nicolas et Nicolette 231
La dernière nuit 247
Publications 253

76330 - (I) - OSB 80° - CPW - MGR

JOUVE
1, rue du Docteur Sauvé, 53100 MAYENNE
N° 2512199K
Dépôt légal : mars 2017

Imprimé en France